RDMU 融智创新管理学院

IPD 系列丛书之二

增量绩效管理

周 辉 著

构建以产品为核心、基于增量产出的管理体系

回归产品经营◆解码增量路径◆建立开放预算

构建增量激励◆减人增效加薪◆突破成长瓶颈

实现 一客户 一产品 一策略 一模型 一队伍 一激励

電子工業出版社
Publishing House of Electronics Industry
北京 • BEIJING

内 容 简 介

本书在IPD产品研发管理的基础上系统阐述企业如何可持续增长，如何构建相互迭代支撑而不是“孤岛式”或“烟囱式”的管理系统，并通过增量绩效机制不断优化完善，让企业首先进行客户细分，定位优质增量客户，针对优质客户寻找解决方案和进行产品与技术研发，确定战略控制节点，聚焦配置资源并针对核心员工设计增量绩效，提升任职资格和能力，建立“一客户一产品一策略一财务模型一队伍一增量激励”的精细盈利模式，并通过经营分析和预警让企业在不断解决优质客户问题的同时，不断纠偏，持续成长。本书可有效帮助企业建立系统管理思维体系，突破瓶颈，实现增量。

本书所有图片、内容均申请了个人知识产权，任何人未经授权不得用于任何商业活动，包括但不限于培训、咨询和软件开发。

图书在版编目 (CIP) 数据

增量绩效管理：构建以产品为核心、基于增量产出的管理体系 / 周辉著 . —北京：电子工业出版社，2019.1

ISBN 978-7-121-35123-5

Ⅰ. ①增…　Ⅱ. ①周…　Ⅲ. ①企业管理－产品管理－增量－企业绩效－研究
Ⅳ. ① F273.2 ② F272.5

中国版本图书馆 CIP 数据核字（2018）第 222162 号

策划编辑：张　昭
责任编辑：张　昭
印　　刷：北京盛通印刷股份有限公司
装　　订：北京盛通印刷股份有限公司
出版发行：电子工业出版社
　　　　　北京市海淀区万寿路173信箱　邮编 100036
开　　本：720×1000　1/16　印张：22.25　字数：210千字
版　　次：2019年1月第1版
印　　次：2019年3月第3次印刷
定　　价：79.00元

凡所购买电子工业出版社图书有缺损问题，请向购买书店调换。若书店售缺，请与本社发行部联系，联系及邮购电话：（010）88254888，88258888。

质量投诉请发邮件至zlts@phei.com.cn，盗版侵权举报请发邮件至dbqq@phei.com.cn。

本书咨询联系方式：（010）88254210，influence@phei.com.cn，微信号：yingxianglibook。

谨　献

1. 献给所有面临成长瓶颈无法快速突破的企业。

2. 献给推行IPD，但没有努力细分客户群，没有选择优质客户，没有通过“一客户一产品一策略一财务模型一队伍一增量激励”实现利润最大化的精细化管理的企业。

3. 献给努力学习华为但没有建立增量战略分配机制和无法推行内部全员虚拟股份制，导致IPD落地困难的企业。

4. 献给推行了KPI和OKR但没有寻找增量战略控制节点，没有针对战略控制节点进行资源聚焦和实现增量激励，导致组织绩效与产品线绩效和核心员工个人独特贡献绩效不关联的企业。

5. 献给按收入进行提成而不是按毛利和增量进行激励，导致员工个人挣钱而组织亏损的企业。

6. 献给已推行“阿米巴”但没有建立以产品为核心和以增量为考核内容的管理体系，没有建立开放式预算，核心员工能力和薪酬没有保持同步提升，没有实现减人、增效、加薪的成长型企业。

7. 献给正在推行战略解码，但没有建立组织KPI与个人战略指标和增量独特贡献指标相结合的企业。

序 PREFACE

企业的竞争归根结底是管理和机制演进的竞争

所有的企业首先必须回归产品，以产品为基石发展。

当企业有了一个核心产品的时候，企业的竞争归根结底就回归到管理和机制的竞争。

管理和机制的竞争不是盲目引进职业经理人，不是盲目学习某种模式的竞争；也不是某一个职能部门“孤岛式”建立体系的竞争；而是先建立系统框架，在经营中不断解决问题，同步提升组织绩效与个人能力，分步迭代，完善体系的竞争；是组织绩效与个人独特贡献和薪酬及能力同步提升相结合共同发展的竞争；是分层解决挣钱、分钱、花钱三个问题的管理和机制逻辑演进并不断完善的竞争。

评估管理和机制成功的唯一标准是企业可持续发展，企业可持续发展必须分步实现三个目标：

1. 产品的市场成功

企业应该细分客户，面向优质客户解决客户的问题和痛点，充分分析竞争，构建产品卖点，让客户满意的同时占有市场份额。

2. 产品的财务成功

企业不能单纯为规模而规模，为市场份额而市场份额，必须在确保一定市场份额的基础上持续盈利。企业应该充分分析产品的采购成本、制造成本、研发成本及管理成本，分析毛利率，通过核心技术提升毛利率，通过开放式预算和增量式核算降低管理费用比例，并确保对未来新技术、新产品、新客户、新区域进行战略投入的同时，还能保持比同行业略高的净利润率。

3. 核心员工提升能力，涨工资，确保安全收入和归属收入

企业应该通过任职资格建设，提升核心员工的能力，首先要确保员工的安全收入，并通过核心员工的增量目标及独特贡献指标，在提升组织绩效的同时，同步提升员工能力与薪酬，确保核心员工有归属收入，实现减人、增效、加薪。

企业要实现以上三个目标，必须以优质客户为中心，建立“一客户一产品一策略一财务模型一队伍一增量激励”的精细盈利模式的系统思维，在经营中不断完善管理和机制并持续迭代和演进。

本书在IPD产品研发管理的基础上系统阐述企业如何可持续增长，如何构建相互迭代支撑而不是“孤岛式”或“烟囱式”的管理系统，并通过增量绩效机制不断优化完善，让企业首先进行客户细分，定位优质增量客户，针对优质客户寻找解决方案和进行产品与技术研发，确定战略控制节点，聚焦资源配置并针对核心员工设计增量绩效，提升任职资格和能力，通过经营分析和预警，让企业在不断解决优质客户问题的同时，不断纠偏，持续成长。

本书的核心思想是：企业先回归产品，先建立一个基于产品经营的系统管理框架（三六三模型），通过以下八个步骤优化迭代，在经营中不断完善系统管理框架直至建成体系。

第一，先梳理产品，梳理技术，梳理客户，建立技术、产品与客户的映射。

第二，重构商业模式，形成核心技术支撑核心产品，核心产品支撑解决方案，通过优质客户解决方案的定制带来新的技术需求正向螺旋式上升的循环模式。

第三，进行客户细分，寻找增量市场和增量客户，根据增量市场和增量客户设计“一客户一产品一策略一财务模型一队伍一增量激励”，明确增量战略控制节点。

第四，针对增量战略控制节点聚焦核心资源配置，进行开放式预算和增量式核算。

第五，针对核心员工设计增量绩效，并将公司KPI分级，分解至产出线（产品线和营销）和产出节点，同步明确个人的战略开关指标和独特贡献重点指标及部门团队建设指标，确保组织绩效成功之上的个人增量薪酬的提升。

第六，通过对核心员工任职资格的建设，提升核心员工能力，并在业务的跨岗位实践中完善企业经营的经历。

第七，通过经营分析和预警发现问题，并共同研讨解决问题的路径，不断对企业战略进行纠偏和优化。

第八，通过需求和问题管理解决重大优质客户的痛点及问题，提高价值客户的满意度，并不断完善产品包、工具包、服务包和礼品包。

本书在强调系统管理体系和机制建设的同时，更强调企业在成长过程中个体英雄向企业领袖的演变。因此，我们将企业的KPI设计分为三级，公司KPI（一级）、产出线（产品线和营销）KPI（二级）和产出节点KPI（三级），同时将企业三级KPI分解到产出关键职位的核心个人，实现基于组织绩效之上的鼓励个人独特增量贡献并融合部门人员培养的个人增量绩效指标体系，如图1所示，业界称为“周辉增量绩效模型”。

其中个人增量绩效管理体系（IPI）包括五类指标：基于组织绩效的开关指标和组织指标，鼓励个人独特增量贡献的个人增量重点指标，培养队伍及强化管理体系的部门指标，以及将文化建设、必备知识、关键事件里程碑作为防火墙指标。

核心员工首先必须完成公司的战略——**开关指标**，确保完成战略控制节点目标。

员工所有的绩效薪酬来源于毛利及增长率——**组织指标**，确

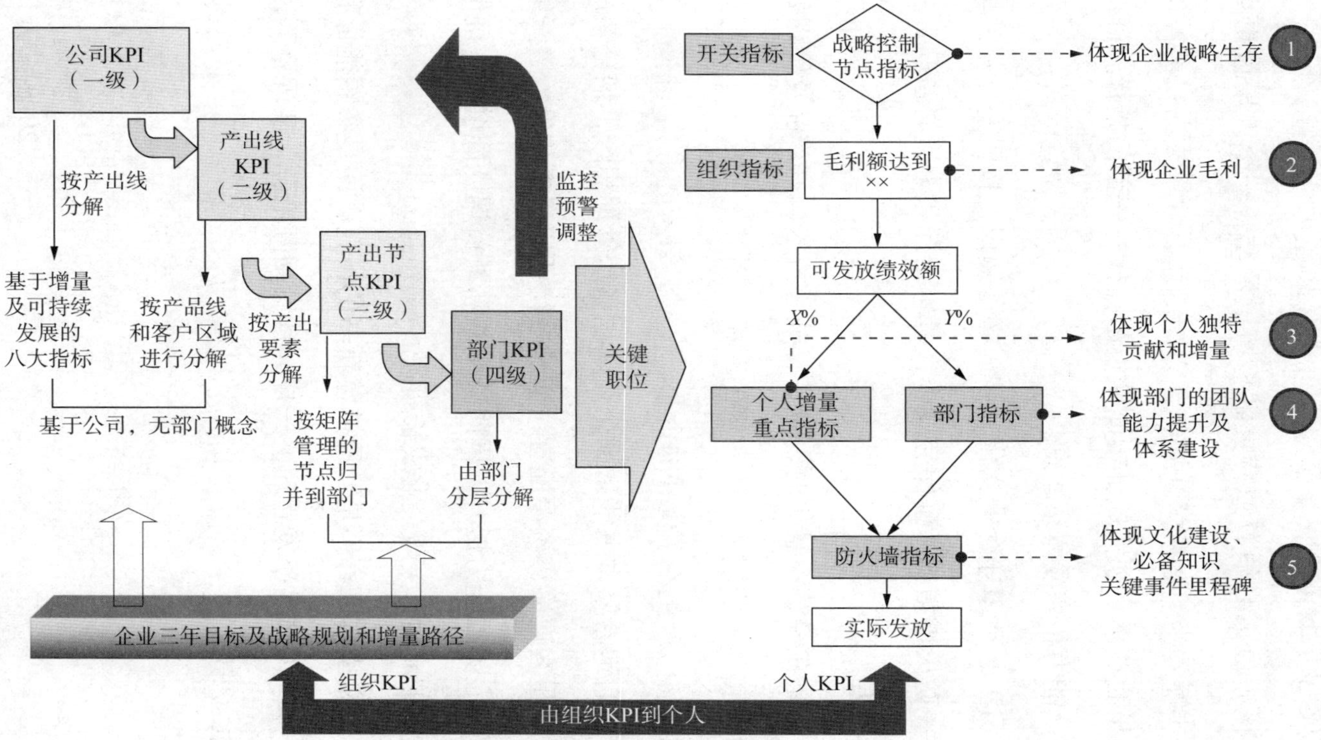
公司KPI（一级）
按产出线分解
产出线KPI（二级）
基于增量及可持续发展的八大指标
按产品线和客户区域进行分解
基于公司，无部门概念
产出节点KPI（三级）
按产出要素分解
按矩阵管理的节点归并到部门
部门KPI（四级）
由部门分层分解
监控预警调整
关键职位
企业三年目标及战略规划和增量路径
组织KPI
个人KPI
由组织KPI到个人
开关指标
战略控制节点指标
体现企业战略生存
1
组织指标
毛利额达到××
体现企业毛利
2
可发放绩效额
X%
Y%
体现个人独特贡献和增量
3
个人增量重点指标
部门指标
体现部门的团队能力提升及体系建设
4
防火墙指标
体现文化建设、必备知识关键事件里程碑
5
实际发放

图1　周辉增量绩效模型

保完成毛利目标。

核心员工必须有独特贡献和增量活动——**个人增量重点指标**，确保完成个人独特增量。

核心员工必须完成部门团队贡献指标——**部门指标**，确保提升团队能力和完成体系建设。

员工必须遵守企业文化、掌握必备知识，按时完成关键里程碑——**防火墙指标**，确保完成个人基本目标和个人必备职责的最低指标要求。

越是在经济不景气时，越是有核心技术和好产品及管理好的公司彻底摆脱低层次竞争对手的时机，不经历几次严冬，行业得不到净化，产生不了优秀的企业。

衷心地希望本书能帮助企业建立系统管理思维，细分客户，针对增量客户聚焦资源配置，通过推行任职资格和设置增量绩效实现核心员工能力提升的同时，个人薪酬待遇匹配增长，确保组织绩效的成功，突破企业成长瓶颈。

更希望本序言不是一篇推荐新书的序言，而是希望能像我的第一本书《产品研发管理》一样，读者相互推荐，实现互联网思维的C-C模式。

周辉

2018年7月15日

前言 PREFACE

构建增量绩效分配机制，回归企业产品经营本质

——为什么提前写这本书

为什么企业发展到一定程度会停滞不前？

为什么企业规模越大越不挣钱？

为什么企业人越来越多，人均利润却持续下降？

为什么企业产品越来越多，每一个产品的竞争力却在下降？

为什么老员工薪酬越来越高，却失去了创业的激情？

为什么企业创新越来越难？

为什么新产品、新客户、新区域的发展越来越困难？

为什么推行了IPD、KPI、OKR及阿米巴，甚至STE战略解码，企业效率仍然很低？

……

企业发展到一定程度，必然会遇到成长瓶颈。

尤其是近两年以来，全球社会应对金融危机，很多企业无所

适从，业绩无法增长，成长的瓶颈无法突破，企业界感觉一片茫然，企业的出路到底在哪里？如何突破企业成长瓶颈？

一部分企业开始追寻互联网，一部分企业开始工业4.0的探索，而很多中国的企业选择改进管理回归产品，进行管理改革，开始学习华为，加强自主研发，加强自主投入开发产品，推行IPD，甚至有的企业直接聘请华为的高管或者选择华为系出来的咨询公司进行完全模仿和照搬华为的体系建设。

但为什么这些企业推行管理改革和IPD，大部分都感到无法落地，甚至带来很多问题呢？主要有以下一些原因：

1. 无视企业发展阶段盲目学习现在的华为，导致为管理而管理；

2. “孤岛式”地解决管理问题，模块式地推行IPD，导致系统之间相互不关联；

3. 越来越复杂的流程，导致工作效率大幅降低，管理能力表面提高了，但经营的问题仍无法解决；

4. 没有推行任职资格，在员工能力不足的情况下，强制要求员工按照华为或某种模式运作，导致员工怨声载道，表面应付；

5. 片面强调跨部门团队，不是先鼓励个体英雄全流程打通，产生效果后再用流程固化，而是为管理而管理，导致流程制度和实施两张皮，很多工作是为了应付流程制度而做；

6. 要么只关注研发流程，不关注市场和需求，导致产品开发脱离客户需求；要么不细分技术，核心技术不自主攻关而外包，导致核心技术受上游企业控制；

7. 只关注管理和流程的改革，不关注增量路径的设计，不关注目标、预算与绩效和增量的关联，形不成可持续发展的机制；

8. 没有设计个人绩效薪酬与组织绩效相关联的机制，增量和创新的动力源泉缺失；

9. 没有实行基于增量的开放式预算，市场和机会大的产品得不到资源配置；

……

我一直在反思：

为什么这些企业推行管理改革落不了地？

为什么这些企业学习华为推行IPD会带来这些问题？

从2005年到今天，我从事咨询工作已十多年了，一直在推行产品管理，并倡导华为模式，我咨询服务的客户不仅有民营企业，更有无法实现个人持股的央企和上市企业，还有更多的是重视核心技术、但交付模式是小批量多品种的军工企业。

这些企业不是华为，无法像华为那样通过高薪和员工大量持股焕发员工的工作激情；如何让这些企业的员工保持良好的工作激情？如何让这些企业的员工也能获取高薪呢？如何让这些不具备华为机制的企业也能快速成长呢？

我通过烽火通信、双胞胎、东阿阿胶、中电29所、启明星辰等数十家企业的咨询，逐渐总结并独创设计了增量战略绩效管理体系，细分客户，建立产品线，划分虚拟费用包，按比例和增量核算费用，建立开放式预算和增量式核算，增量越多，费用越多，可发放的薪酬包越多，产出单元和员工获得的个人收入越多，同时给核心员工设计五类指标，尤其是个人的开关指标和增量重点指标，甚至给增量活动直接设立绩效薪酬；通俗点说这是一种内部虚拟股份制，实现了员工在没有股份的情况下还能焕发工作激情，实现高薪并达到组织绩效与个人薪酬匹配并同步增长；解决了企业如何按照自身发展阶段，融合华为实践，实现IPD落地的同时建立一个持续增长的机制。这也使我形成了一套企业系统管理的三六三模型，并与相关企业进行业绩对赌，实现了咨询公司与客户双赢，也进一步坚定了在每一个细分领域复制一个华为的奋斗目标。

总结起来，其实IPD是保证产品的市场成功和财务成功的商业模式转型的系统思想，不是一个简单的管理模式，更不是一个研发内部流程的改革。

因此，企业的管理改革是一个系统工程，要求以产品为核心，横向打通从客户投资到市场需求到产品开发再到产品销售及交付和服务的过程，这是IPD的内容。纵向必须有一个保证机制，必须在资源配置、绩效和薪酬激励及员工能力提升上匹配，确保IPD落地的同时，企业实现可持续增长。

基于以上考虑，纵向要确保公司战略目标分解到客户群目标，以增量客户群、增量市场来构建产品策略，探寻增量战略控制节点；根据增量战略控制节点分配预算，构建组织和个人增量绩效和薪酬机制，并通过经营分析和预警修正战略，实现正反馈循环，这部分内容即为增量绩效管理。目的是形成一套基于增量战略的分配机制，同步推行任职资格管理体系，以确保人员的能力和薪酬与组织增量绩效同步提升（见图2）。

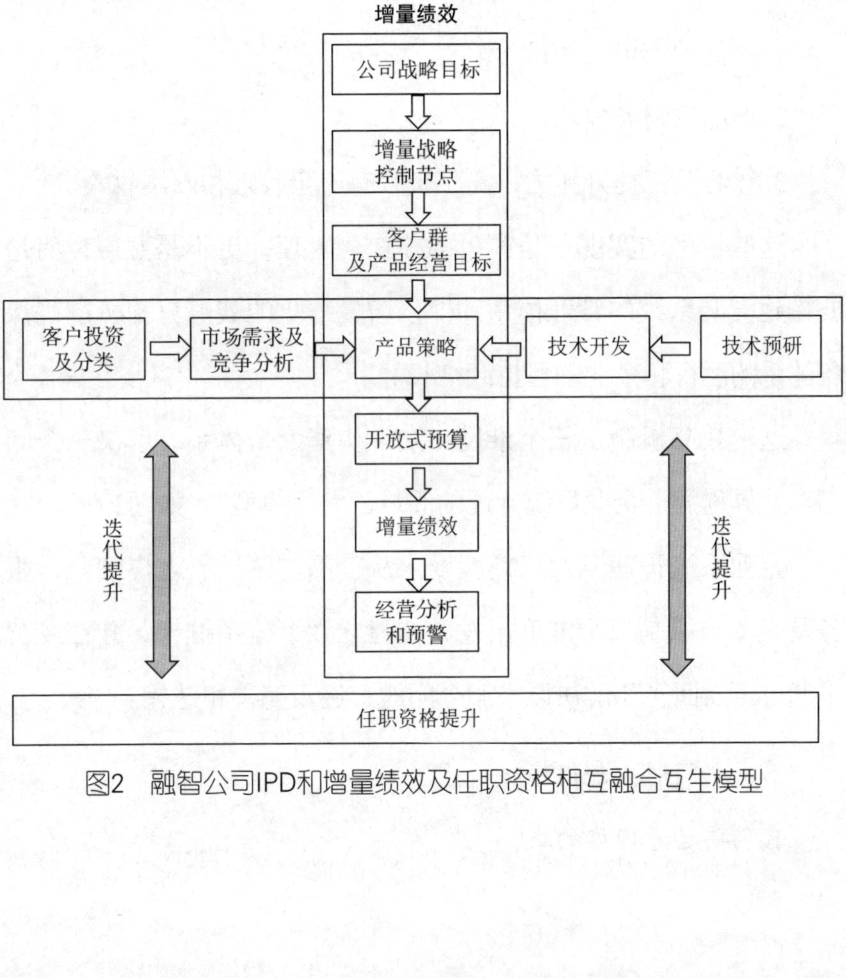

图2 融智公司IPD和增量绩效及任职资格相互融合互生模型

本来按照我2012年出版的《产品研发管理》一书中后记里提出的设想，随后应该出版的是支撑产品管理的《核心技术创新及研发体系建设》，但我认为推进企业系统管理及IPD的落地，应该先建立一套机制，这就是增量绩效管理，因此，我决定提前写这本书。

正如序言所说，增量绩效管理要求回归到企业经营的本质，管理必须为经营服务，企业经营和管理的任务应该是“以产品为核心，实现三个目标”：

1. 产品的市场成功；

2. 产品的财务成功；

3. 核心员工提升能力、涨工资，有安全收入和归属收入。

这些目标的实现不是简单的模块化管理，更不是照搬，而是要构建一套系统的管理体系，即以增量绩效的战略分配机制确保各体系的运行和企业的可持续增长。

这套战略机制从三个维度出发，构建六个体系，解决三个问题，业界称为“企业系统管理的周辉三六三模型”，如图3所示。

企业系统管理三六三模型要求从产品与营销、客户细分与服务及人才与机制三个维度出发，先建立六个体系框架，并在经营中通过不断回答和解决以下三个问题，逐步完善和迭代。

第一个问题：如何挣钱？

我们要思考挣谁的钱？

如何持续挣钱？

如何与客户共同挣钱？

如何在挣钱的同时客户还满意？

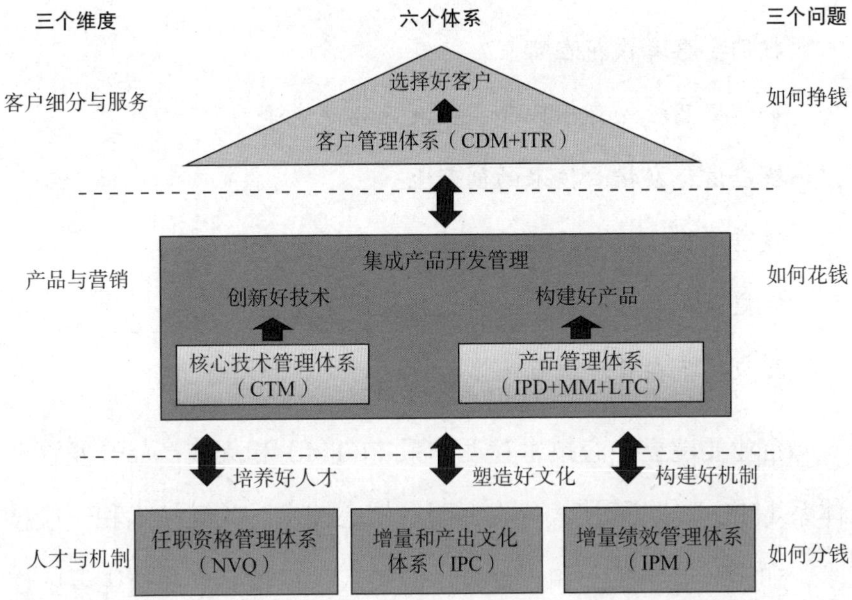

图3　企业系统管理的周辉三六三模型

要想解决此问题，企业要建立客户细分管理体系（CDM）。按照市场规模、市场份额和毛利率将客户进行分类，将客户分为价值客户、战略客户、利润客户、大客户及非利润客户五类。企业应调整客户结构，首先守住价值客户，其次选择进入市场潜力大的客户，将其变成战略客户，再将战略客户变成大客户，通过产品组合，最后将大客户变成利润客户，放弃市场潜力小且公司市场份额低的非利润客户。在此基础上，针对不同的客户设计不同的产品包、服务包、工具包和礼品包，实现“一客户一产品一策略一财务模型一队伍一增量激励”的精细盈利模式。

第二个问题：如何花钱？

我们要思考钱花在哪里？

如何提高投入产出比和企业及产品的竞争力？

钱应该花在核心技术的创新上。

钱应该花在核心产品的改进上。

钱应该花在核心员工的能力和薪酬提升上。

钱应该花在管理机制及体系建设的沉淀和演进上。

企业要建立核心技术管理体系（CTM）和集成产品开发管理体系（IPD），进行技术分类，明确核心技术、关键技术和一般技术，加大对核心技术和关键技术的投入；在核心产品所需要的核心技术和关键技术上进行立体创新和预研，确保产品的功能和性能在高端客户中持续领先，彻底拉开与竞争对手的差距。企业要坚持好产品即营销，按照客户分类及投资分析，客户问题分析，客户痛点识别，竞争分析，卖点设计，核心技术需求的步骤开发产品，调整产品结构，强调先营后销，实现基于市场营销管理体系（MM）和核心技术管理体系（CTM）双驱动的产品创新机制。

第三问题：如何分钱？

我们更要思考企业应该如何分钱。

钱要分在增量上。

钱要分在核心员工的独特贡献和额外努力上。

钱要分在认可公司文化和核心价值观并积极推行和诠释的核心员工身上。

企业应该建立任职资格管理体系和增量激励机制，建立鼓励增量和产出的文化体系，建立增量绩效管理体系。把钱分给符合任职资格、认可公司文化、有独特贡献和增量的核心员工，实现在组织绩效增长的同时员工的能力和薪酬同步增长，并通过正向的文化建设，培养一批合格的企业命运共同体。

在以上六个体系中，不管是否建立了IPD，都必须建立增量绩效管理体系，并逐步完善，以支撑和带动其他体系的建立。

增量绩效管理体系分为组织增量绩效管理体系（组织KPI）和个人增量绩效管理体系（IPI）两个子体系，组织增量绩效管理体系（组织KPI）包括相互关联啮合的六个流程。

这六个流程将公司的产品与客户梳理及组织建设、企业的战略目标及预算核算、绩效管理、经营分析及预警有效衔接为一体。通过产品线的划分构建面向客户的组织结构，同时进行客户细分，选择增量市场和客户，明确增量战略控制节点；并通过开放式预算聚焦资源配置，通过增量绩效明确激励模式，通过经营分析修正路径实现正反馈循环（见图4）。

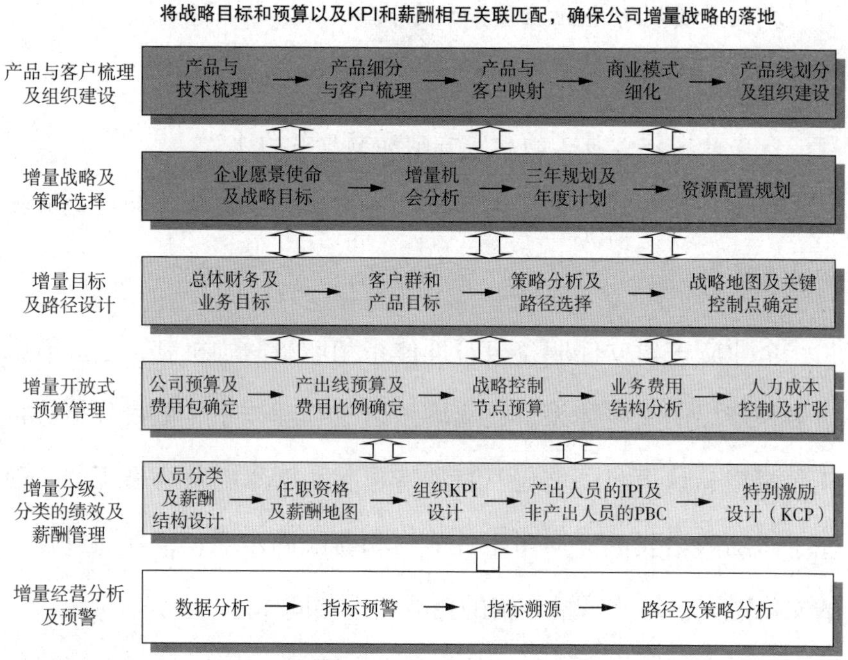

图4 周辉IPM模型六个子体系

同时，为了确保六个流程的落地，如序言所述，将KPI分解为组织KPI和个人IPI，组织KPI分为三级，即公司为一级，产出线（产品线和营销）为二级，产出节点为三级，组织KPI是个人增量绩效管理体系（IPI）五类指标的来源，要相互映射和匹配，如前面图1所示。

总体来讲，增量绩效管理关注产品的市场成功、财务成功和核心员工提升能力、涨工资，有安全收入和归属收入的三大目标，其核心思想是：

1. 回归产品，将产品的市场成功、财务成功和核心员工提升能力、涨工资，有安全收入和归属收入作为企业经营的目标。

2. 将规划、业务计划、一级预算、组织KPI及个人IPI和经营分析及预警衔接为一个整体。

3. 划分产品线和资源线，产出部门管理业务、预算及组织绩效和个人增量绩效，资源部门负责推行任职资格和提升员工能力。

4. 业务分层、预算分级、绩效分级，以产品为组织绩效单元，进行进一步的任务细分、预算核算和绩效考核。公司管理产品线的预算和绩效，产品线管理支撑产品的节点的预算和绩效，各节点汇总形成职能部门的预算和绩效，实现基于组织绩效和产品绩效之上的部门和个人绩效考核，实现“一客户一产品一策略一财务模型一队伍一增量激励”。

5. 根据增量按比例实现开放式预算，增量越多，预算越多，部门奖金越高，部门的预算和收入越高，有效实现公司业绩增量与产出单位的收入和员工个人收入的匹配和关联。

6. 考核区分存量和增量，存量代表过去的业绩，增量表示新增的业绩，增量是薪酬绩效建设的基础，而不是简单考核存量。对增量和存量执行不同的费用比例，每一个产出单元都是一个按增量核算的单位，包括职能部门，按比例根据增量确定虚拟收入，减去费用便是奖金包的来源。

7. 公司对产品和部门给出薪酬包和绩效包，部门在这两个包的范围内决定员工的薪酬，实际上建立内部虚拟股份制，有效实现减人、增效、加薪。

8. 针对业绩目标，各级干部要寻找实现路径；路径不解决，不给预算和绩效指标。

9. 将个人增量绩效管理指标分类，建立IPI，鼓励核心员工承担开关指标、组织指标和个人增量重点指标。

……

本书将按以下思路阐述如何构建增量绩效管理体系：

1. 企业战略的首要任务是可持续发展。

2. 企业如何实现可持续发展？

3. 企业如何构建增量绩效管理指标？

4. 企业如何构建以产品线划分资源线，建立面向客户，以产品为中心的组织结构？

5. 企业如何围绕增量目标寻找优质客户群，进行客户分类？

6. 企业如何将公司规划与客户群规划及产品规划结合起来，并针对优质客户设计“一客户一产品一策略一财务模型一队伍一增量激励”的精细盈利模式？

7. 企业如何针对增量设计开放式的预算，确保战略聚焦投入和资源向增量倾斜？

8. 企业如何将公司KPI分解到产出线KPI和产出节点KPI，并同步解码到关键职位，形成个人IPI？

9. 企业如何针对核心员工，结合增量和任职资格设计薪酬结构和激励原则，实现减人、增效、加薪？

10. 企业如何建立增量核算并通过过程中的经营分析和预警实现战略纠偏？

为了使大家更好地阅读此书，我总结了本书导读的十个要素：

一、一个回归：回归产品；

二、两个体系：组织增量绩效管理体系（组织KPI）及个人增量绩效管理体系（IPI）；

三、三个目标：市场成功、财务成功、核心员工提升能力、涨工资，有安全收入和归属收入；

四、产品卖点设计组合策略包括四个包：产品包、服务包、工具包和礼品包；

五、五种客户分类：价值客户、战略客户、大客户、利润客户和非利润客户；

六、细分客户策略六个一：一客户一产品一策略一财务模型一队伍一增量激励；

七、目标制定包括七个规划“W”形迭代，详见第五章；

八、企业一级组织KPI的八个指标，详见第一章；

九、企业核心竞争力的九个要素，详见第一章；

十、员工收入的十个来源，详见第六章。

希望各个企业都能够学习三六三模型，建立客户细分管理体系（CDM），核心技术管理体系、集成产品开发管理体系（IPD）、增量绩效管理体系、增量及产出文化体系、任职资格管理体系，突破企业成长瓶颈，实现企业快速增长。

本书部分内容在各章节有所重复，主要是为确保本书核心内容突出，并可分章节阅读。希望大家都能从本书中获益，先建立三六三体系，在经营中不断完善、迭代，通过共同交流和探讨，提出宝贵意见，以证明三六三体系及组织KPI和个人IPI分类建设会给企业带来真正实用的益处，并给已推行IPD的公司带来落地实操，帮助企业突破瓶颈，实现增量增长。

周辉

2016年7月1日初稿

2018年7月2日终稿

英文缩写与释义

缩　写	全　拼	释　义
IPD	Integrated Product Development	集成产品开发
KPI	Key Performance Indicator	关键绩效指标
OKR	Objectives Key Results	目标与关键成果法
C-C	Consumer To Consumer	消费者到消费者
STE	Strategy To Execution	从战略到执行
CDM	Customer Distinction Management	客户细分管理
ITR	Issues To Resolution	问题到解决方案
CTM	Central Technology Management	核心技术管理
MM	Marketing Management	市场营销管理
LTC	Leads To Cash	从线索到现金
NVQ	National Vocational Qualification	任职资格管理
IPC	Incremental Performance Culture	增量产出文化

目录 CONTENTS

第1章　企业战略的首要任务是活着并建立可持续增长机制

企业战略的首要任务是活下去并可持续发展；企业活下去并可持续发展必须选择优质客户，创新核心技术和构建好产品，明确增量市场和客户及产品的战略控制节点。通过开放式预算聚焦资源配置，通过推行任职资格提升核心员工能力，通过增量绩效管理实现减人、增效、加薪，并在核心竞争力上超越竞争对手。

第2章 如何构建增量绩效管理体系

增量绩效管理以毛利作为分配和激励的基准，将目标、任务、预算、组织KPI与个人IPI有机地衔接为一体。通过分析客户投资寻找增量市场，通过开放式预算按比例给出费用，按产品线以增量计算公式分别实行费用包分包，增量越多费用越多；同时考核分级，公司考核产品线，产品线考核参与产品产出的各个节点。在指标设计上，组织KPI分级，设计个人IPI，在组织绩效提升的同时，鼓励产出线人员的独特贡献和增量，按增量进行核算和评价，在确保组织绩效和产品绩效提升的同时，员工收入根据能力和独特贡献匹配增长，这是企业实现减人、增效、加薪，突破成长瓶颈必须建立的机制。

第3章 划分产品线和资源线，构建面向产出和能力提升的组织体系

为了有利于针对不同产品设计不同的费用包和增量财务模型，企业应该快速摒弃职能制，降低组织层级和考核层级，建立产品线和资源线；产品线负责产出，资源线负责员工能力提升和服务产品线。在目标制定、预算和绩效管理上分级，公司为一级，产出线（产品线和营销）为二级，产出节点为三级，实现外部以客户为中心，内部以产品为中心，产品线对市场和财务成功负责，资源线对员工的能力提升负责并建立围绕产出的组织架构，同步以产品线和产出节点为核心，构建增量绩效管理机制。

第4章 基于客户分类构建“一客户一产品一策略一财务模型”

建立产品线的目的是回归产品，有利于预算、绩效管理和资源配置，更有利于以客户为中心，但并不是对所有的客户都是统一的策略、卖点和服务，更不是平均配置资源。增量绩效管理要求选择市场容量较大的客户群，在产品平台基础上开发出满足其需求的产品，并进一步根据市场份额和毛利率进行客户细分，针对细分客户设计不同的产品和服务策略及价格策略，进而根据卖点确定产品包，设计服务包、工具包和礼品包的组合，实现“一客户一产品一策略一财务模型一队伍一增量激励”的精细盈利模式，确保获取产品增量的财务成功和确保核心员工获得增量绩效。

第5章　如何制订三年规划、年度计划及设计增量目标和构建开放式预算及组织KPI

目标规划、一级预算和组织KPI的制定，必须联动。通过规划明确增量目标，并寻找增量路径，确定增量战略控制节点；通过开放式预算按增量比例配置预算，明确组织KPI，并分层分级进行分解；尤其是增量战略控制节点，必须在预算及核心资源配置和增量激励上倾斜，以实现“一客户一产品一策略一财务模型一队伍一增量激励”的精细盈利模式，确保企业战略落地。同时针对未来的核心技术、新产品和战略客户设立战略投入，以确保企业可持续发展。

第6章 如何设计增量薪酬结构和基于产出的绩效管理

绩效管理分为组织的绩效管理和员工的个人绩效管理。组织的绩效管理分三级，即公司的KPI、产出线（产品线和营销）的KPI和产出节点的KPI。这些KPI分解到核心员工的IPI，包括开关指标、组织指标、个人增量重点指标、部门指标和防火墙指标。员工所有的薪酬激励都要分为来源和发放，来源由组织指标和增量确定，发放与个人IPI的完成相关。员工的薪酬有十种来源，其中月度发放部分必须要保证员工的安全收入，核心员工还要保证有归属收入。企业应该通过提升核心员工的任职资格，鼓励核心员工在完成组织绩效的基础上有独特贡献和增量贡献；同时针对增量活动特别设立绩效工资，在实现减人、增效、加薪的同时，同步实现“一客户一产品一策略一财务模型一队伍一增量激励”精细盈利模式的落地。

第7章 经营分析和预警

经营分析和预警要求按开放式预算和增量核算公式的比例，在过程中根据实际完成的毛利额确认各产出单元的虚拟利润，进而算出各产出单元和个人的预期可获得收入。同时通过经营分析和预警及时发现新的增量，及时配置资源，加大投入，对市场出现萎缩变化的业务控制资源投入，对发现的问题寻找路径，共同解决并及时纠偏，以确保增量绩效的落地。

第 1 章
Chapter 1

企业战略的首要任务是活着并建立可持续增长机制

企业战略的首要任务是活下去并可持续发展；企业活下去并可持续发展必须选择优质客户，创新核心技术和构建好产品，明确增量市场和客户及产品的战略控制节点。通过开放式预算聚焦资源配置，通过推行任职资格提升核心员工能力，通过增量绩效管理实现减人、增效、加薪，并在核心竞争力上超越竞争对手。

本章精华

1. 企业战略的首要任务不是寻找一双“红舞鞋”进行短期投机，而是可持续发展；企业的可持续发展必须在构建好产品的基础上建立一套鼓励增量绩效管理的分配机制。

2. 评估企业的可持续发展，包括四大财务指标和四大竞争力指标，而不是仅仅评估企业的规模。要关注企业的创新能力和可持续发展以及管理效率，同步关注客户、产品及人员结构的合理性。

3. 企业可持续发展要构建六个体系，选择好客户，通过创新好技术，开发好产品，构建好机制，塑造好文化并培养好人才，达到管理系统的闭环演进并迭代发展。

4. 企业在收入上应该关注毛利额而不是仅仅关注收入，毛利额的计算公式为：市场规模 × 市场份额 × 毛利率 = 毛利额。企业应该选择市场规模大的优质客户，占有一定的市场份额，并通过核心技术构建产品独特卖点实现高毛利率；要确保毛利额的增长，而不是一味追求销售收入的规模增长或通过降价追求市场份额。

5. 企业所有核算、费用比例、激励甚至奖金和绩效发放的基础是毛利而不是销售收入，否则会陷入低价倾销、员工享受提成而公司亏损的陷阱。

6. 企业的指标要与行业发展趋势和主要竞争对手对标，要在创新能力、客户结构、产品结构和增量上超越对手。

7. 企业要追求持续利润而不是一味追求规模或追求上市解决现金流，追求持续利润必须选择好客户，做好产品的持续服务，并确保公司的财务成功而不是一味地烧钱追求市场份额。

8. 新业务占比是评估企业创新能力和可持续发展的重要指标，也是增量的来源，必须由高层领导亲自执行并直接与高层领导的薪酬收入和独特绩效指标挂钩。

9. 人均毛利是决定企业生存的指标，人均毛利决定平均薪酬包，平均薪酬包决定核心员工的收入；如果人均毛利过低则核心员工的收入过低，如果核心员工流失，企业不可能持续发展。

10. 提高人均毛利有十条路径，所有员工都要围绕这十条路径在增量上做出独特贡献。

11. 员工满意度不是越高越好，要进行人员分类，核心员工满意度越高越好；区分核心员工的标准是：是否具有核心资源或技能并带来独特的增量贡献。

12. 企业必须构建核心竞争力，核心竞争力最基础的四个要素是：企业文化、分配机制和人员的任职资格及核心产品与技术。

第一节
企业战略的首要任务是活着并可持续发展

◆ 问题思考

1. 企业战略的首要任务是什么?
2. 企业应该如何识别和规避影响企业可持续发展的短期行为?
3. 现金流、项目利润和持续利润有什么区别?
4. 为什么只有产品和服务能带来持续利润?

◆ 企业战略的首要任务是什么

二十几年前，我在华为任职，公司经常要求高级干部回答一个问题：企业战略的首要任务是什么?

企业战略的首要任务是挣钱吗?

是单纯地为了收入规模的增长吗?

是净利润吗?

是企业家的个人品牌吗？是企业上市吗？

……

华为一直强调企业战略的首要任务是活下去并可持续发展（见图1-1-1）。甚至在华为基本法中都强调：“公司的战略是不片面强调收入与净利润的片面增长，而是要保持核心竞争力的同步提升，确保公司可持续发展。”

1. 不片面强调收入与净利润的片面增长，而是要保持核心竞争力的同步提升，确保公司可持续发展。
2. 核心技术支撑核心产品，核心产品支撑解决方案，通过解决方案服务好优质客户，通过与优质客户的交流和互动带来新的技术需求，实现技术、产品、解决方案和客户正向迭代循环互动。

图1-1-1　华为战略的核心策略

当时，我还不是十分理解这个问题，直到我离开华为，担任过几家上市公司的COO和CEO以及长期顾问，最后创业成立融智咨询公司并亲自帮助近百家企业实现快速增长，才对这个问题的思考和理解越来越深刻。

我在进一步思考：

为什么近30年来，中国的大部分企业平均寿命不到10年，为什么产生不了更多的百年企业？为什么很多规模较大的企业一夜之间土崩瓦解？

企业战略的首要任务到底是什么？让我们来看一个经典故事——红舞鞋的故事。

红舞鞋的故事

在一个山村里，姑娘们以舞跳得好坏作为选美的评价标准。姑娘们从小就练习跳舞，培养基本功，练得非常辛苦。

村庄里有一座庙，庙里有双红舞鞋，红舞鞋有一个好处，无论谁穿上它，不用训练，红舞鞋都可以自动带着她跳出美丽的舞蹈；但红舞鞋有一个致命的缺点，一旦穿上它就停不下来，直到耗光你所有的精力。很多姑娘都梦寐以求想逃避艰苦的训练，但是又害怕穿上红舞鞋停不下来，精力耗尽。

终于一个姑娘忍受不了长期训练的煎熬，穿上了红舞鞋。在白天的时候，红舞鞋带着她跳出了最美的舞蹈，大家都说她是最美的姑娘，她的虚荣心得到了巨大的满足。但是，当夜幕降临的时候，大家都回家去了，她也想回去，红舞鞋却带着她继续跳，停不下来。第二天，大家发现她死在森林里。

红舞鞋的故事给我们以下启示：

第一，每一家成功企业的背后，必然会有艰苦的磨炼，尤其是对产品的精益求精，对管理的不懈改进，对核心技术的不断创新，就像芭蕾舞演员，演出成功的背后，必然是一双经过磨炼的伤痕累累的脚，才有可能具备核心竞争力。

第二，要想成功，必须耐得住寂寞并经过艰苦的训练，培养核心能力，每一个重量级的芭蕾舞演员的脚因为练习都是伤痕累累的（见图1-1-2）。

第三，在这个世界上没有捷径，任何不具备核心竞争力的投机行为都不可能持续发展。

第四，"红舞鞋"是短期行为，我们经营企业应该尽量规避。

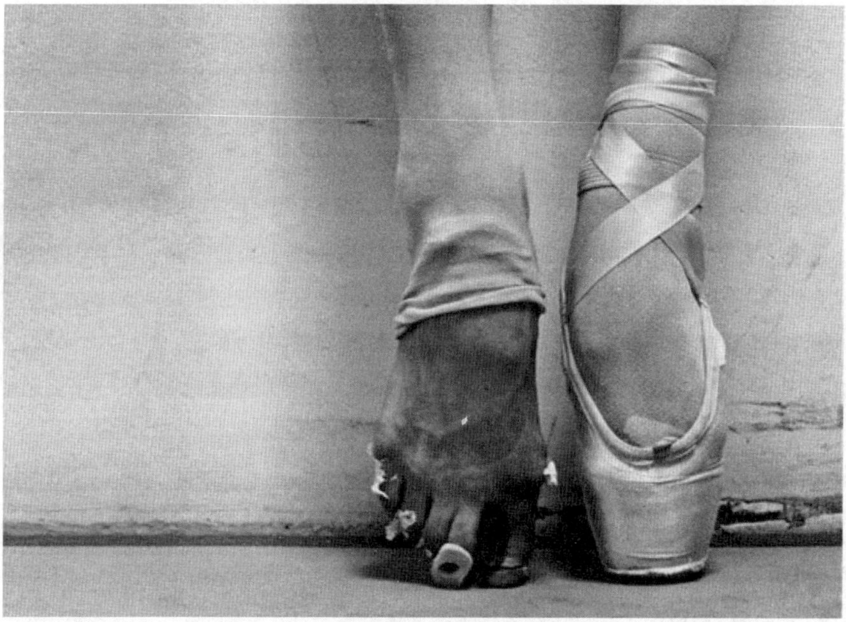

图1-1-2　要想成功，必须耐得住寂寞并经过艰苦的训练，
培养核心能力，每一个重量级的芭蕾舞演员的脚因为练习都是伤痕累累的
（图片源于华为广告）

从故事回归到现实企业管理中，有很多企业都像故事的女主人公一样，耐不住寂寞，想快速成功，不在产品和技术创新及管理创新上做点点滴滴的改进，不做艰苦的攻关，而想寻找一双“红舞鞋”，尤其是近20年来，中国的部分企业以资源型竞争力为主，以规模为评价指标，没有聚焦回归到产品，不创新核心技术和关键技术，不精细化管理。一些企业往往因为拥有某种资源而一夜暴富，又往往因为失去某种资源而一夜赤贫，甚至现在很多看上去辉煌的企业过度强调营销手段和规模集成，不回归研发创新、产品创新和管理创新，企业毫无竞争力，这样的公司能持续发展吗?

回归企业经营，企业战略的首要任务不是快活一阵子，不是寻找一双“红舞鞋”，而是可持续发展。企业必须识别和规避“红舞鞋”行为，为企业的可持续发展苦练基本功，这些基本功是什么呢?

1. 不断通过核心技术创新和市场需求双驱动，开发和改进产品；

2. 细分好客户，不断与客户进行交流，了解客户的需求，识别客户的痛点，解决客户的问题；

3. 不断完善和改进管理，确保快速响应客户和交付及回款，设计增量分配机制，保证组织绩效增长的同时，核心员工的待遇和能力同步提升；

……

企业必须努力练好以上基本功，抵制住诱惑，耐得住寂寞，并规避短期行为，才能可持续发展。

企业经常会出现哪些短期行为呢？企业如何规避短期行为呢？

◆ 如何识别和规避影响企业可持续发展的短期行为

企业经常会出现哪些短期行为呢？或者说哪些行为是影响企业可持续发展的行为呢？

更进一步说企业有哪些表象证实企业已穿上了“红舞鞋”可能导致不可持续发展呢？

我和我的团队结合二十多年来亲自管理企业以及参与上百家企业深度管理咨询的实践经验，列出了以下有可能是“红舞鞋”的行为。企业要尽可能识别和规避以下行为：

一、简单投机，风险不可控

1. 脱离主营业务，甚至抛弃主业，抛弃产品，做投机和金融。

2. 无任何竞争力，简单地依靠关系做贸易，无任何核心技术做规模集成或简单横向扩张。

二、产品贪多不聚焦，不解决客户痛点，无卖点，仅靠低价竞争

1. 规模大，产品无竞争力，无卖点，靠低价竞争。

2. 产品多，每一个产品都做不到行业前三名或市场份额达不到5%以上。

3. 模仿和抄袭，无核心技术和关键技术支撑产品。

三、客户多，不优质，需求不刚性，不持续

1. 客户多，但大部分不能可持续增长。

2. 客户没有刚性的持续需求，而是一次性的需求或者是强行通过外部力量产生的非刚性需求。

四、没有持续的创新投入和产品化改进投入

1. 公司有规模，但研发投入低，无核心技术和关键技术。

2. 定制项目多，无产品化改进投入，无固定持续的客户群。

五、只解决现金流不解决持续获取利润的行为

1. 公司靠规模，通过政府补贴或股市和融资解决现金流，没有任何一款产品或服务其毛利或利润在行业中名列前茅。

2. 公司的研发投入极低，产品毛利率低，甚至无产品，靠OEM生存。

六、员工多，无竞争力，过度管理，无魂管理

1. 人均毛利低，人均薪酬低于同行业平均水平。

2. 核心员工无安全收入，无归属感。

3. 不断学习管理模式，“孤岛式”地抓管理，不在经营中解决管理问题，不顾企业自身发展阶段和员工能力，盲目照搬某种模式，过度管理。

……

如果您的企业存在一部分以上行为，您一定要好好思考，如何规避以上行为，更要深刻思考企业是否能可持续发展。

企业要想可持续发展，一定要回归产品，在产品的基础上分清什么是现金流收入，什么是项目利润收入，什么是持续利润收入：

1. 现金流收入指资本运作的收入或政府补贴或额外的补贴。

2. 项目利润收入指单个的项目产生的利润，项目的成果不可重复、不可共享，或者是非主营业务带来的一次性的收入。

3. 持续利润收入指通过产品或服务带来的利润，通常是可重复、可共享的，不需要再进行研发投入的产品占比达到40%以上，企业在这方面不需要重新付出成本，而且客户可持续增长，有刚性需求。

企业要想有持续利润收入，必须回归到产品，同时回答以下问题：

1. 产品是否有卖点？

2. 产品是否满足了客户的需求？是否解决了客户的痛点？

3. 产品能占有市场份额吗？

4. 产品占有市场份额的同时能实现财务成功吗？

5. 财务成功后核心员工能提升能力涨工资吗？

6. 涨工资后的核心员工有竞争力吗？

7. 薪酬有竞争力的员工的独特贡献能带来公司新的增量吗？

8. 公司是否将组织绩效、部门预算和员工个人收入建立了关联关系？

9. 构成支撑产品核心功能的核心技术是否是自主研发的？核心供应商会卡你吗？

……

要想对以上问题有正确的回答，企业首先要学习评估企业可持续发展的指标并对标竞争对手的指标，好好分析企业的核心竞争力，构建可持续增长的机制。

第二节
企业如何可持续发展

◆ 问题思考

1. 评估企业可持续发展的指标包括哪两类？
2. 评估企业可持续发展的财务指标是什么？
3. 为什么老产品要评估毛利额，新产品要评估销售收入？
4. 为什么人均毛利是企业的生存指标？
5. 如何提高企业的人均毛利？
6. 核心竞争力指标包括哪四个指标？
7. 如何通过设计组织指标权重控制企业发展节奏？

◆ 评估企业可持续发展的指标

通常我们认为企业规模越大，企业越强大，越能持续发展，其实这是一个误区。

如何评估一个企业是否可持续发展呢？或者进一步说企业可持续发展需要建立什么样的均衡发展的组织指标体系呢？

评估企业的可持续发展，不能仅仅考虑销售收入和规模，还要考虑企业创新能力和可持续增长能力、企业的内部运营效率和核心员工的能力等；另外还要考虑产品结构、客户群结构等综合要素，并对标竞争对手的指标进行综合分析。

评估企业的指标为企业的组织绩效指标，通常称为公司一级指标，它包括两类，一类是财务指标，包括四个子指标；另一类是核心竞争力指标，同样包括四个子指标，业内统称“融智公司4+4一级指标模型”，也称“周辉4+4一级指标模型”，如图1-2-1所示。

四个财务指标：

1. 销售收入和毛利额及增长率：----------► 评估企业的发展规模（毛利额）
2. 新业务在销售中所占的比例：----------► 评估企业的增量及创新能力
3. 人均毛利及增长率：---------------► 评估企业的人均效益和员工任职能力
4. 非薪酬包费用占比降低率：-----------► 评估企业的管理能力及运营能力

四个关于核心竞争力的结构性指标：

1. 核心产品收入占比：-----------------► 评估产品收入结构合理性
2. 优质客户收入占比：-----------------► 评估客户收入结构合理性
3. 重点区域和战略区域的收入占比：--------► 评估区域收入结构合理性
4. 员工结构和任职资格能力的合理性：------► 评估企业的员工结构及核心员工的能力是否与薪酬包匹配

图1-2-1　评估企业的周辉4+4一级指标模型

评估企业的财务指标包括相辅相成又相互制约的四个指标：

1. 销售收入和毛利额及增长率：评估企业的发展规模（毛利额）；

2. 新业务在销售中所占的比例：评估企业的增量及创新能力；

3. 人均毛利及增长率：评估企业的人均效益和员工任职能力；

4. 非薪酬包费用占比降低率：评估企业的管理能力及运营能力。

评估企业的核心竞争力指标主要包括四个结构性指标：

1. 核心产品收入占比：评估产品收入结构合理性，评估公司产品是否聚焦；

2. 优质客户收入占比：评估客户收入结构合理性，评估客户是否聚焦，评估客户是否可持续增长；

3. 重点区域和战略区域的收入占比：评估区域收入结构合理性，评估区域是否聚焦；

4. 员工结构和任职资格能力的合理性：评估企业的员工结构及核心员工的能力是否与薪酬匹配。

四个评估企业核心竞争力的结构性指标要求先聚焦，先做好根据地，再扩张，带来增量；尤其在产品结构和客户结构、区域结构上，要由绵羊形结构逐步聚焦成烟囱形结构，再以此为平台或根据地发展到梯田形结构，如图1-2-2所示。

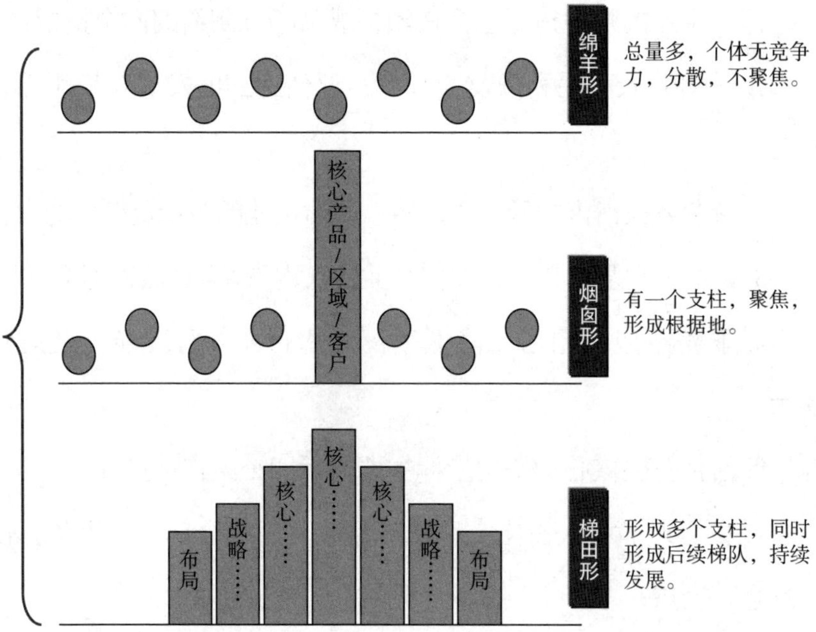

图1-2-2　融智公司结构模型——评估产品、客户和区域竞争力的绵羊形、烟囱形和梯田形结构

企业并不是产品越多越好，而应该是关注核心产品，应分批次将每一个产品做到市场份额10%以上或行业前3名或达到一定的规模。不要形成绵羊形结构，虽然产品多，但没有一个产品能够可持续发展，没有一个产品形成烟囱。当公司是绵羊形结构时，应先聚焦将一个产品做成烟囱形，确保市场份额、财务指标和毛利率在行业中具有一定的竞争地位，在这个产品的基础上，再扩展其他产品形成烟囱直至做成梯田形结构。

例如D公司2006年前产品多，而且产品不聚焦，2006年后，公司聚焦发展，经过十多年努力，公司毛利、净利润和员工收入均实现了翻两番，图1-2-3是D公司产品演进之路。

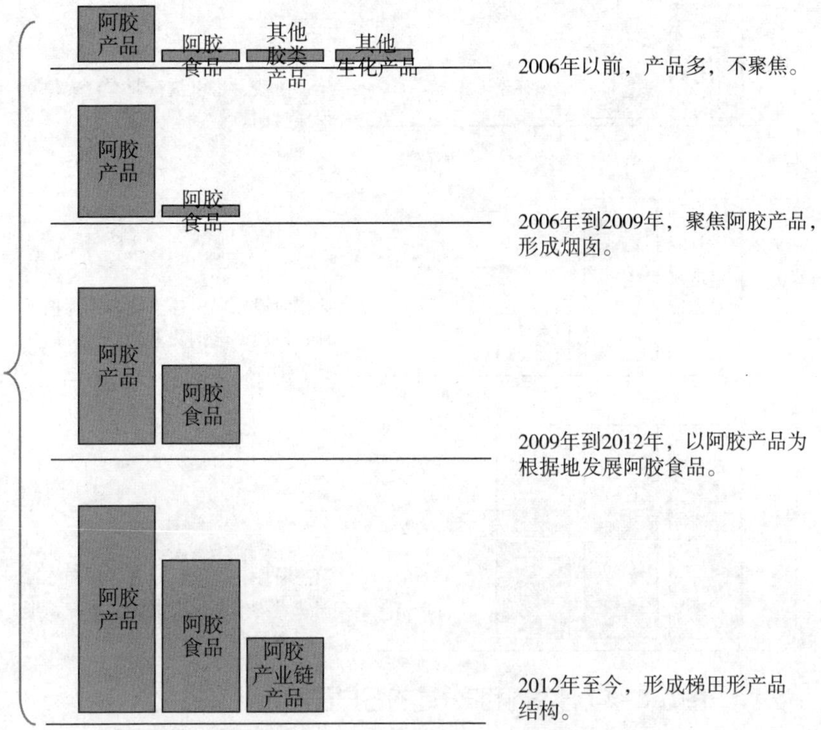

图1-2-3　D公司产品演进之路

同产品结构一样，企业并不是客户越多越好，而应该是调整客户结构，关注价值客户和利润客户，将价值客户和利润客户的收入占比提升，减少不挣钱的和未来市场潜力不大的客户，尤其要减少对未来不具备生存能力的客户进行任何的促销或补贴的行动。企业首先要将一个成长型客户做成烟囱，再在此基础上形成梯田形结构。同样道理，区域也应该先形成一个烟囱，再向梯田形发展。如H公司和F公司的客户群和行业演进之路（见图1-2-4）。

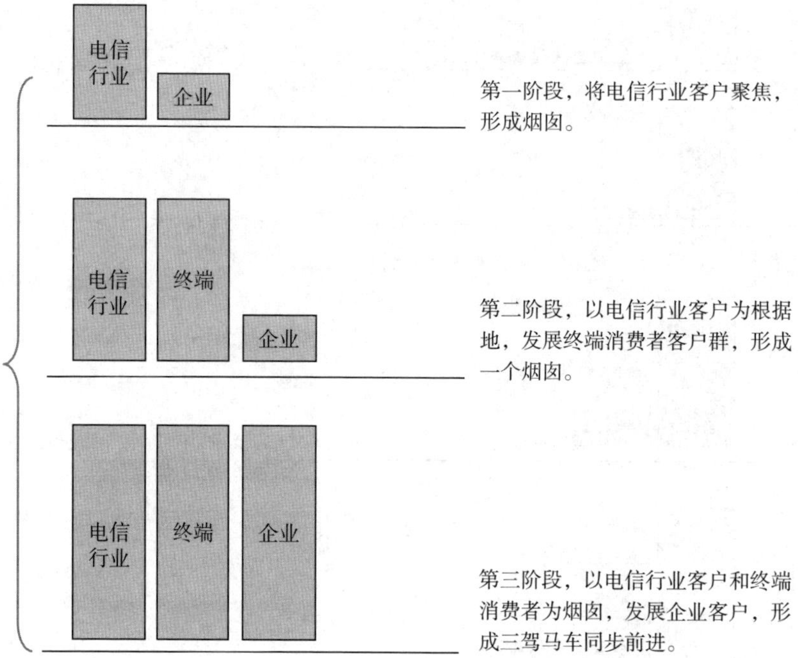

图1-2-4　H公司和F公司的客户群和行业演进之路

同样道理，企业应该对员工进行分类，关注核心员工能力和薪酬的同步提升，核心员工是指拥有核心资源、具有核心技能、做出独特增量贡献、愿意带队伍和培养人并认可企业文化和价值观的员工（见图1-2-5）。企业要关注核心员工满意度的提升，同时提升他们的能力和薪酬，让他们具有安全感和归属感；企业要关注所有员工，但不应强调提升全体员工满意度，而应强调提升核心员工满意度和奋斗者员工满意度。

图1-2-5　识别核心员工的融智四要素

四大财务指标与四大核心竞争力指标有时会有冲突，例如关注规模增长会带来客户不聚焦的问题，应该如何处理冲突呢？

处理企业冲突应该回到企业的战略准则。

企业的战略准则是：

1. 不片面追求规模和财务指标的最大化，要保证财务指标增长基础上的核心竞争力指标的同步提升，匹配发展；

2. 企业以四年为一个周期，每年确定战略重点，通过对财务四个指标的权重设计来控制企业的发展节奏。

企业如何通过四大财务指标的权重设计来控制企业的发展节奏呢？

◆ 企业如何通过四大财务指标的权重设计控制发展节奏

在评估企业的四大财务指标中，各个指标分别代表不同的考核要素，而且各个指标都有其相应的参考要素。

1. 销售收入和毛利额及增长率

这一指标主要评估企业的发展规模，通常包括销售收入的增长率和毛利额的增长率，虽然对外经常用销售收入进行统计，但在企业内部，要以毛利额的增长率为计算依据。因为销售收入有可能导致企业没有内部利润空间，而以毛利额的增长率为评估依据，可以有效避免低价和无核心竞争力的产品虽然带来规模，但不会产生持续利润收入，影响公司持续发展。

例如，很多企业的奖金提成，按收入计算，导致有的销售人员低价倾销，结果是公司亏损，而员工照样享受奖金（见图1-2-6）。如果以毛利额作为提成或核算的计算依据，则所有人都要考虑是否以最合适的价格进行销售，因为低价销售有可能有销售收入而没有毛利额，导致没有奖金提成。

企业应如何计算产品的毛利额呢？

企业的产品毛利额计算包括市场规模、市场份额和销售毛利率三个要素，其中销售毛利率与产品的采购成本、制造成本、研发成本及其他成本相关联。通常毛利额的计算公式如图1-2-7所示。

图1-2-6　公司销售额增长而利润却下降

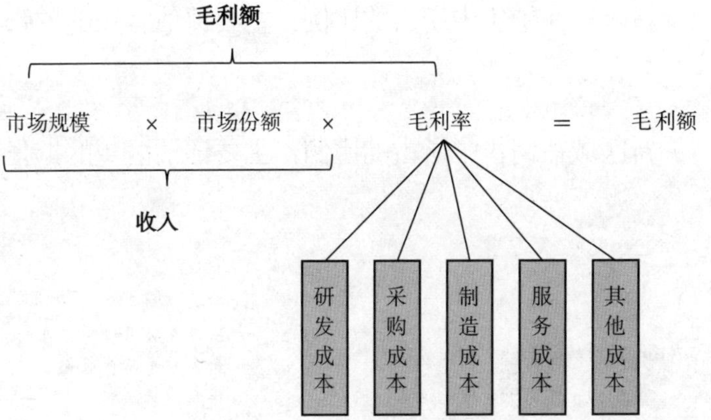

图1-2-7　融智公司毛利额的计算公式模型

企业在制定销售收入和毛利额收入的增长率指标时，要考核三个对标的要素：

（1）首先要大于GDP加CPI加M2的增长，否则员工的收入不能同步匹配社会的发展增长；

（2）其次要大于行业平均增长率，如果是行业前三名的企业，则要求达到行业平均增长率的1倍以上；

（3）最后要分析最主要竞争对手的增长率，学习和对标竞争对手的优势，分析为什么竞争对手的增长率比自己高。

2. 新业务在销售中所占的比例

评估企业的增量及创新能力，是企业可持续发展的最重要的指标，也是企业产出增量的来源，主要包括以下三个子指标。

（1）新产品在销售中所占的比例：主要评估新产品及新技术的成果化；

（2）新客户在销售中所占的比例：主要评估客户的扩张和聚焦能力；

（3）新区域在销售中所占的比例：主要评估区域的扩张和聚焦能力。

图1-2-8　为什么公司增量少

很多企业没有设置这类指标，有的企业虽然设置了这类指标，但是没有落实到高管或核心员工身上，高管的指标不能只是下属指标之和，还要将创新指标、增量指标作为高管的个人独特贡献指标。这也是导致企业增量少、增长慢的主要原因（见图1-2-8）。企业确定新业务在销售中所占的比例时，不能太低，也不能太高，通常不能低于20%，因为产品的生命周期一般不超过5年，低于20%意味着5年后将没有产品可卖，也不能超过50%，超过50%意味着公司在不断创新，老产品卖给老客户的聚焦不够，公司的净利润不会有保证。

高科技企业在设计新产品收入占比时，通常会下设另外两个研发创新关联指标：

（1）三年内预研成果所支撑产品收入占比；

（2）公共共享模块（CBB）所支撑的产品收入占比。

第一个指标评估企业的技术创新成果产品化能力，第二个指标评估公司产品和技术平台上共享开发产品的能力，评估共享和产品平台建设水平。这两个指标要求加强核心技术投入，加强产品平台建设，是很多技术型企业可持续发展必须要考虑的两个要素。

3. 人均毛利及增长率

人均毛利的计算公式为毛利额除以平均人数，主要评估企业的人均效率和员工任职资格能力，公司不要只关注规模的盲目扩张，更要关注人均毛利是否能保证公司的生存。举个极端的例子，假设公司只有一个人，人均毛利达到35万元以上，公司也可以生存。人均毛利是决定公司生存的唯一指标，同时也是评估公司平均工资标准的指标，人均毛利越高，则人均薪酬越高，高素质的员工就可以留下来为公司持续服务，企业就可以持续发展，后续章节将深入阐述这个问题。

4. 非薪酬包费用占比降低率

非薪酬包费用占比降低率的计算公式为非薪酬包费用除以总费用。与上一年相比，企业应该做到人均毛利与收入同比上升的同时非薪酬包费用占比降低，就是要让人均薪酬上升，同时让非薪酬包费用占比下降；通过管理改进节约出来的钱，反哺给客户和员工及研发创新，通常每年非薪酬包费用比例与上年相比要降低2%左右。

以上四个指标，第一个指标评估规模，管理重心在营销上，指标要分解到各产品线，进而分解到各个区域经理、客户经理；第二个指标评估企业的创新能力和增量，管理重心要放在新产品、新技术、新区域和新客户上，指标要分解到各分管的副总，是分管副总的重点指标，要避免分管副总的指标等于下属指标的总和；第三和第四个指标评估人均效率和企业的管理能力，管理重心要放在人员的任职资格建设和管理能力提升上。

企业以四年为一个周期，要将工作重心按营销、产品及创新和管理及交付均衡考虑，每四年中，通常有两个营销年，一个产品年，一个管理年，即任何一个周期不能三年都是营销年。通常，企业的节奏控制有两种形式。

第一种形式：先抓营销，再抓产品，再抓管理，再抓营销，循序递进。

2013年	2014年	2015年	2016年
营销年	产品及创新年	管理及交付年	营销年

第二种形式：营销年与产品年、管理年交错分开。

2013年	2014年	2015年	2016年
营销年	产品及创新年	营销年	管理及交付年

企业到一定规模以后，建议采用第一种形式；企业在小规模阶段建议采用第二种形式。需要注意的是，行业不景气时，重点抓管理和产品，行业景气时，则主抓营销，定为营销年，如图1-2-9所示。

图1-2-9　营销年、产品年、管理年的循环

企业设计组织指标权重的时候至少要预留20%的权重根据企业的节奏进行设计（见图1-2-10），通常企业的例行指标权重为：

1.“销售收入及增长率”权重为40%；

2.“新业务在销售中所占的比例”权重为20%；

3.“人均毛利及增长率”权重为10%；

4.“非薪酬包费用比例降低率”权重为10%。

1. 当某一年是营销年的时候，20%的权重增加在“销售收入及增长率”上；
2. 当某一年是产品年的时候，20%的权重增加在“新业务在销售中所占的比例”上；
3. 当某一年是管理年的时候，20%的权重增加在“人均毛利及增长率”“非薪酬包费用占比降低率”上。

图1-2-10　为什么例行指标只有80%的权重

确保企业的节奏控制，无论节奏如何调整，“销售收入及增长率”始终占最大权重，在企业规模增长的基础上确保市场份额和财务成功（见表1-2-1）。需要注意的是，销售收入通常指毛利额，如果是新产品，可以先考核收入，再逐步回归到考核毛利额。

表1-2-1 融智公司企业发展节奏及考核指标权重分布

指标	权重
例行指标	
1. 销售收入及增长率	40
2. 新业务在销售中所占的比例	20
3. 人均毛利及增长率	10
4. 非薪酬包费用比例降低率	10
合计	80

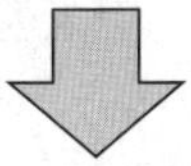

指标	权重	营销年	产品年	管理年
例行指标权重	80			
1. 销售收入及增长率	40	40+20	40	40
2. 新业务在销售中所占的比例	20	20	20+20	20
3. 人均毛利及增长率	10	10	10	10+10
4. 非薪酬包费用比例降低率	10	10	10	10+10
控制企业发展节奏的权重	20			
合计	100	100	100	100

◆ 企业如何提升人均毛利，实现减人、增效、加薪

人均毛利是评估一个企业生存能力的重要指标，同时也是评估企业人均效率和任职资格能力的指标，人均毛利决定企业的管理水平和员工的能力及平均薪酬水平。尤其在高科技企业，员工的平均薪酬越高，核心员工的薪酬越高，则核心员工稳定性就越

高，核心技术和核心产品开发能力也就越强，企业就会走向正向循环。

人均毛利与员工的平均薪酬到底是什么关系？

通常人均毛利乘以60%是员工的人工成本，人工成本除以1.5（五险一金等）是薪酬包，薪酬包的平均70%为员工每月发放的固定薪酬，薪酬包的平均30%为员工的年终绩效和特别激励，业界称为“周辉人均毛利与薪酬包关联模型”，如图1-2-11所示。

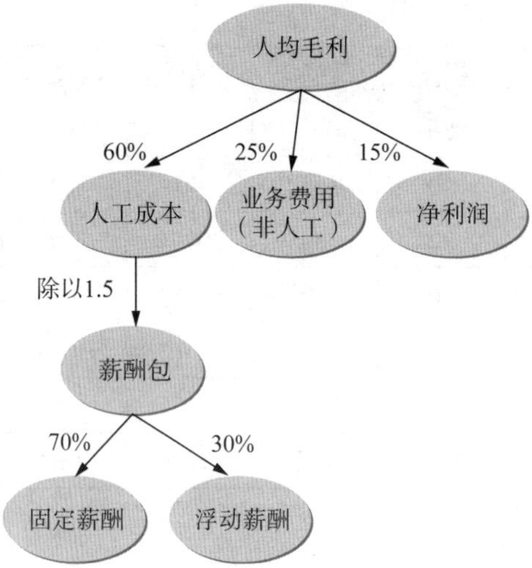

单位：万元

人均毛利	35	50	75	100
人工成本	21	30	45	60
员工薪酬	14	20	30	40
员工平均年固定	9.8	14	21	28
员工平均月固定	0.8	1.2	1.8	2.3
员工平均浮动	4.2	6	9	12

图1-2-11 周辉人均毛利与薪酬包关联模型

【案例分析】为什么H公司2016年人均薪酬60万元

H公司2016年收入为5200亿元，毛利率约为50%，则毛利为2600亿元，员工人数17万，人均毛利为153万元，人工成本占人均毛利的60%，则人工成本为153万元×60%=91.8万元，人工成本除以1.5为薪酬包，则员工的人均薪酬包为91.8万元 ÷ 1.5=61万元，即人均薪酬可达到60万元。

让我们抛开公司和行业不说，回归到员工的刚性需求上，每个员工每月都要有一个安全收入，即衣食住行占收入的比重，如果员工月工资能够达到安全收入，员工则会努力工作。按目前的消费水平，员工的月平均工资达到8000元为最低安全收入，按8000元倒推，企业的人均毛利应该做到35万元；如果人均毛利达到50万元，则员工的月工资即安全收入可以达到12000元，如果人均毛利达到100万元，则员工的月工资可以达到23000元。当然，各个行业和各个地区有一定的差异，误差基本控制在80% ~ 120%之间。

中国的很多企业在公司规模比较小的时候就犯大企业病，盲目招人，导致人均毛利低，核心员工的收入低；核心员工留不住，导致企业不能持续发展。

人均毛利也是评估一个企业生存指标和管理水平的指标，退一万步说，哪怕企业只剩下一个人，有35万元的毛利，该企业也能够生存。最害怕的是企业的销售收入高，毛利额低，人均毛利低，薪酬包低，导致核心员工流失，企业就会走向衰退死循环。人均毛利也是业界评估企业管理能力的一个指标，如图1-2-12所示。

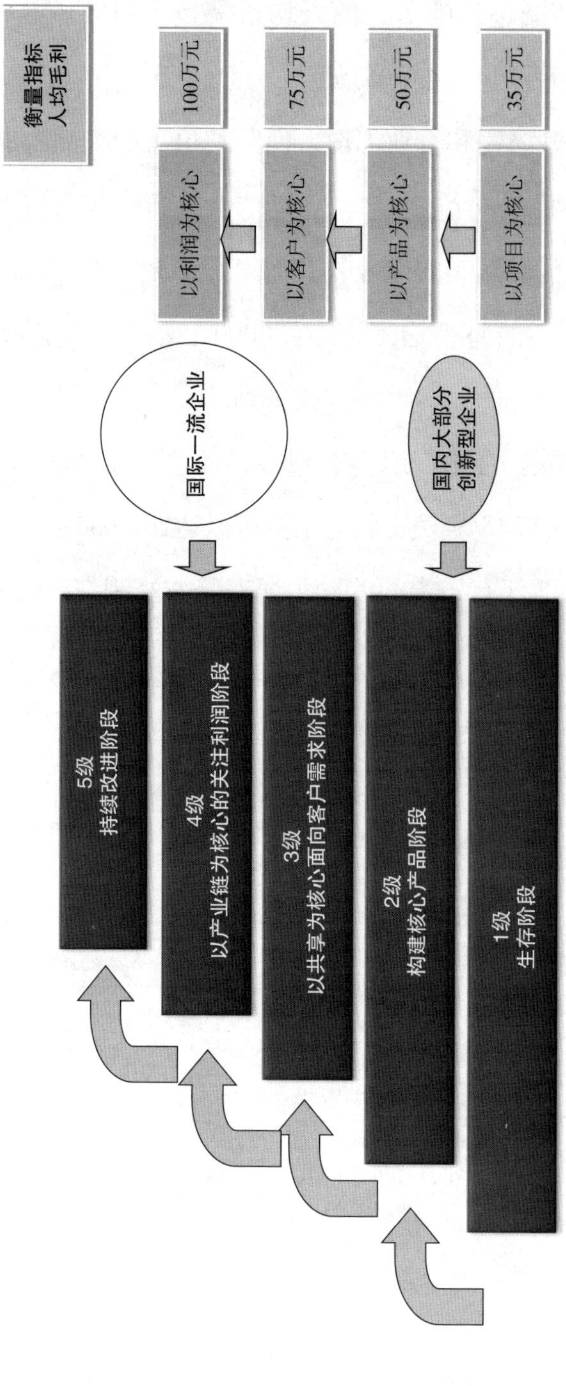

图1-2-12　融智企业管理能力演进的五个阶段——人均毛利与企业发展阶段管理能力匹配模型

这也是H公司对外号称人均毛利大于100万元时，员工平均固定工资为28万元年薪，大家只看到了员工的收入指标，但没有看到H公司每招一个人必须增加100万元毛利的指标。只有人均毛利提升了，平均工资才会提升，核心员工才会拿到更高的薪酬，核心员工才会更稳定、更高效地工作，这就是我们通常讲的减人、增效、加薪。

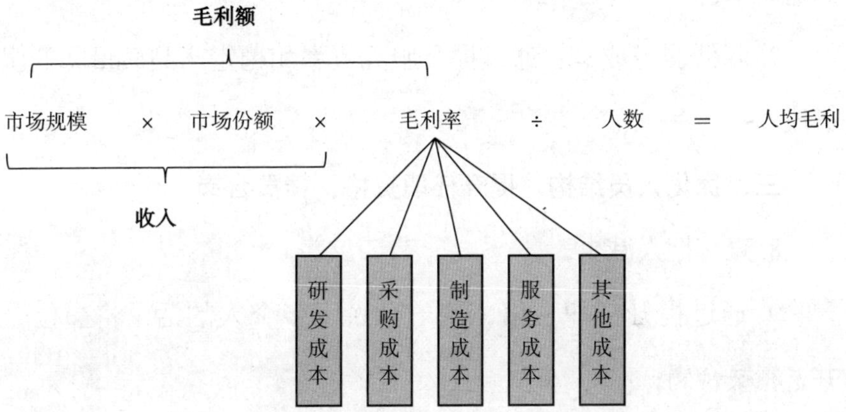

图1-2-13　人均毛利的计算公式

对企业来说，提升人均毛利每个员工都有责任，回顾图1-2-13（人均毛利的计算公式），要么增加收入，要么提升毛利率，要么减人，因此提升人均毛利有十条路径（见图1-2-14）。

一、增加收入

1. 老产品卖给老客户；

2. 老产品卖给新客户；

3. 开发新产品和解决方案；

二、提高毛利率，降低成本

4. 降低采购成本：统一采购或通过提升采购量降低采购成本；

5. 降低研发成本：降低原材料价格或建立技术平台、产品平台实现共享；

6. 降低制造成本：通过改进工艺路径或节约能耗、物耗降低制造成本；

7. 降低服务成本：通过提升服务效率和稳定产品质量降低服务成本；

三、优化人员结构，提升任职资格，精员合岗

8. 直接把人减少；

9. 通过提升任职资格，使一个人干多个人的活，将岗位合并，精员合岗；

10. 多增加核心人员活动，采取封闭开发或圆形加班的方式。

封闭开发指的是核心人员定期封闭在一个地方，完成某项具体工作，尤其是高科技企业的研发、产品规划、技术攻关和产品总体方案设计，通常将高手封闭在一个地方，有效地快速形成方案，提升效率。

圆形加班指的是相关人员共同形成一个圆桌，解决一个难题，直到问题解决为止。

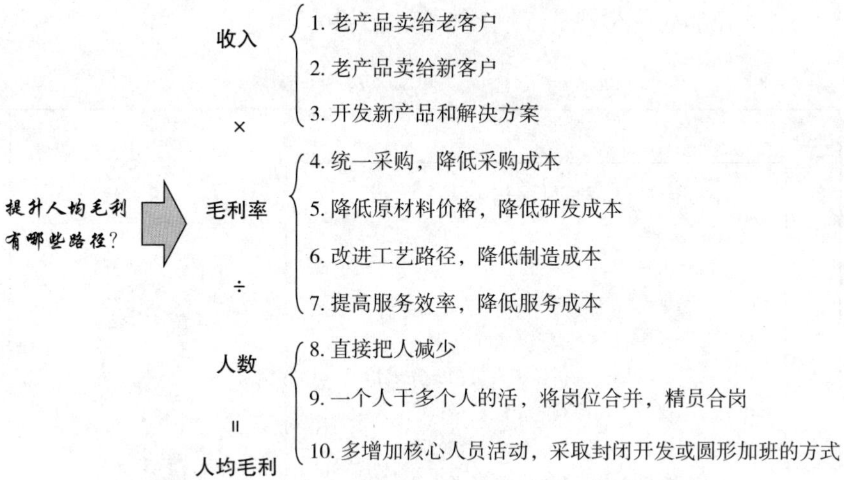

图1–2–14　提升人均毛利的十条路径——周辉人均毛利提升十条路径

本人在华为公司担任项目管理总监时，将项目管理的计划完成率作为项目预警的指标，项目预警分为四个级别：

- ✔ **指标正常**：计划完成率大于90%，关注项目月报，项目正常进行，不干涉。
- ? **预警**：计划完成率80%~90%，要关注项目是否异常，对项目领导进行预警。
- ! **戒严**：计划完成率70%~80%，关注项目周报，要求核心成员圆形加班。
- ✘ **军管**：计划完成率低于70%，要求项目日报，要进行封闭开发。

企业所有人员都应该围绕以上十条路径做出独特贡献，以提高人均毛利。只有人均毛利提高了，核心员工才有可能涨工资，只有核心员工有安全收入和归属收入，核心员工才会努力工作，才会进一步提升企业的核心竞争力，确保企业可持续发展。融智公司咨询的企业中要求所有高级干部述职，围绕上述十条路径进行总结和说明，述职报告的模板如图1-2-15所示。

图1-2-15　述职报告模板模型——周辉述职报告模型

◆ 如何评估企业的核心竞争力

正如前文所说，企业的战略准则不是片面追求收入的提升，而是追求毛利额与核心竞争能力的同步匹配提升。

企业的核心竞争力是什么？企业的核心竞争力包括哪些要素？企业核心竞争力的演进路径是什么？

让我们来看第二个故事和第三个故事。

系鞋带的故事

两个人在森林里面迷了路，又饿又渴又累，这时远处迎面来了一只老虎，其中一个人赶紧拿出一双跑鞋并系上鞋带，另外一个人说："反正我们肯定跑不过老虎，你还穿跑鞋系鞋带干什么？"穿跑鞋系鞋带的人回答说："我们肯定跑不过老虎，可是我只要跑赢你就可以了。"

这个故事的启示：

1. 任何时候不要看宏观环境（宏观环境是老虎），我们首先一定要跑赢对手。

2. 环境越萧条、越是冬天，越是彻底摆脱低层次对手、净化产业链的时候，关键看你是否有跑鞋，是否有过冬的棉衣。

跑鞋、棉衣实际就是企业的竞争力。

我们怎样才能跑赢对手构建企业的竞争力？让我们来看看第三个故事。

麦肯锡和沃尔玛的故事

麦肯锡最早是文具批发商，它给沃尔玛做了五年的独家供应商。

麦肯锡老板请教沃尔玛老板："为什么请我们做独家供应商？是不是我们的价格比别人便宜？"

沃尔玛老板说："和别人差不多，甚至还贵点。"

麦肯锡老板说："那是不是种类比别人多？"

沃尔玛老板说："不是，跟别人一样。"

麦肯锡老板说："那为什么？"

沃尔玛老板解释说："为什么选择你们成为独家供应商，是因为你们跟别人不一样，每次送货来你们都告诉我们怎么摆放货物，告诉我们如何进行配货管理，如何进行货物展示，如何提升库存周转率，如何进行财务结算管理，而这正是我们所需要的。"

麦肯锡的老板恍然大悟，文具批发不是他的竞争力，他的核心竞争力是管理，于是麦肯锡转型做管理咨询了。

这个故事的启示：

不要让任何现状冲昏头脑，一定要明白自己企业与别人不一样的地方在哪里？企业给客户创造的独特价值在哪里？也就是企业的核心竞争能力在哪里？

三个故事的总体启示如下：

1. 企业的首要任务是活下去并可持续发展。

2. 不要抱怨环境，环境越差的时候，越是优秀企业彻底拉开与对手差距的时候。

3. 企业可持续发展必须对标优秀对手，在核心竞争力上超越对手。

核心竞争力是一种力量，是可以使公司在竞争环境下还能持续产生强大获利能力的一种机制、一种文化、一种能力。

因为有这种竞争力，企业才能不断产生具有竞争力的产品。

因为有这种竞争力，企业才能不断从内部培养出或从外部吸引来优秀的人才。

因为有这种竞争力，企业才能基业长青……

核心竞争力包括公司竞争力，具体要素竞争力，核心人才竞争力三个层次，共分为九个要素，见图1-2-16，业界统称“三类九要素核心竞争力模型”。

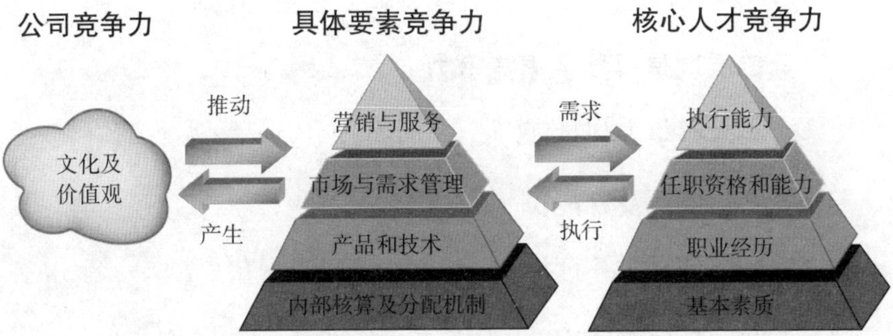

图1-2-16　三类九要素核心竞争力模型

1. 第一层次是公司竞争力

公司级的核心竞争力通常指企业文化和价值观。简单说就是企业用什么样的人，有什么样的行为准则，鼓励什么和反对什么。通常我们说的人以群分物以类聚，其实讲的就是什么样的文化和价值观凝聚什么样的人才；开发什么样的产品，成就什么样的企业，而不是强调行业的特殊性。华为公司始终强调资源是可以枯竭的，唯有文化是生生不息的，华为公司的企业文化和价值观是：以客户为中心，以奋斗者为本，始终坚持自我批判和艰苦奋斗的精神。东阿阿胶公司始终强调：回归职位价值，回归增量激励。

烽火通信公司提出了员工的三鼓励：

第一，鼓励增量；

第二，鼓励找路径而不是提问题；

第三，鼓励员工立足本职工作提升能力。

正是这些正能量文化和价值观成就了企业的伟业。

2. 第二层次是具体要素竞争力

具体要素竞争力包括四项，分别为：

（1）内部核算及分配机制；

（2）市场与需求管理能力；

（3）产品和技术能力；

（4）营销与服务能力。

企业首先要解决内部虚拟核算和基于增量的分配机制，在此基础上，通过核心技术构建核心产品，建立引导需求并管理需求的市场体系，再细分客户，做好客户分类管理和服务及交付，四种要素相互促进，螺旋式上升。

在四要素中，为什么市场与需求管理能力要与营销和服务能力分离，独立成一个要素？

让我们先问一个问题：为什么很多企业有好产品、好技术仍然不能持续发展？

原因在于优秀企业需要持续不断推出新产品，而推出新产品只有两条路径：

（1）基于核心技术创新；

（2）基于市场与需求管理。

基于核心技术创新是一个长期持续的工作，而基于市场与需求管理推出新产品是一个可复制的过程，因此，产品的升级换代必须具备市场与需求管理能力。

什么是市场与需求管理能力？

市场与需求管理能力包括六个关键活动。

（1）客户投资分析；

分析客户投资，针对增量大、市场潜力大的客户，分析是否可持续增长及容量有多大。

（2）客户问题分析；

针对市场潜力大的客户，分析它的问题，这些问题包括客户的功能和性能要求、质量要求、成本要求、服务要求、交付速度要求、易用性要求、品牌要求和价格要求等。

（3）客户痛点识别；

针对客户问题识别出客户最关心的三个问题：他们为什么关

心？最终解决会带来什么收益？不解决会导致什么威胁？

（4）竞争分析；

针对客户问题和痛点进行对标分析，识别出对手的优缺点，竞争对手给客户带来什么好处，提出竞争策略。

（5）卖点设计；

设计出与竞争对手不同的卖点，构建产品的竞争力。

（6）需求归类；

针对卖点提出需求，这种需求包括技术需求、价格需求、品牌需求、制造需求、服务需求，针对需求去开发产品。

企业在竞争环境中，以客户为中心，必须具备市场与需求管理能力，“营”与“销”分离，先营后销，这也是市场与需求管理能力为什么要和营销与服务能力分离的原因。

3. 第三层次是核心人才竞争力

核心人才竞争力包括四个要素：

（1）员工基本素质；

（2）核心员工职业经历；

（3）任职资格和能力；

（4）执行能力。

企业发展到一定程度，尤其是处于行业前三名时，企业本身就成为行业的黄埔军校，不可能再空降人才。企业应该建立自己的人才培养体系，建立基于产出职位的任职资格体系，同时培养核心研发人员的专业技术能力，丰富其他人员的横向职位经历。当员工的任职能力得到提升，横向职位经历越多，企业就可以减少跨部门的沟通成本，执行力自然会提升。

三个层次相互支撑，相互推动，螺旋式上升和发展。很多企业在核心竞争力的九个要素上更多地关注产品和技术能力要素、营销与服务能力要素，忽视文化建设和价值观建设，忽视分配机制和核心人才的培养，忽视市场与需求能力建设，这种企业长久来看，不具备可持续发展能力。企业在关注具体要素的同时，要关注核心人才的培养，更要关注企业文化建设和价值观建设；企业文化建设和价值观建设是公司级的核心竞争力，是第一层级的核心竞争力。

企业的竞争归根结底是管理和分配机制的竞争，为了增强企业的竞争力必须构建六个相互支撑的管理体系，并在经营中不断完善，其中增量绩效管理体系是基础。

◆ 企业的可持续发展要同步构建六大体系

企业可持续发展要避免穿上短期“红舞鞋”，要回归到企业经营的本质，选择好客户，构建好产品，建立好机制，培养好人才。企业要由单一的业务发展向业务与管理并重发展，关注六大体系的建设，即“企业系统管理的周辉三六三模型”，如图1-2-17所示。

1. 选择好客户，建立客户细分管理体系（CDM）及问题到解决方案管理体系（ITR），把握住“如何挣钱”的问题；

2. 构建好产品，建立集成产品开发管理体系（IPD）及市场营销管理体系（MM）和从线索到现金的全流程营销交付体系（LTC）；

3. 创新好技术，建立核心技术管理体系（CTM）；

4. 培养好人才，建立任职资格管理体系（NVQ）；

5. 塑造好文化，建立基于增量和产出的文化体系（IPC）；

6. 构建好机制，建立增量绩效管理体系（IPM）。

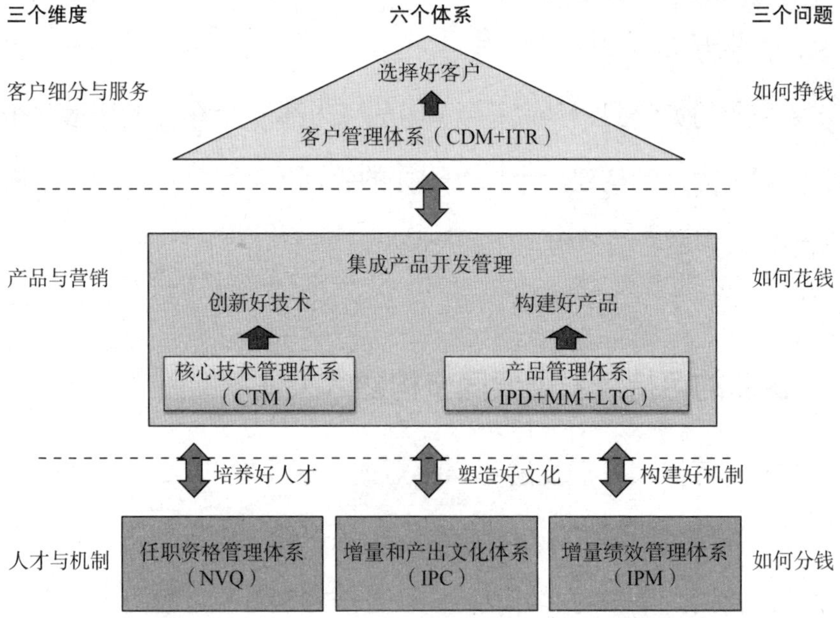

图1-2-17　企业系统管理的周辉三六三模型

1. 建立客户细分管理体系（CDM）及问题到解决方案管理体系（ITR），把握住“如何挣钱”的问题

按照市场规模、市场份额和毛利率将客户进行分类，将客户分为价值客户、战略客户、利润客户、大客户及非利润客户五类。企业调整客户结构，守住价值客户，选择市场潜力大的客户，将其变为战略客户，再将战略客户变成大客户，最后将大客户变成利润客户，放弃市场潜力小且对公司市场份额低的非利润客户。针对不同的客户设计不同的产品，并针对不同客户的问题进行分级管理，实现“一客户一产品一策略一财务模型一队伍一增量激励”。

2. 建立集成产品开发管理体系（IPD）、市场营销管理体系（MM）和从线索到现金的全流程营销交付体系（LTC）

企业回归产品，建立集成产品开发管理体系（IPD），坚持好产品即营销，按照客户分类及投资分析，客户问题分析，客户痛点识别，竞争分析，卖点设计，核心技术需求的步骤开发产品。企业调整产品结构，强调先营后销，实现基于市场需求和核心技术双驱动的产品开发机制，同时建立从线索到机会到订单到交付回款的全流程营销交付体系，完整建立产品规划、产品开发、产品营销及交付三个产品管理体系。

3. 建立核心技术管理体系（CTM）

进行技术分类，明确核心技术、关键技术、一般技术和通用技术，加大对核心技术、关键技术的投入，在核心产品所需要的核心技术、关键技术上进行立体创新和预研，确保产品的功能和性能在高端客户中持续领先，彻底拉开与竞争对手的差距（见图1-2-18）。

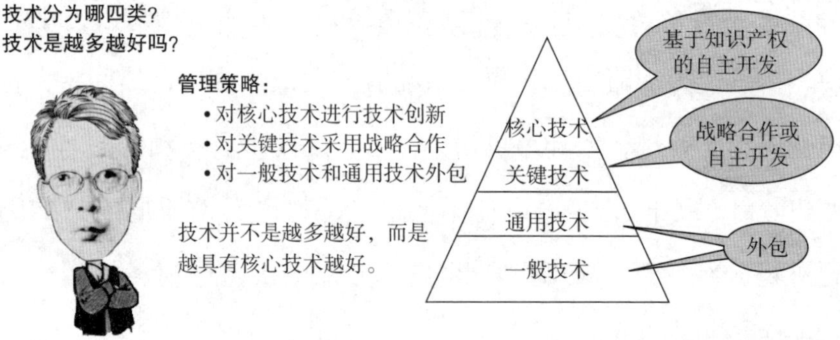

图1-2-18　周辉技术分类及管理策略模型

4. 建立任职资格管理体系（NVQ）

建立员工职业发展通道，将职位与经历、必备知识和业绩能力等匹配和相互映射，持续提升核心员工的能力和满意度；建立任职资格管理体系，鼓励优秀人员到产出一线，实现员工能力与组织绩效和薪酬增长的同步匹配和提升，提高核心员工的满意度。

5. 建立基于增量和产出的文化体系（IPC）

明确公司的价值观，明确公司的沟通机制、创新机制、人才机制、管理机制，鼓励产出文化，鼓励增量文化。

6. 建立增量绩效管理体系（IPM）

增量绩效管理体系分为组织增量绩效管理体系（组织KPI）和

个人增量绩效管理体系（IPI）两个子体系，组织增量绩效管理体系包括相互关联啮合的六个流程，个人增量绩效管理体系包括五类指标，第2章将详细阐述如何构建增量绩效管理体系。

本章英文缩写与释义

缩　写	全　拼	释　义
COO	Chief Operating Officer	首席运营官
CEO	Chief Executive Officer	首席执行官
OEM	Original Equipment Manufacturer	代工生产
GDP	Gross Domestic Product	国内生产总值
CPI	Consumer Price Index	居民消费价格指数
M2	Broad Money	广义货币
CBB	Common Building Block	公共构建模块
CDM	Customer Distinction Management	客户细分管理
ITR	Issues To Resolution	问题到解决方案
IPD	Integrated Product Development	集成产品开发
MM	Marketing Management	市场营销管理
LTC	Leads To Cash	从线索到现金
CTM	Central Technology Management	核心技术管理
NVQ	National Vocational Qualification	任职资格管理
IPC	Incremental Performance Culture	增量产出文化
IPM	Incremental Performance Management	增量绩效管理
KPI	Key Performance Indicator	关键绩效指标
IPI	Individual Performance Indicator	个人绩效指标

第 2 章

Chapter 2

如何构建增量绩效管理体系

增量绩效管理以毛利作为分配和激励的基准，将目标、任务、预算、组织KPI与个人IPI有机地衔接为一体。通过分析客户投资寻找增量市场，通过开放式预算按比例给出费用，按产品线以增量计算公式分别实行费用包分包，增量越多费用越多；同时考核分级，公司考核产品线，产品线考核参与产品产出的各个节点。在指标设计上，组织KPI分级，设计个人IPI，在组织绩效提升的同时，鼓励产出线人员的独特贡献和增量，按增量进行核算和评价，在确保组织绩效和产品绩效提升的同时，员工收入根据能力和独特贡献匹配增长，这是企业实现减人、增效、加薪，突破成长瓶颈必须建立的机制。

本章精华

1. 公司应该将目标、任务、预算、组织KPI、个人IPI和薪酬激励有效衔接，鼓励增量，避免互不关联。

2. 增量绩效管理体系分为组织增量绩效管理体系（组织KPI）和包含五类指标的个人增量绩效管理体系（IPI）。所有人员的绩效薪酬分为来源和发放，来源必须与组织绩效挂钩，组织绩效分三级，并分解至个人IPI，员工个人发放与个人增量绩效考核结果挂钩。

3. 增量绩效管理将公司战略与客户细分和产品经营策略紧密衔接，并通过开放式预算和增量式绩效考核进行落地。通过经营分析和预警及时纠偏以实现组织绩效提升的同时，促使员工的任职资格和能力同步提升，确保在实现“一客户一产品一策略一财务模型一队伍一增量激励”的基础上，减人、增效、加薪，提升企业的核心竞争力。

4. 公司所有的预算及绩效核算的标准必须是毛利额而不是收入，同时考核的是增量而不是体量，对核心产出人员除了考核团队贡献外，还要考核个人的独特增量贡献和能力提升。

5. 公司只有划分产品线，并将产品线的费用按价值链分成七个包，每个包的费用与增量挂钩，增量越大，可以花费的费用越多，才能确保核心产品越做越大，才能建立以产品为核心的内部虚拟股份制。

6. 公司应该关注投入产出比，建立开放式预算，按比例给费用；只要有产出，就不应该限制预算，增量越大，预算越多。

7. 公司的目标、预算和绩效考核必须分三级，公司考核产品线，产品线考核产出节点。公司的费用包也分三级，公司费用包为一级，产品线费用包为二级，各产出节点费用包为三级。职能和资源部门按产出节点汇总，确保以产出节点为核心，资源部门和职能部门支撑产出。

8. 产出节点是预算、核算和考核的最小单元，是产品线和资源线衔接的纽带，也是产出基础；产出节点责任人要打破行政级别，按增量进行评级，实现节点经理“少将连长”的分配机制。

9. 市场潜力大的新产品、新市场在前期要给予足够的战略投入，以培育和发展新产品。

10. 公司要通过定期的经营分析和预警修正目标、调整预算、寻找路径和纠偏战略。

11. 个人IPI要分五类，尤其是中小企业要在确保战略和组织绩效成功基础之上鼓励核心员工创造个人的独特贡献和增量。

第一节
为什么要建立增量绩效管理体系

◆ 问题思考

1. 企业在制定目标、下达任务、制定预算和进行绩效管理时会遇到什么问题?

2. 为什么会出现员工低价销售产品、享受提成而公司的净利润下滑?

3. 如何通过内部划分费用包，按比例和增量计算公式核算可花费费用，建立内部虚拟股份制?

4. 如何让机会大的产品和市场获得更多的预算?

5. 如何针对未来的产品进行战略投入?

6. 如何防止企业的高管像南郭先生那样进行合奏，只承担团队的指标，而没有个人的独特贡献和增量指标?

◆ 企业在制定目标、下达任务、制定预算和进行绩效管理时面临的问题

企业在制定目标、下达任务、制定预算和进行绩效管理时，经常会出现以下问题：

1. 只关注销量和收入的完成，按收入享受绩效和提成，不关注毛利额，不关注组织绩效，片面要求降价促销，公司净利润无人关心；

2. 不细分客户，不分析客户的投资，不设计增量，不分析路径，盲目要资源、下任务；

3. 要预算，大家都争；要任务，大家都退，争吵不休；

4. 各部门不断地要人，不断地要求加薪；

5. 新产品和新市场的增量没有人愿意去承接，也没有特别的战略预算；

6. 要么只下达收入任务，要么只下达净利润任务，不下达毛利额的增长、客户结构、产品结构及员工收入增长的任务；

……

有的企业做大了，成立各种相关职能部门，甚至出现：

1. 公司战略部制订战略和规划；

2. 销售和市场部负责确定目标和下达任务；

3. 财务部负责预算；

4. 人力资源部负责绩效管理。

有时四个部门意见不一致，信息不关联、不沟通。

这种做法导致战略目标、预算、绩效不关联。老员工围着老产品和老客户享受高提成，新产品和新客户无人做，无法带来新的增量，创新无法开展，资源无法聚焦到好产品和好市场。对增量不大的市场，却又无法做减法、释放资源，战略目标与预算和绩效脱节，最终使企业业绩停滞不前。

企业在制订规划和目标、下达任务、制定预算和指标时，更应该避免以下误区：

1. 不分析客户投入，不分析客户是否有刚性需求；

2. 在上一年的任务上乘以系数；

3. 平均分配资源，一刀切下达增长率；

4. 上一年任务完成越好，任务越多，完成越差，任务越低；

5. 无论任务完成多少，费用必须花光，否则预算按没完成认定，反过来面临较好的市场机会时，由于预算已定，不能按投入产出比例追加预算而无法获得超额利润；

6. 为完成任务低价促销产品，全然不顾毛利率和净利润，只顾个人提成；

……

企业在避免以上误区的同时，要想办法使各产出单元和各部门做到以下几个方面：

1. 主动分析市场，细分客户，寻找增量大的市场和客户；

2. 针对增量大的市场和客户，寻找进入路径，制定相匹配的产品策略和激励措施及聚焦投入的预算原则；

3. 主动承担新产品和新市场的增量任务，老员工和老产出部门主动找增量，主动承担独特增量贡献指标，主动承担挑战性任务并积极寻找路径，提出资源需求；

4. 主动实现组织绩效与部门费用和员工收入的联动，实现减人、增效、给核心员工加薪；

5. 关注收入结构、客户结构，围绕优质客户开发高毛利的产品，设计服务包、工具包和礼品包的组合策略，以实现“一客户一产品一策略一财务模型一队伍一增量激励”的精细盈利模式；

6. 主动帮助核心员工提升能力，下达增量任务，并让其能够算出完成增量任务后所获得的预算和个人收入；

7. 不只关心费用，还关心投入产出比，让预算成为有增量潜力的市场和产品的调节工具；

8. 针对未来增量较大的战略市场和产品，进行战略投入，当年预支预借，三年统一核算；

9. 强制规定按比例进行战略投入，战略投入包括核心技术创新、核心产品改进、战略市场布局、核心员工能力提升等；

……

如何做到以上几个方面，让战略目标、任务、预算和绩效有效地成为一个整体，让产出单元寻找增量市场，再分析增量机会，然后聚焦资源配置和增量预算，针对核心资源设计增量绩效指标，通过经营分析和预警纠偏，给企业不断带来增量、持续增长呢？

让我们先看一个融智公司推行增量绩效管理的案例吧。

◆ F公司推行增量绩效管理的案例分析

F公司从2009年到2010年收入一直徘徊在50亿元左右，连续几年一直突破不了60亿元。

F公司当时也进行了IPD的建设，但只在研发体系进行了流程的改革，效果并不显著。通过与融智公司两期六年、每期三年的合作，在深化IPD的基础上，完成了六大体系三六三模型的建设（见图2-1-1）。

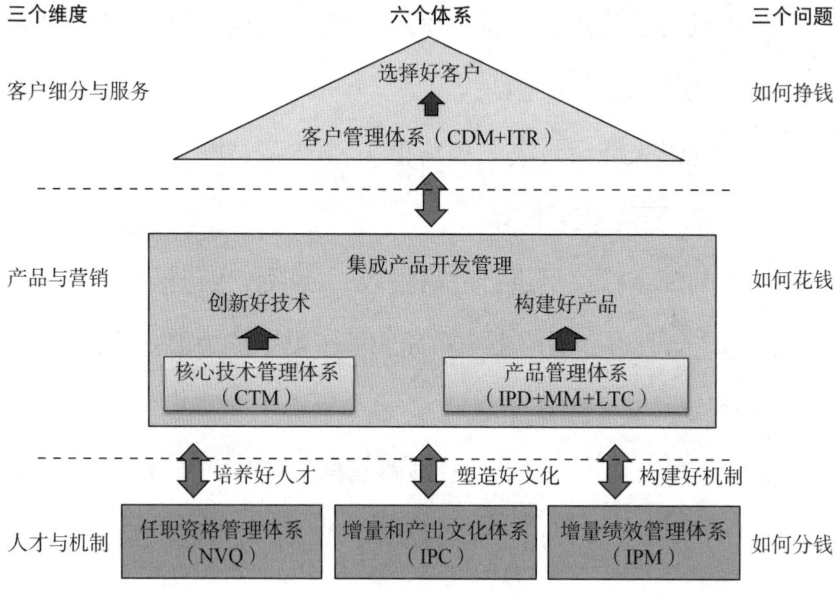

图2-1-1　企业系统管理的周辉三六三模型

第一期改革主要完成了增量绩效管理、产品开发和产出人员的任职资格体系建设，销售收入由2010年的50亿元提高到2014年的100亿元，如图2-1-3所示。

第二期改革从2015年到2017年，在深化IPD的基础上，进行了客户管理、产品管理和核心技术管理体系建设，2017年收入达到208亿元。短短六年，实现营业收入和毛利增长200%，人均毛利和人均薪酬增长50%，员工总数没有同比大幅增加，但人员结构更加合理、任职能力大幅提升。

F公司改革路径如图2-1-2所示：

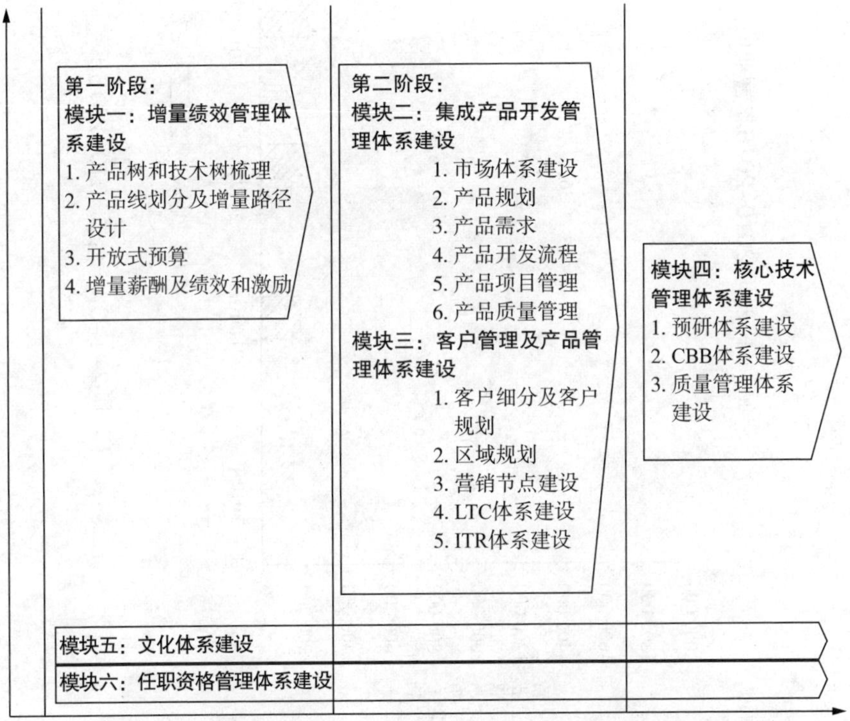

图2-1-2 融智公司为F公司设计的增量绩效和IPD改革路径

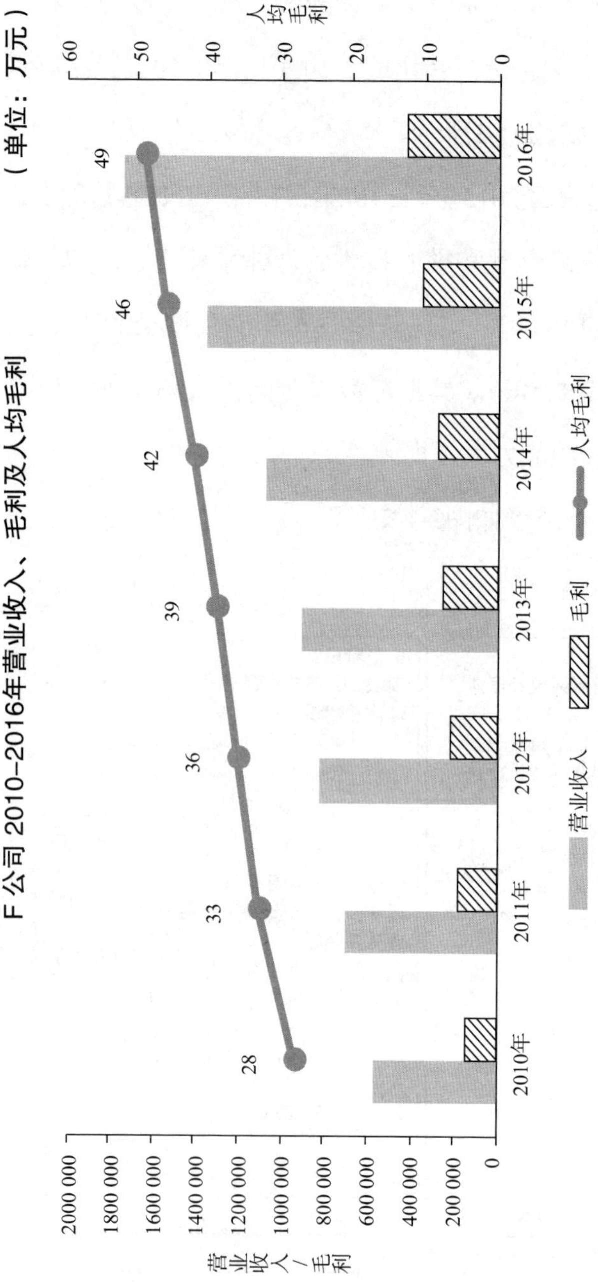

图2-1-3　F公司2010-2016年营业收入、毛利及人均毛利

融智公司针对F公司在IPD和增量绩效管理上采用了以下改革步骤。

一、梳理产品树、技术树，形成产品与技术和客户的映射，完成增量路径设计和商业模式设计。首先进行产品树与技术树梳理，明确核心产品、核心技术；然后进行客户梳理，明确价值客户、战略客户、大客户和利润客户；形成核心技术支撑核心产品，核心产品支撑解决方案，通过优质客户解决方案的定制带来新的技术需求的商业模式的正向循环，并设计“一客户一产品一策略一财务模型一队伍一增量激励”的精细盈利模式。

二、公司根据产品树和技术树的梳理及与客户的映射调整组织结构，按照技术和产品平台的分类划分为六条产品线，每条产品线管理若干产品，每个产品线作为独立核算单元，产品线管理到节点，如图2-1-4所示。

三、公司以毛利额作为核算基础，不再以销售收入作为核算基础，并取消了按体量的提成制，避免了公司不赚钱而员工仍然享受提成奖励的分配模式。

四、公司按毛利额将费用包划分为七个包，如图2-1-5所示。

1. 公司的净利润包；

2. 产出线（产品线和营销）的四个费用包（研发费用包、市场及产品费用包、技术支持费用包和销售费用包）；

3. 管理费用包；

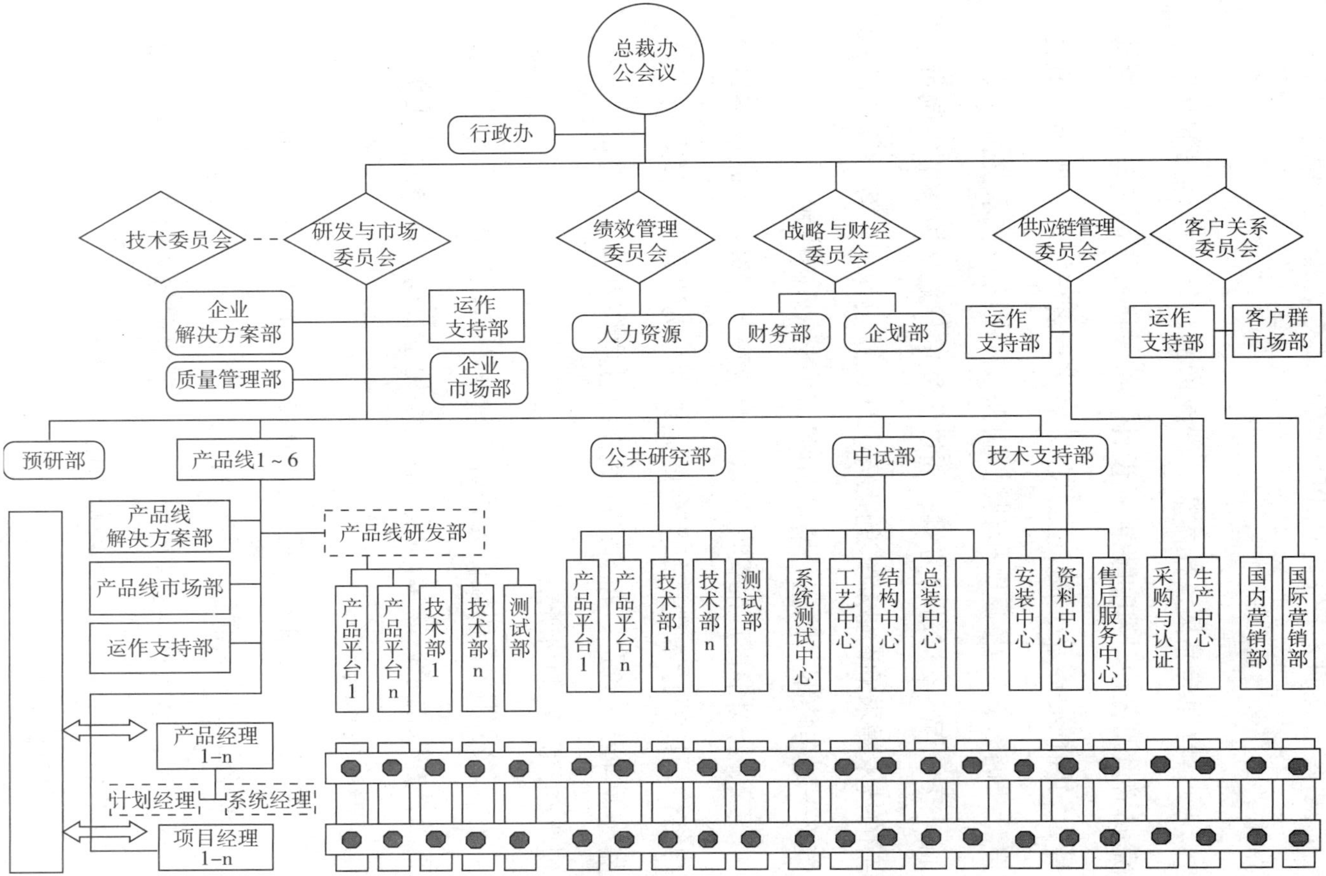

图2-1-4 典型技术型企业组织架构

4. 战略投入包。

以毛利额为基础，按产品配置不同的分配比例；不同的产品比例不同，老产品的比例低，新产品的比例高。

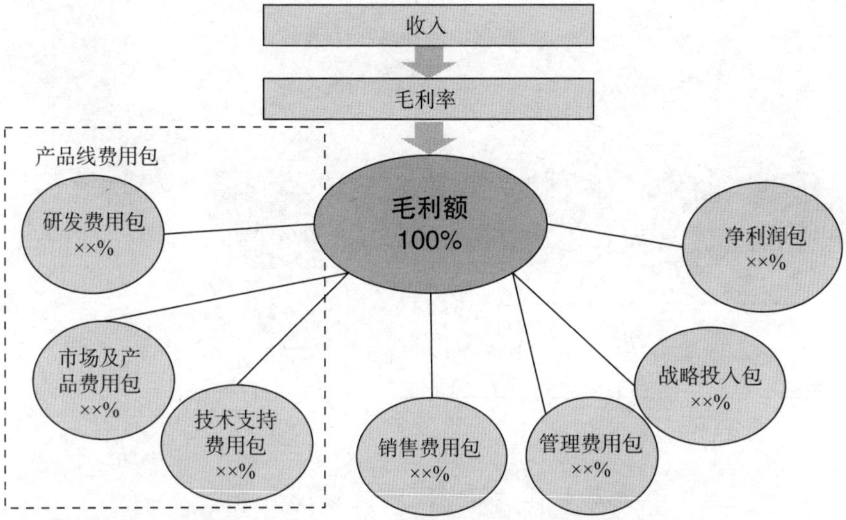

图2-1-5　融智公司七大费用包模型

五、以产品线为核心，按毛利额分别给予各费用包比例并设计鼓励增量的公式，进行开放式预算和增量式核算，按比例和增量公式确定费用数额，每个部门根据费用数额与实际花费数额的差额，核算出虚拟利润。

例如，A产品线研发费用包为毛利额的20%，假如A产品线完成了毛利20亿元时，研发部门内部虚拟收入为：20亿元×20%=4亿元。假设年底核算时实际费用为3.6亿元，则4000万元为研发部门内部虚拟利润，如图2-1-6和表2-1-1所示。

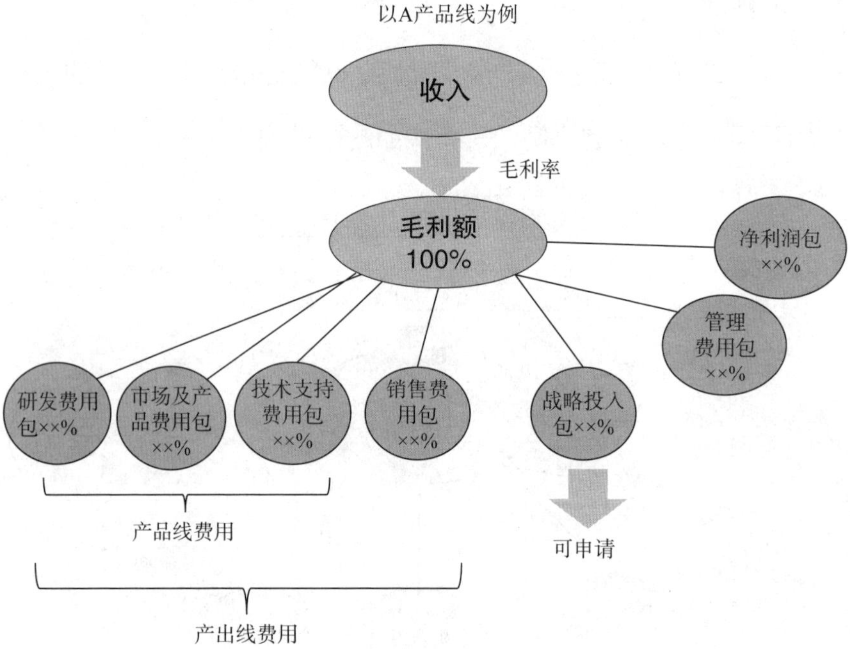

图2-1-6　融智公司产品线的费用包

表2-1-1　A产品线虚拟利润

科目	示例 1	示例 2
毛利	20亿元	16亿元
可花费费用比例	20%	20%
可花费费用	4亿元	3.2亿元
实际花费费用	3.6亿元	3.6亿元
虚拟利润	4000万元	-4000万元

虚拟利润解决了部门绩效和奖金的来源，但如何发放呢？

企业可以在此基础上，通过员工个人IPI或PBC的考核进行发放。如果年底的费用超过了4亿元或者说虚拟利润为负数，则激励奖金为零。由于没有奖金来源，绩效考核便失去意义，甚至可以不再进行绩效考核，只做简单评优，这样就解决了很多企业研发部门不关心财务指标和成本的问题，实现了内部虚拟核算。研发部门为了提高员工的个人收入，可以采用以下三条路径：

第一，增加产品线的收入；

研发部门主动为营销服务，甚至研发部门的高级干部直接到一线与客户进行交流，参与重大项目的销售，以确保产品线收入的提高，同步设计服务包、工具包。

第二，提高产品线的毛利率；

研发部门要降低研发成本、降低采购和制造成本、在保证质量的基础上降低服务成本，确保产品线毛利率的提高。

第三，降低人工成本。

由于收入固定，研发人员采取需求分类、高手加班和减少相应的非产出人员，提高人员的任职能力，实现减人、增效、加薪。

通过以上三条路径的开发，研发部门的效率提高了一倍，在员工人数没有发生变化的情况下，组织绩效获得了翻番，同时个人收入也实现了翻番，有效地解决了研发人员不能站在业务的角度主动为市场服务、主动提高效率的问题，原来担心公司收入低而进入其他行业领先公司的员工纷纷回归，其他部门也通过设计费用包达到了同样的效果。

六、为鼓励做新产品和增量，新产品的费用不仅有战略投入，而且按增量给预算；为鼓励做增量，规定上一年完成的毛利额为存量，今年在完成上一年任务量的基础上所有费用包乘以0.9，超出上一年的那部分费用乘以1.3，不增长必追责。F公司各省办事处主任纷纷找路径、找增量，并努力开发新产品、开拓新市场（见图2-1-7）。

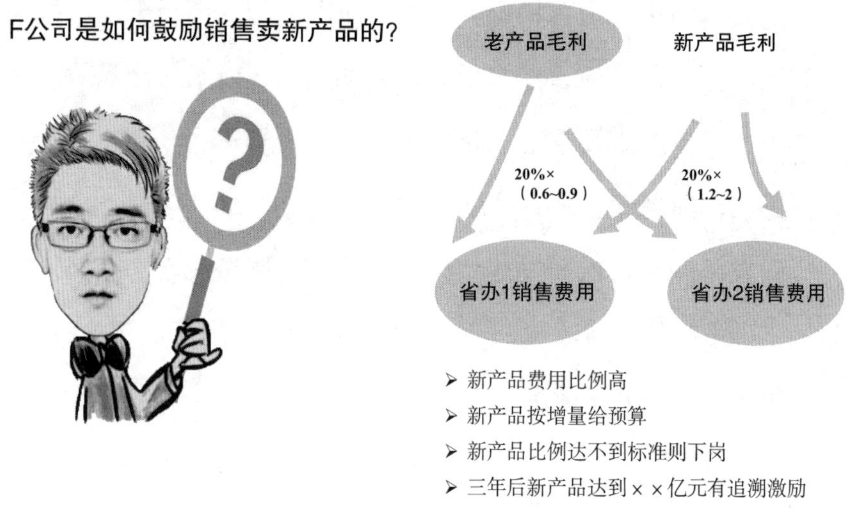

图2-1-7　融智公司为F公司设计的鼓励做新产品和增量的预算路径图

七、取消行政级别，一律按增量和体量设计职位级别；如收入××亿元以上或毛利××亿元以上或增长率××%以上的办事处主任为基地办事处主任，享受副总裁待遇，实现“少将连长”机制。

八、将任务、费用和KPI衔接在一起，并关注路径，路径找不到不给预算和绩效指标。公司的绩效考核和预算分级，公司为一级，产出线（产品线和营销）为二级，产出线的各节点为三级，节点汇总成为职能部门的预算，一、二、三级没有完成任务，职能部门也没有绩效和奖金，奖金都归产品线考核，职能部门考核员工的任职资格、制定基本工资标准，如图2-1-8所示。

九、将员工的绩效管理分为四个要素、五种手段，并与增量薪酬结构对应。

员工的绩效管理分为任职资格评估能力提升、PBC评估过程管理、组织KPI与个人IPI评估绩效、增量活动及KCP评估增量及战略控制节点。个人能力不提升，不给绩效指标，不设计增量。同时建立增量和产出文化体系，并设计成个人的防火墙指标。

十、建立个人增量绩效管理体系（IPI）。

员工个人增量绩效指标分为五类，强调战略控制节点作为开关指标，强调组织绩效作为组织指标，强调个人独特增量贡献作为个人增量重点指标，同时将人员培养、部门体系建设作为部门指标，并将必须完成的工作、文化建设和关键事件里程碑作为防火墙指标。鼓励个体精英完成增量，实现公司战略和组织绩效与个人增量和薪酬收入相匹配。

十一、通过建立经营分析、预警和ITR，解决重大客户的问题。

F公司通过六年的努力，形成了将任务目标、预算、组织KPI和个人IPI有效衔接为一体的增量绩效管理体系，结合融智公司的

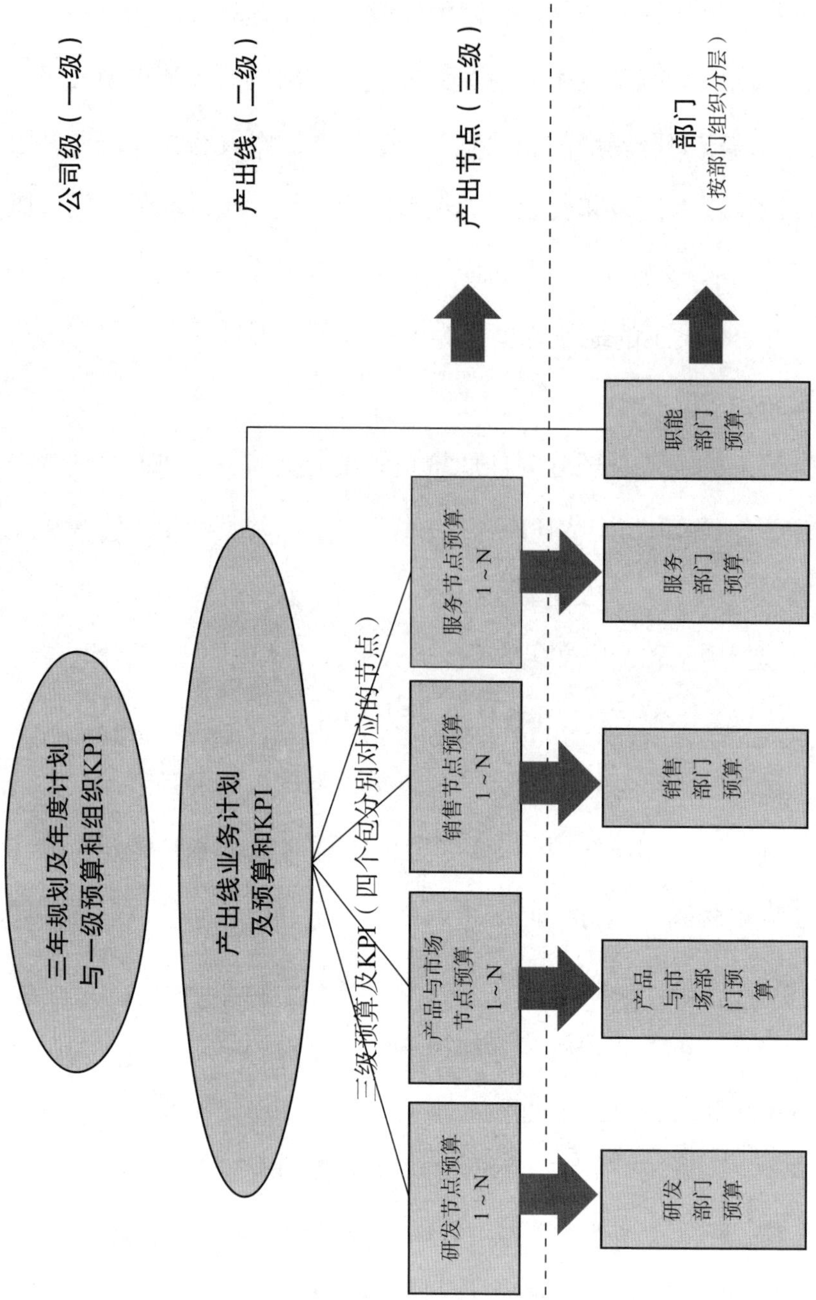

图2-1-8 三级二层周辉开放式预算模型

IPD体系，同步建立任职资格管理体系和增量和产出文化体系，解决了IPD落地的问题，同时解决了新产品、新市场的增量问题及定岗定编的问题。通过组织KPI和个人IPI实现了基于组织与战略绩效成功之上的个人独特贡献与增量的双赢模式，并一直在基础数据上不断完善和改进，确保了公司业绩持续增长。除了F公司，融智公司咨询服务的其他企业，例如，东阿阿胶、双胞胎集团、光迅科技、电子29所、启明星辰、广联达、四川九洲及金彭车业等上百家公司也全部或部分实施了此套管理体系，公司业绩同样获得了持续增长。

F公司及相关企业的改革，通过划分产品线，按内部投入产出比例根据增量核算费用包，按实际花费算出虚拟利润，再重新进行分配，实现了内部虚拟股份制。这套管理体系可以使F公司或者是央企这种无法释放股权的公司也能通过增量分配调动员工的工作激情，解决了公司业绩无法持续增长的问题，实现了资本和增量经营者共同创造价值、共同分享价值的机制；也为其他企业学习借鉴华为体系，解决了无法进行员工大规模持股的先天不足带来的学不会、落不了地的问题，确保了企业可持续发展。

第二节 如何实施增量绩效管理体系

◆ 问题思考

1. 增量绩效管理的定义和内涵是什么?
2. 增量绩效管理体系包括哪两个子体系?
3. 组织增量绩效管理包括哪几个相辅相成的部分?
4. 建立增量绩效管理体系的步骤是什么?
5. 实施增量绩效管理会带来什么样的变化?

◆ 增量绩效管理的定义及内涵

总而言之，增量绩效管理是将公司的战略规划和目标与商业模式、预算与核算、组织绩效、个人增量绩效和经营分析及预警有效衔接为一体的一整套方法，更是一种支撑IPD落地和包含战略解码、路径分析的内部绩效管理机制。它不仅要求降低成本，还要求寻找优质客户、寻找增量，在技术和产品平台的基础上面向细分优质客户开发有卖点的产品；通过开放式预算配置资源，控制费效比，鼓励增量并保证产品线核心员工的能力与个人收入同步匹配和提升，实现产出单元的内部虚拟股份制。

增量绩效管理的核心思想是：

1. 回归产品，将产品的市场成功、财务成功和核心员工提升能力、涨工资作为企业经营的目标。

2. 将规划、业务计划、一级预算、组织KPI及个人IPI和经营分析及预警有效衔接为一个整体。

3. 划分产品线和资源线，产品线管理业务、预算及组织绩效和个人增量绩效；资源线负责员工任职资格和能力提升。

4. 业务分层、预算分级、绩效分级，以产品为组织绩效单元，进行任务细分、预算、核算和绩效考核。公司管理产品线的预算和绩效，产品线管理支撑产品的节点的预算和绩效，各节点汇总形成职能部门的预算和绩效，实现基于组织绩效和产品绩效之上的部门和个人绩效考核；同时，节点调动资源，呼唤“炮火”支援。

5. 根据增量按比例实行开放式预算，增量越多，预算越多，部门奖金越高，部门的预算和收入越高，实际上建立鼓励产出和增量的内部虚拟股份制，有效实现公司业绩增长与产出单位的收入和员工个人收入的匹配和关联。

6. 考核区分存量和增量，存量代表过去的业绩，增量表示新增的业绩，增量是薪酬绩效建设的基础，而不是只简单考核存量；对增量和存量执行不同的费用比例，每一个产出单元都是一个按增量核算的单位，包括职能部门，都按比例根据增量确定虚拟收入，虚拟收入减去费用便是奖金包的费用来源。

7. 企业对产品和部门给出薪酬包和绩效包，部门在这两个包的范围内确定员工的薪酬，取消按收入及体量核算的提成制，实际上建立内部虚拟股份制，有效实现减人、增效、加薪。

8. 针对业绩目标，各级干部要寻找完成目标的路径；路径找不到，不给预算和绩效指标。

9. 将个人增量绩效指标分成五类，建立个人IPI，鼓励核心员工承担开关指标、组织指标和个人增量重点指标。

……

总的来说，增量绩效管理体系（IPM）包括两个子体系，组织增量绩效管理体系（组织KPI）和个人增量绩效管理体系（IPI）。

组织增量绩效管理体系包括六个相辅相成的模块，如图2-2-1所示。

第一个模块：产品与客户梳理及组织建设

通过产品梳理与技术梳理及客户梳理，明确核心技术（T）支撑核心产品（P），核心产品支撑解决方案（B），通过对优质客户进行定制（C）带来新的技术需求的TPBC商业模式。进一步根据

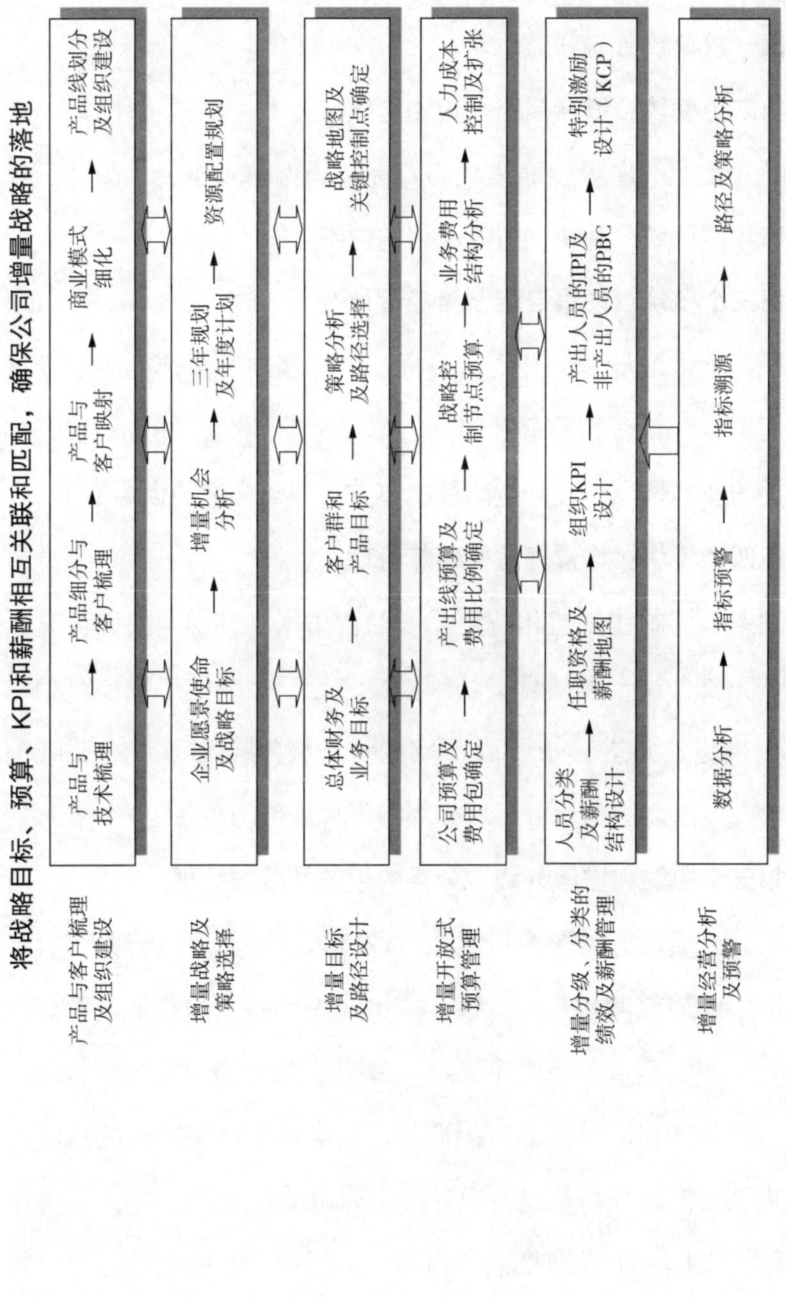

图2-2-1 周辉IPM模型

客户和产品平台划分产品线，建立以产品为中心面向客户的组织结构，根据产品设计四个包，实现“一客户一产品一策略一财务模型一队伍一增量激励”。

第二个模块：增量战略及策略选择

针对企业的愿景使命和战略目标，分析增量机会，制订三年规划和年度计划，并明确资源配置的原则。

第三个模块：增量目标及路径设计

根据整体增量业务和财务目标，设计客户群和产品线的增量业务目标，详细分析路径和策略，形成战略地图，并进一步分解到相关的业务单元，设计战略控制节点，明确详细的资源需求。

第四个模块：增量开放式预算管理

确定公司的费用包和各产品线的费用比例，明确增量计算模型，在完成公司一级预算的基础上，进行产品线的二级预算和费用比例确定，并进一步明确节点尤其是战略控制节点的三级预算，形成产出线的预算，最后按部门汇总成部门预算。

第五个模块：增量分级、分类的绩效及薪酬管理

建立分级、分类的增量绩效管理体系，公司考核分为三级，公司的组织绩效考核为第一级，产出线（产品线和营销）考核为第二级，产出节点考核为第三级，节点汇总为部门绩效。同时，将人员分为产出职位和非产出职位，明确各类产出职位的战略控制节点、关键路径和策略，设计产出职位的个人IPI，包括开关指标、组织指标、个人增量重点指标、部门指标和防火墙指标。将公司的战略指标分解为过程指标，明确产出职位的任职要求，明确非产出人员支撑产出人员的PBC，并针对战略控制节点和未来的增量设计给予特别激励，实现基于组织绩效成功之上的个人收入和能力同步增长，并鼓励有增量绩效的产出人员提升任职能力的同时获得更多的报酬。

第六个模块：增量经营分析及预警

经营分析及预警是根据实际完成的任务进行虚拟核算，让核心人员每完成一笔订单都知道产出单元和个人的收入，及时进行预警，并追溯目标未能成功的原因。同时，进行路径的寻找，并针对高增长的目标进一步增加预算和投入，确保获得更大的投入产出比。

增量绩效管理为强化核心人员的独特增量贡献、强化核心人员的绩效管理，将组织KPI与个人IPI分离，将个人增量绩效管理体系（IPI）设计为五类指标，如前言所述，其考核流程如图2-2-2所示。

1. 确定开关指标是否完成，如果未完成，则不进行绩效考核；

2. 确定组织指标是否完成，组织指标完成按区间计算；

3. 确定个人增量重点指标是否完成，有些个人增量重点指标可以直接与薪酬金额挂钩，不一定设计比例和权重；

4. 确定部门指标是否完成；

5. 确定防火墙指标是否完成；

6. 最后确定总的个人薪酬发放金额。

例如，公司产品线总经理的个人IPI考核及发放流程如图2-2-2所示。

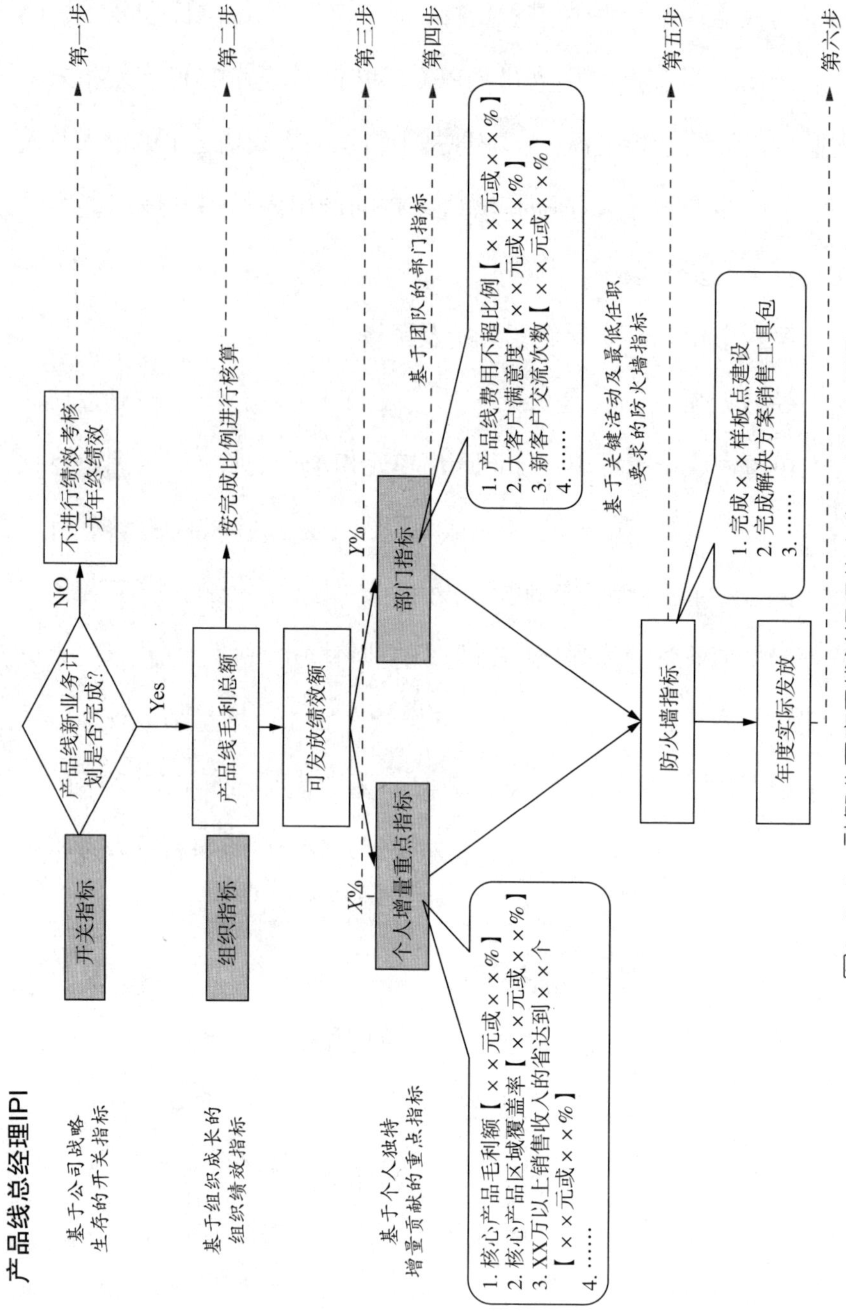

图2-2-2 融智公司产品线总经理的个人IPI考核流程图

◆ 实施增量绩效管理体系的步骤

如上节所述，增量绩效管理体系包括组织增量绩效和个人增量绩效两个管理体系，不管企业是否推行IPD，增量绩效管理体系是一个确保企业成长的机制。如果企业已经推行了IPD，则必须先补上增量绩效管理体系，如果企业没有推行IPD，则先推行增量绩效管理体系一段时间后，再推行IPD和任职资格管理体系。三个体系同步衔接，增量绩效管理体系先行，IPD和任职资格管理体系后续跟上，企业的运行效率会更快。尤其是很多企业学习华为，但又不能像华为一样广泛地实施员工持股，更应该建立增量绩效管理体系。

企业实施增量绩效管理体系可以按以下步骤进行。

第一步：建立产品线，重构组织。

梳理产品树、技术树，建立产品树、技术树与客户的映射，明确商业模式，划分产品线和资源线，建立面向客户，以产品为核心的组织架构。

第二步：细分客户，针对不同的客户设计不同的产品和服务模式。

选择市场潜力大的客户群，进一步细分客户，根据市场规模、市场份额和产品毛利率清晰定义现在和未来的价值客户、战略客户、大客户、利润客户和非利润客户；针对不同类型的客户设计产品策略（包含产品包、工具包、服务包和礼品包的组合）、财务核算模型和激励措施，实现“一客户一产品一策略一财务模型一队伍一增量激励”的精细盈利模式。

第三步：将三年规划、年度计划、组织预算和组织KPI联动，完成规划和目标制定的“W”流程，针对战略控制节点聚焦、倾斜。

建立三年规划和年度计划与一级预算和KPI的联动，并将三年规划和年度计划分解到产品线的业务计划、KPI和预算，再分解到产出节点和个人，通过“W”流程的迭代，寻找增量路径，寻找战略控制节点，针对战略控制节点配置核心资源和预算，设计增量绩效管理体系，确保战略落地。

第四步：划分各产品线的费用包比例和设计增量公式，建立开放式预算和增量式核算体系。

对历史财务数据进行梳理，建立经营管理财务会计，设计费用包和各产品的核算比例，以及增量计算模型，根据实际完成的增量进行核算，并同步建立公司预算、产品线预算和职能支撑部门产出节点预算，按科目结构、固定费用结构和变动费用结构分别进行比例预算，以便进行经营分析和预警及核算。

第五步：将人员进行分类，绩效考核进行分级，梳理薪酬结构，建立面向增量、任职资格和战略的绩效管理和薪酬激励体系。

人员分为产出人员、产出支撑人员和职能支撑人员三类，绩效分为公司考核、产品线考核和其他职能支撑资源部门考核三级。建立面向任职资格的工资包、面向增量的奖金包、面向战略的特别激励包、面向未来的期权股权包和对赌激励包，对不同人员和不同层级分别进行绩效管理，公司KPI进行分级，产出人员设立个人IPI，非产出人员设计过程PBC以支撑产出KPI和个人IPI。

第六步：梳理职位、梳理关键活动，建立任职资格管理体系，提升核心人员的能力。

对产出职位和产出支撑职位进行梳理，建立产出职位与行政级别映射的“少将连长”机制；同时，梳理关键活动，精员合岗，鼓励优秀的人员承担更多的活动；在组织绩效提升的同时，个人能力同步提升，个人收入同步增长。

第七步：建立经营分析和预警系统，及时进行纠偏和分阶段进行战略投入。

建立公司为一级、产品线和营销为二级，其他专题职能部门为三级的经营分析和预警体系；及时发现问题，并根据实际完成的任务调整预算，针对有潜力的战略市场及时追加战略投入，并寻找解决问题的路径，及时纠偏。

第八步：梳理公司的价值导向，建立面向增量可产出的文化体系。

进一步明确公司的愿景使命、战略目标和价值观，将公司的战略目标和员工的个人职业通道关联；并明确公司的沟通原则、创新原则、面向增量和任职资格的晋升原则，建立正能量的增量和产出文化体系。

以上除第八步已在第一章阐述外，其他各步将在后面各章节分别阐述。

附录：增量绩效管理体系实施以后将带来以下变化（见表2-2-1）：

表2-2-1　实施增量绩效管理体系带来的变化

模块	未实施增量绩效管理体系	实施增量绩效管理体系
组织建设	没有建立产品线，目标、任务、绩效由各部门分别执行，相互不关联，职能部门起主导作用	以产品线为核心，围绕公司增量目标，将目标、任务、绩效关联在一起，业务部门起主导作用，职能部门负责任职资格等体系建设
客户管理	客户不分类，简单的针对大客户进行管理，甚至是对客户过度服务，无客户策略	客户分类，针对价值客户提高满意度，针对低端客户，推标准化产品，避免过度服务，实行“一客户一产品一策略一财务模型一队伍一增量激励”的精细盈利模式
商业模式	企业愿景使命比较虚，商业模式与客户战略、产品战略、技术策略不关联	企业的愿景使命决定企业的中长期目标，根据中长期目标设计商业模式，寻找优质客户，根据客户的需求，确定产品，明确技术需求，形成核心技术支撑核心产品，核心产品支撑解决方案，通过优质客户解决方案的定制带来新的技术需求商业模式的正向循环
三年规划与年度计划	规划不分解，笼统，三年规划与年度计划割裂开来，年度规划与组织KPI和一级预算割裂开来，导致相互之间不匹配	规划分解为七个子规划和四个阶段，通过“W”流程迭代要求先找路径，再明确资源；同时，三年规划和年度计划与组织绩效和预算匹配并关联，确保规划落地

（续表）

模块	未实施增量绩效管理体系	实施增量绩效管理体系
增量目标设计及路径管理	目标的制定往往是根据经验，在上一年的基础上，盲目的定指标，不关心外部环境和结构性指标，不关心路径和增量	目标的制定不仅仅关注财务指标，更关心结构性指标、关注增量；同时，关注目标与客户群和产品的匹配，更关注路径的寻找和资源的需求配置
预算管理	封闭式的预算管理，更多的是从财务角度出发，以控制成本为核心，不关注费用结构，组织绩效的增长与预算的增长和员工个人收入的增长不匹配和不关联	开放式的预算管理，更多的是从经营的角度出发，关注投入产出比，关注费用结构的合理性，组织绩效的增长与预算的增长和员工个人收入的增长匹配和关联
组织绩效管理与个人绩效管理	绩效不分级，甚至KPI指标不以产出为中心，出现部门业绩很好，但公司总体组织绩效不好的情况，进而否定KPI；人员不分类，个人绩效考核指标不分类，导致组织与个人指标混淆	绩效分级，先考核公司组织绩效，再考核产品绩效；由产品绩效考核节点绩效，组织绩效和产品绩效不成功，个人绩效也不成功，真正实现基于组织绩效成功基础上的个人绩效考核；人员分类，组织KPI分解到关键职位，关键职位IPI分解为五类指标
经营分析和预警	简单地从指标角度分析，只会算账和简单预警	根据开放式预算进行虚拟核算，先进行部门虚拟利润的预警，再追溯结构性的指标，进而关注路径的寻找，实现战略纠偏，针对增量大的机会进一步配置资源
净利润分配	简单按资本股权分配，经营者积极性不高，没有股份，不参与净利润分配	按比例在净利润包内部先分配，再按股份和KCP分配，鼓励增量，形成资本和增量经营者创造价值并分享价值的内部虚拟股份制

本章英文缩写与释义

缩　写	全　拼	释　义
KPI	Key Performance Indicator	关键绩效指标
IPI	Individual Performance Indicator	个人绩效指标
IPM	Incremental Performance Management	增量绩效管理
IPD	Integrated Product Development	集成产品开发
CDM	Customer Distinction Management	客户细分管理
ITR	Issues To Resolution	问题到解决方案
CTM	Central Technology Management	核心技术管理
MM	Marketing Management	市场营销管理
LTC	Leads To Cash	从线索到现金
NVQ	National Vocational Qualification	任职资格管理
IPC	Incremental Performance Culture	增量产出文化
PBC	Personal Business Commitment	个人绩效承诺
TPBC	Technology/Product/Business/Customer service	技术/产品/解决方案/客户服务

第 3 章 Chapter 3

划分产品线和资源线，构建面向产出和能力提升的组织体系

为了有利于针对不同产品设计不同的费用包和增量财务模型，企业应该快速摒弃职能制，降低组织层级和考核层级，建立产品线和资源线；产品线负责产出，资源线负责员工能力提升和服务产品线。在目标制定、预算和绩效管理上分级，公司为一级，产出线（产品线和营销）为二级，产出节点为三级，实现外部以客户为中心，内部以产品为中心，产品线对市场和财务成功负责，资源线对员工的能力提升负责并建立围绕产出的组织架构，同步以产品线和产出节点为核心，构建增量绩效管理机制。

本章精华

1. 企业的组织越扁平、越贴近客户、越贴近产品，效率越高。

2. 企业的组织建设既要面向产出，又要面向员工能力提升、面向一线节点经理决策和调动资源，因此企业的组织构成分为“规划层、产出层和资源层”三层。

3. 企业应该建立产品线管理体系，产品线管理参与产出的各个节点，节点是企业组织的最小作战单元，横向汇总成产品线，纵向汇总成资源线，节点的产出路经、节点的绩效和预算是企业所有管理的基础。

4. 企业建立产品线的目的是贴近客户和面向产出，分层管理，以便有效进行核算，鼓励产出职位对市场和财务成功负责。

5. 企业建立资源线的目的是培养合格的人才和建立专业知识和技能货架，提升效率。

6. 企业的规划和管理体系建设通常实行委员会制，委员会成员由高管、一线产出节点人员和专家构成，企业不要抽调高水平产出人员专职做规划和管理，应该让其继续在一线服务的同时以委员会成员的身份参与公司的管理和决策，并实现“少将连长”机制，让一线节点经理调动资源，让听得见“炮声”的人决策。

7. 产品线可以按照产品平台或者客户群进行规划，在此基础上为鼓励竞争可以再次细分和合并，同时所有的新项目也可以合并成一条新业务产品线，以便归并管理。

8. 产品线的内部组织构成包括：产出业务节点和管理节点。

9. 企业的财务或者人力资源部门应该下沉到产品线，与业务结合，而公司的职能部门更多是建立任职资格体系，建立标准，具体执行让业务部门负责。

10. 任何员工不要谈论归谁管，是谁的人；员工管理应该分为三部分：产品线管绩效，职能部门管任职资格，人力资源部门或公司管文化与价值导向。

第一节
为什么要建立产品线和资源线

◆ 问题思考

1. 为什么企业越大、层级越多，效率越低?

2. 为什么要建立产出线和产品线?

3. 为什么要建立资源线?

4. 产出线和产品线的区别是什么?

5. 产出线的定义及职责是什么?

6. 资源线的定义及职责是什么?

7. 为什么没有建立产品线的公司最好不要做KPI和绩效考核?

8. 为什么产出节点的建立对公司提升效率、实现增量有重要意义?

◆ 为什么企业越大越偏离客户

当企业规模比较小的时候，公司没有设立很多部门，公司的高层领导和核心员工都围绕着客户进行工作。客户的所有问题都会第一时间得到响应，公司会表现出超强的效率；尤其是企业只有一个产品时，公司的总经理实际就是产品经理，公司所有部门都围绕着该产品以客户为中心进行支撑和服务，企业充分实现了以产品为核心，共同面向客户的架构，这时候的企业组织表现如图3-1-1所示。

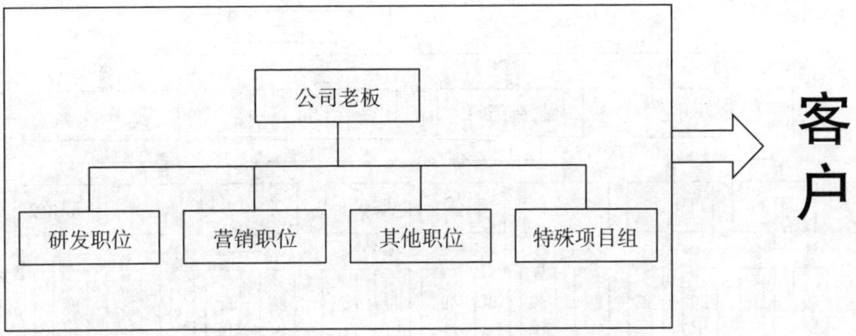

图3–1–1　小型企业只有一个产品时，时刻以客户为中心，面向产出

当企业规模越来越大的时候，公司的重心随着公司的发展在不断变化，公司不断地加强管理，建立各类纵向的部门，尤其是加大职能部门的建设。在每个部门底下设立了更多的职位，研发部、销售部、采购部、制造部、人力资源部、财务部等各部门人员越来越多。每个部门都试图建立自己的体系，“孤岛式”改革

使部门的等级越来越森严，部门的“墙”越来越厚，各部门KPI复杂，甚至有的部门KPI完成得越好，别的部门的KPI越差，无意识地为别的部门设立了陷阱。企业内部无法横向打通，外部对客户响应越来越慢，从客户需求响应到面向客户交付的周期越来越长，内部的协调越来越多，无法聚焦到产出和客户上，各部门员工面向部门经理，部门经理面向高层领导，高层领导的重心越来越集中在内部，如图3-1-2和图3-1-3所示。

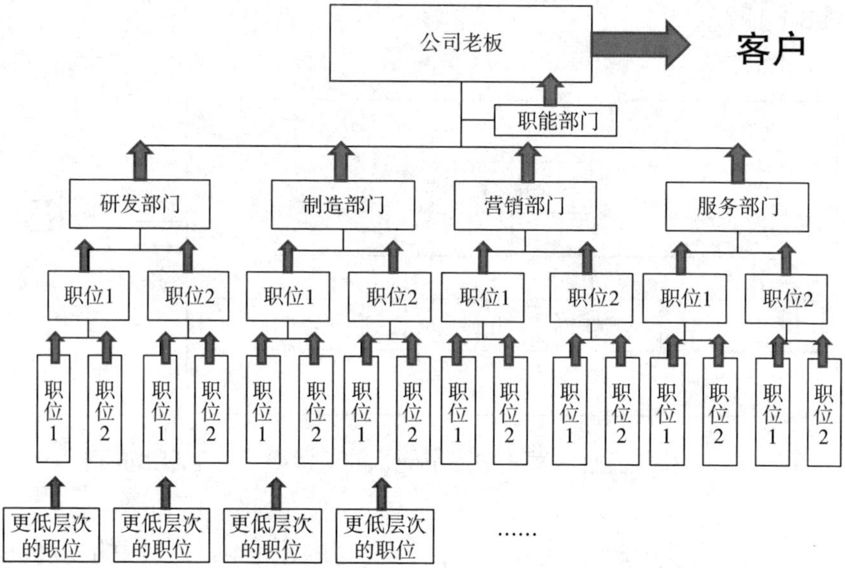

图3-1-2　各部门面向领导，领导面向公司老板，
老板越来越没有时间面向客户的组织架构

在以上组织中，没有人对产出直接负责，所有的人都对部门或者上级负责，产出的效率越来越低，整个企业的组织表现出以

下一些大企业病：

- 坚固的部门之间的“墙”；
- 只关注各自孤立的活动；
- 只关注各自孤立的指标；
- 只关注上司的感觉；
- 只关注局部的效率；
- 人员流动困难；
- 分段管理，没有人对产出的全流程负责；
- 按职能改革，导致产出线越来越难；
- 产出线除了服务客户，还得伺候公司各职能部门。

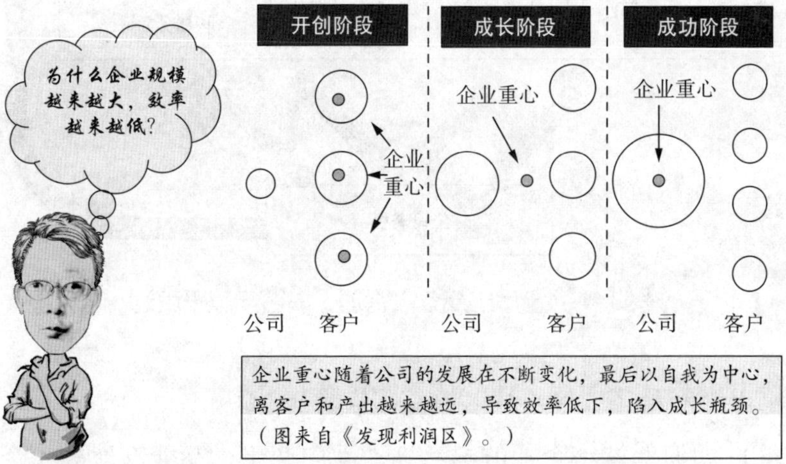

图3-1-3　企业规模越来越大，效率越来越低

通常这个时候，很多企业为了强化管理，在各职能部门安排了公司最优秀的主管。大部分企业建立了面向部门的KPI体系，

导致各部门只顾自己的KPI指标，产出线越来越难；企业高管的重心都放在内部协调和自己所分管部门的KPI上，有时虽然各部门的KPI很好，但是总体效率低下，导致全公司有考核有计划地做布朗运动。从客户需求到产品开发到产品销售到产品交付及服务，中间环节复杂无法全流程打通，企业的产出线业绩开始下滑，导致很多企业怀疑KPI是否有用，进而又去学OKR，如图3-1-4所示。

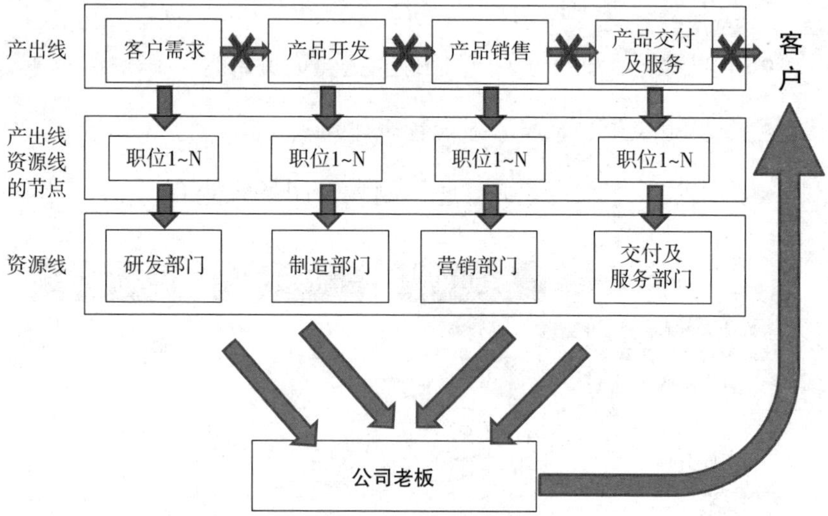

图3-1-4　产出线分段管理，离客户越来越远

其实，这个时候企业应该开始思考：

1. 如何保持小企业的灵活性，面向产出，又能够建立大企业的管控体系，同时提升员工的能力？

2. 更详细地说就是如何建立以客户为中心，所有部门为客户和产品服务的同时，同步提升能力的组织体系？或者说谁负责绩效管理？谁负责能力提升？如何让产出和响应客户更顺畅？

针对以上思考，有的企业开始设计专门的组织机构直接负责客户，进行需求收集、产品开发、营销及交付和服务，通常我们叫“产品线”。产品线负责产品的市场成功和财务成功，以横向表示。其他的部门将人员下沉到产品线，或者承包产品线的任务，或者负责提供合格的资源和保障，通常我们叫“资源线”。产品线和资源线的交叉，我们叫“节点”，这样的组织架构如图3-1-5所示。

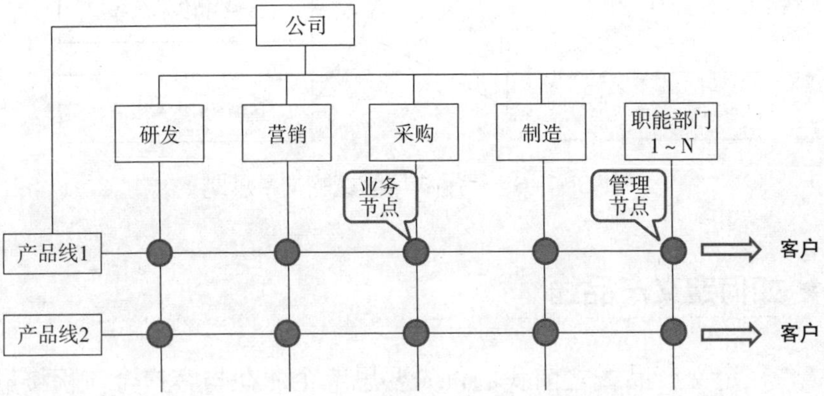

图3-1-5 融智公司以产出为中心的组织架构

产品线又可以拆分为产品规划、产品开发、产品营销及服务交付。

有的公司将产品线定义为事业部，包含了销售和服务。产品线和事业部的区别是：产品线只包含研发和市场，而销售和服务归并到区域管理，共同承担指标，中间通过公司进行交叉协同管理（见图3-1-6）；而事业部将研发、市场、营销和服务统一管理。中小企业不建议推行事业部制，推荐产品线管理研发与市场及支持交付，销售和服务由营销统一归并管理，二者共同承担指标，出现冲突时，由公司协调。

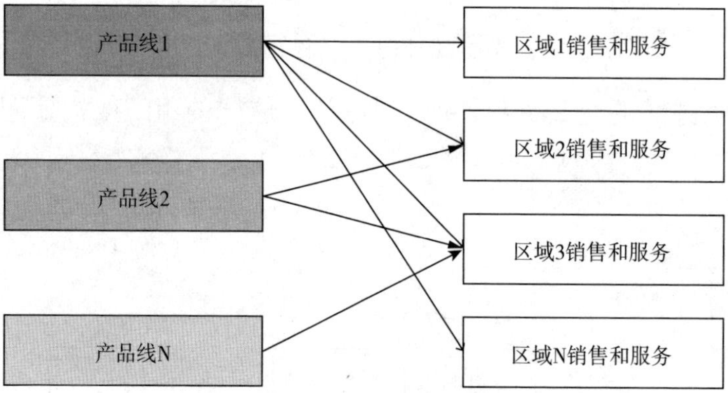

图3-1-6 产品线与区域的关系示例

◆ 如何定义产品线

在定义产品线之前我们首先要思考企业在与客户全流程接触的时候，包括哪些阶段和步骤？有哪些关键活动？涉及哪些关键职位？总而言之，企业与客户接触包括从需求到开发到营销到交付与服务及回款四个阶段。

1. 客户需求获取及痛点识别，在此基础上进行产品规划；

2. 满足客户需求的产品开发；

3. 产品营销；

4. 交付与服务并进行客户问题管理和回款。

针对以上四个全流程的活动，我们将其定义为产品管理。根据产品各阶段的工作重点，我们将产品管理分为三个阶段，如图3-1-7所示。

1. 产品规划阶段；

2. 产品开发阶段；

3. 产品营销及服务交付阶段。

这几个阶段对应的流程叫作产出流程，包括：

1. 产品规划流程，其团队为PPT；

2. 产品开发流程，其团队为PDT；

3. 产品营销及服务交付流程，其团队为LMT。

这三个流程通常会统一到产品上来，并由一个部门统一全程管理，这就是我们所说的产品线管理。因此，产品线的定义如下：

1. 面向产出和客户，对产品的全流程负责，承担财务指标；

2. 从需求到交付统一全程管理（在销售服务阶段由营销负责，产品线配合，公司协调冲突）；

3. 在产品规划阶段，完成客户投资分析、客户需求分析、客户问题及痛点分析、竞争分析、卖点设计和需求分类及产品规划。通常由产品线的总经理直接负责，产品线市场部和研发参与，形成产品规划的铁三角（PPT）；

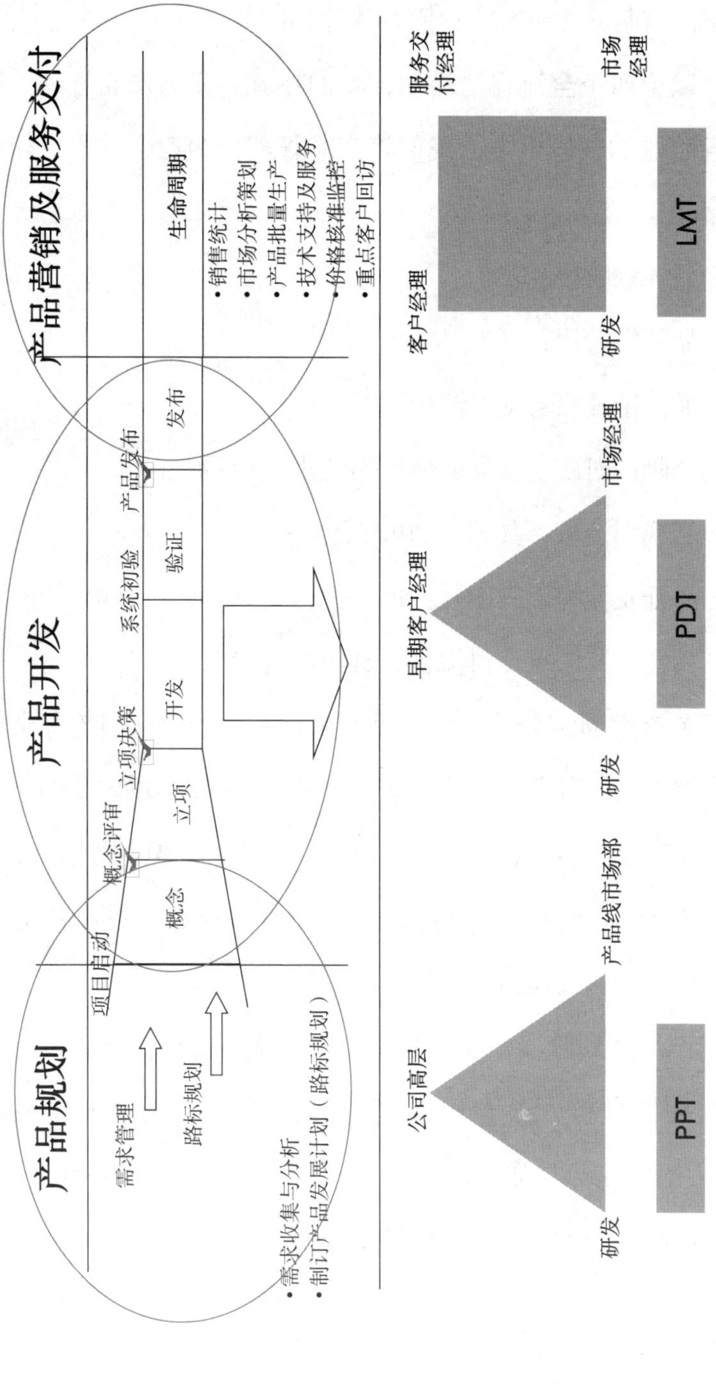

图3-1-7　全流程产品管理的三大阶段

4. 在产品开发阶段，通常以新产品开发的项目形式体现，通常由研发、市场经理和早期客户经理构成产品开发的铁三角（PDT）；

5. 在产品营销及服务交付阶段，通常以销售项目的形式体现，通常由研发、市场经理、客户经理和服务交付经理构成产品营销及服务交付的铁四角（LMT）；

6. 涉及产出的所有元素，包括研发、销售、市场、采购、生产及中试测试等，以强矩阵或弱矩阵方式参与并为产出统一服务，由产品线统一进行绩效管理。

一个完整的产品线内部架构如图3-1-8所示。

企业应该建立产品线，建立了产品线以后，企业可以有以下好处：

1. 直接面向客户；

2. 承担财务指标；

3. 能够实现围绕产品线做内部虚拟收入的增量分配；

4. 虚拟核算，尤其是节点核算更清晰；

5. 绩效考核层级化：公司考核产品线，产品线考核其他参与节点；

6. 以客户为中心的价值导向清晰；

7. 针对产品线增量分配考核清晰。

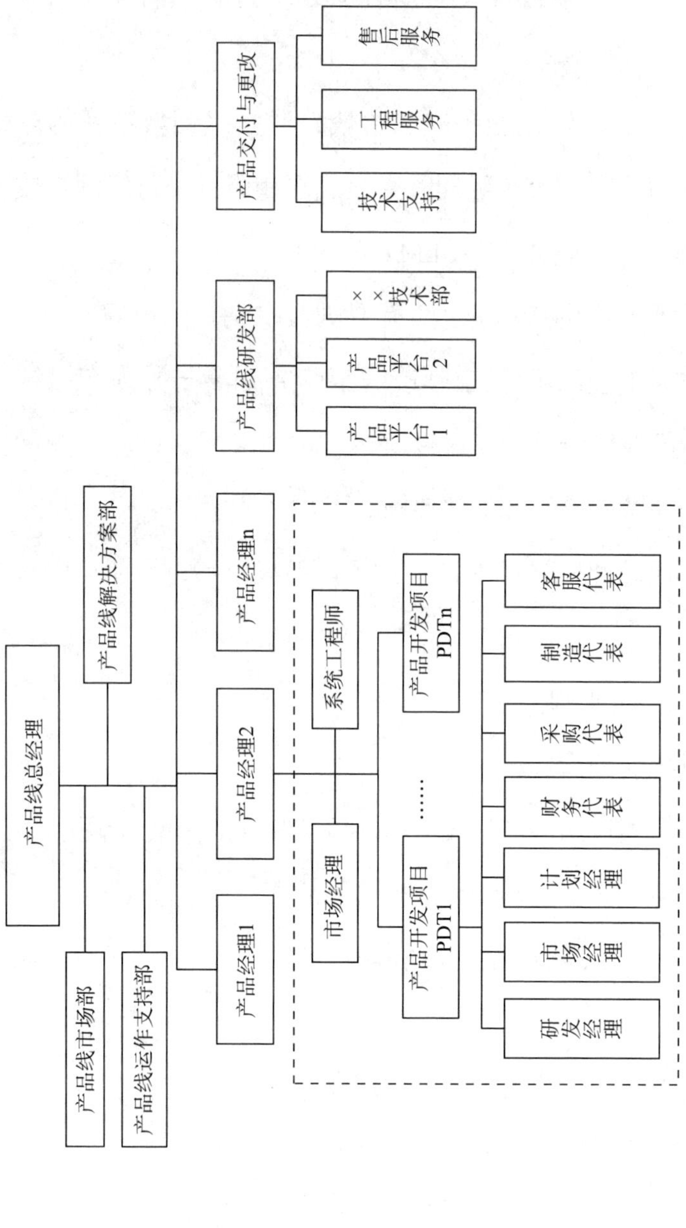

图3-1-8 完整产品线的内部架构

◆ 如何定义资源线

当企业的产出流程和产品线明确后，实际上产品线确定了市场成功和财务成功的目标，解决了公司绩效管理责任人的问题。而公司的管理流程、体系建设和人员的能力提升需要有专门的组织来解决，这个组织叫作资源线，资源线的定义及职责如下：

1. 资源线是为产品线服务，为产品线提供优秀的资源；

2. 资源线负责本专业、本领域的体系建设和支撑产出的流程建设；

3. 资源线负责本专业、本领域人员的任职资格体系建设。

企业的资源线通常分为：专业技术资源族、营销资源族、管理资源族、供应链资源族，如图3-1-9所示。

例如，某企业的软件研究部为各产品开发提供软件平台，或直接提供软件人员到各产品线，其职责包括以下六条：

1. 本专业技术规划和技术发展战略；

制定本部门技术规划和技术发展战略。

2. 本专业技术开发和技术平台开发以及产品化过程；

（1）负责技术开发和技术的产品化过程；

（2）技术成果产品化。

3. 产品和项目开发支持；

（1）负责向产品线提供充足、合格的资源，确保资源的及时到位；

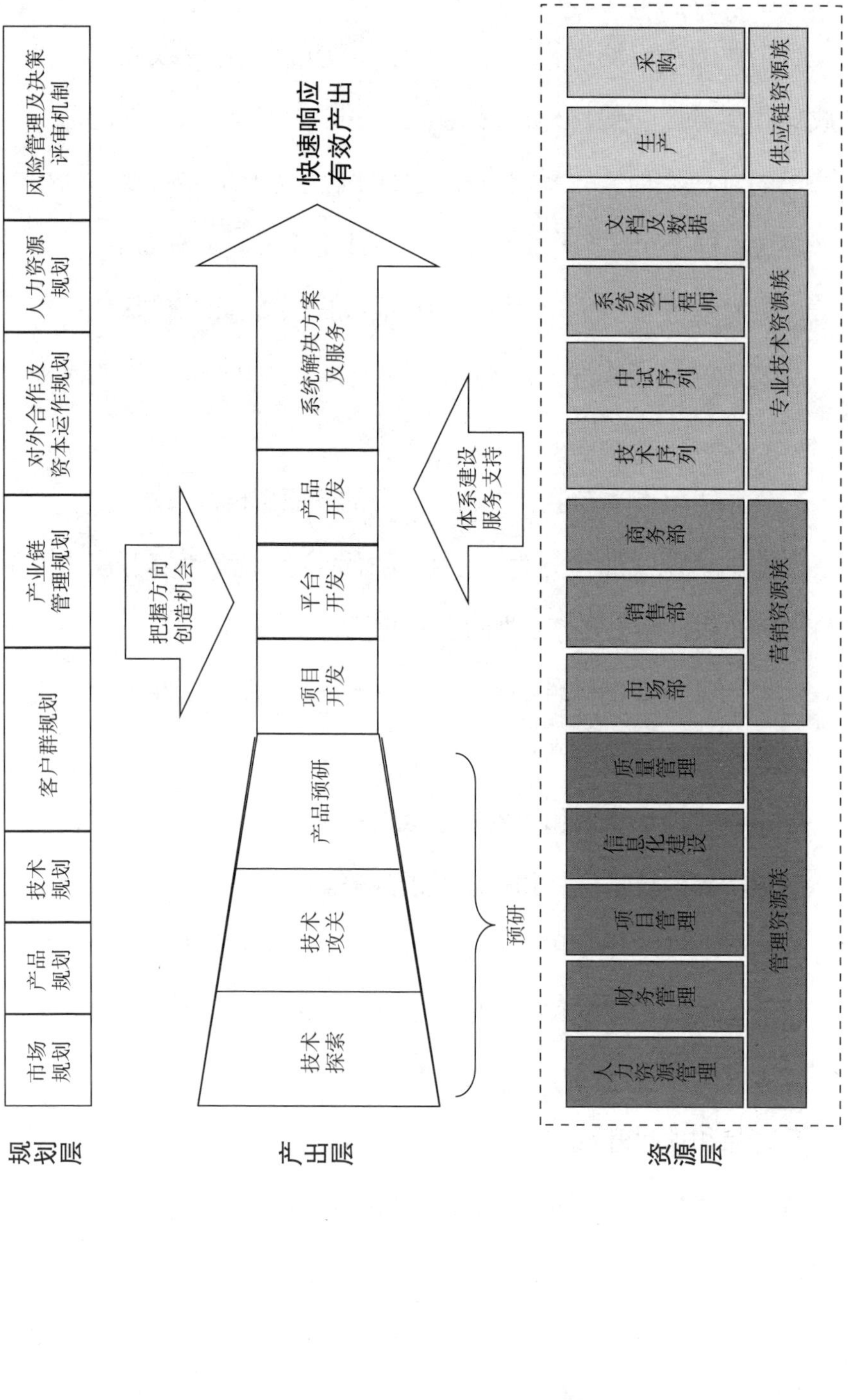

图3-1-9 技术型企业的活动层次图——周辉活动层次模型

（2）及时完成产品线委托的相关任务，确保产品二级计划的完成率。

4. 资源管理和专业任职资格建设；

（1）加强资源的建设和管理，提高资源的配置效率；

（2）建立任职资格标准，将标准与薪酬和激励结合，定期进行评估。

5. 技术领先和技术动态及技术应用跟踪，提高行业技术影响力；

（1）紧密跟踪技术发展动态，进行基础技术研究和技术标准研究，保证企业可持续性发展；

（2）积极研究技术的应用，确保技术对产品负责；

（3）参加行业标准、技术交流和研讨会，以提高核心技术能力和影响力。

6. 制定本专业开发的作业标准和专业操作指导标准，推动技术开发规范化。

建立资源线的好处：

1. 每个人都有专业归属；

2. 每个专业和领域都有专门的人负责任职资格体系建设，包括培训、通道和职业晋升标准；

3. 资源线配合产品线，完成产品线交付的工作或将人员输送给产品线，更好地体现了以产品为中心；

4. 实现流程建设和人员能力提升，提高效率，降低成本。

需要注意的是，产品和营销体系本身也是资源线，下沉到产品线成为产出业务节点；同时，财务、人力资源和项目管理等专业人员也是资源线，他们下沉到产品线成为管理节点。

同时，更应该注意的是，每个人都要明白，有两个上级在管理，一个是资源线，或者说所在部门，其不管绩效，只管能力；另一个是产品线，产品线管理绩效，不参与产出，就无绩效工资和奖金。

◆ 产品线和资源线在增量绩效管理上如何通过节点有效配合

产品线对产出负责，对客户市场成功和财务成功负责，对三个产出流程的关键活动负责。

1. 产品规划；

2. 产品开发；

3. 产品营销和服务交付及回款。

资源线对人员的能力提升和平台建设及体系建设负责，为产品线提供合格的资源，产品线和资源线的组织构成如图3-1-10所示。

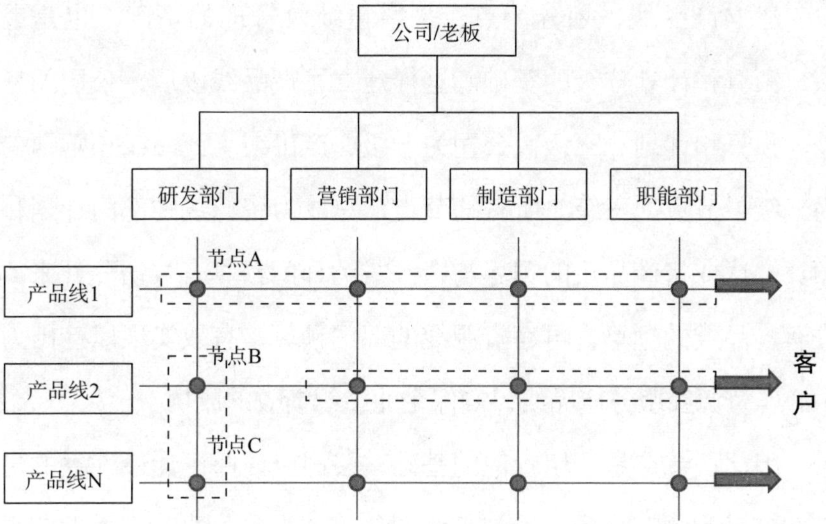

图3-1-10　产品线和资源线的组织构成

产品线和资源线交接的位置是节点，节点是预算、核算、绩效管理的最小单元；节点可能是一个人，可能是若干个人，也可能是一个角色。通常，产品线将横向所有节点统一管理起来，面向客户；资源线将纵向所有节点统一管理起来，面向个人能力提升。

节点的物理位置有两种：

1. 强矩阵，与产品线在一起；

2. 弱矩阵，与资源线在一起。

节点的绩效工资，由产品线发放；节点的基本工资确定和能力提升，由资源线决定；节点的人的晋升由产品线和资源线共同决定。一个人如果参与若干个节点，绩效工资先由各产品线分别考核，然后由资源线按事先设定的权重汇总核算。

建立产品线，划分节点，是增量绩效管理的基础，也是考核、预算和计划分级的基础。这样建立了产品线以后，公司的考核、预算和计划分三级，公司为一级，产出线（产品线和营销）为二级，节点为三级。所有的节点汇总成为资源线的部门计划和预算，这样将产品线的预算与资源线的部门预算有效切分开来，先有产品线的预算，再有资源线的部门预算，有效实现以产出为中心，资源线服务产品线，确保企业组织绩效的成功。

因此，节点是一切管理的基础，公司应该保证让最优秀的员工在产品线和节点上，让产品线和节点的人参与决策；根据节点的体量和增量决定级别，甚至可以出现副总裁级的产品线经理或节点经理，让节点经理调动资源以快速响应客户并获取增量。

第二节
如何建立产品线

◆ 问题思考

1. 产品线的设置原则是什么？

2. 如何划分产品线？

3. 产品线的组织和职位有哪些？

4. 为什么要“营”“销”分离？“营”要划归到产品线？

5. 何种情况下建立产品线的运作支持部？

◆ 产品线的设置原则和建立标准

当企业只有一个产品的时候，整个企业就是一条产品线；当企业有多个产品的时候，应该根据什么原则设置产品线呢？不是企业想要设置产品线就设置产品线，设置产品线是为了便于考核和划分费用包，鼓励资源聚焦，不是产品线越多企业发展越好，产品线设置有一定的原则。

产品线设置的原则如下。

1. 收入达到一定规模。

由于产品线要求内部独立核算和考核，毛利额太低，不利于进行内部虚拟核算和费用结构切分，因此，通常要求达到一定收入规模，如F公司最低要求是毛利2000万元以上。

假设有2000万元毛利，研发费用占比30%，则有600万元的研发费用，该产品线可以养活20 ~ 30个研发人员，产品才可以持续发展。

2. 产品线能够达到当年的盈亏平衡（含自主进行的预研）。

通常产品线的财务评估按时间分为亏损、当年盈亏平衡、累计盈亏平衡和对公司有增量贡献四种状态。如果产品线达不到当年盈亏平衡，通常采用战略补贴或鼓励该产品线与其他产品线合并，通过合并共享其他产品线资源，专注于自身的发展，不鼓励其独立变成产品线，除非通过战略补贴两年内能达到要求。

3. 每年可重复批量销售的产品达到40%以上。

不鼓励定制的项目模式成为产品线，产品线必须有内部的公共共享模块（CBB）或成熟产品。如果该产品线需要重新开发的模块达到60%以上，不建议设置产品线，可采取项目组预研的方式或定制服务方式开展工作；没有形成CBB和标准模块，就不设置产品线。

4. 有明确、清晰的样板点或样板客户。

当产品的样板点或样板客户建立以后，产品推广策略会很清晰。通常要求客户参观样板点后基本可以完成订单销售，因此要求产品线有明确、清晰的样板点或样板客户，如F公司样板点的条件如下：

（1）产品配置有典型性和代表性；

（2）客户关系良好；

（3）商务上具有指导性；

（4）可以带其他客户参观；

（5）客户内部有人可以讲清楚我们的产品卖点及如何解决客户的痛点。

5. 有持续稳定增长且有刚性需求的客户群。

产品线作为独立核算的单元，要求客户群的市场容量是增长的；产品线可以在该客户群获得持续稳定的收入，获取更高的利润。如果收入不稳定、不持续增长、无刚性需求，产品线有可能无法持续发展，不建议独立设置产品线，通常以项目组或与其他产品线合并的方式进行。

6. 增长率达到公司规定的要求。

产品线独立核算，是公司的二级考核单元，因此必须有增量，增长率必须达到公司规定的要求。

以上六条原则，如果第5条、第6条较好，则可以放宽要求，成立准产品线。

◆ 如何划分产品线

设立产品线的目的是划小核算单元，让产品线面向产出，面向客户，有利于增量绩效考核。有些新产品刚开始发育时可设立项目组，发育成熟后再设立产品线，而有的公司则直接设立新业务产品线，将若干新产品汇总，以便统一管理。

当公司存在多个产品的时候，公司可划分为一条或几条产品线，通常划分产品线有三种模式。

模式一：根据技术平台和产品平台划分产品线

商业模式决定产品开发模式，好的商业模式是核心技术（T）支撑核心产品（P），核心产品支撑解决方案（B），通过优质客户解决方案的定制（C）带来新的技术需求TPBC的正向循环。（见图3-2-1）

如果公司的产品形式多样，就基于核心技术实现多产品、多平台。通常采用按技术或产品平台这种模式划分产品线，如华为公司、烽火通信公司、东阿阿胶公司都属于这种模式，如图3-2-2所示。

让我们来看一看D公司划分产品线的案例：

D公司的技术平台分为两类，阿胶平台和生物制药平台。在阿胶平台上规划出阿胶类中成药及OTC和保健品两条产品线，在产品线上各自分为若干产品，形成了D公司产品线地图，如图3-2-3所示。

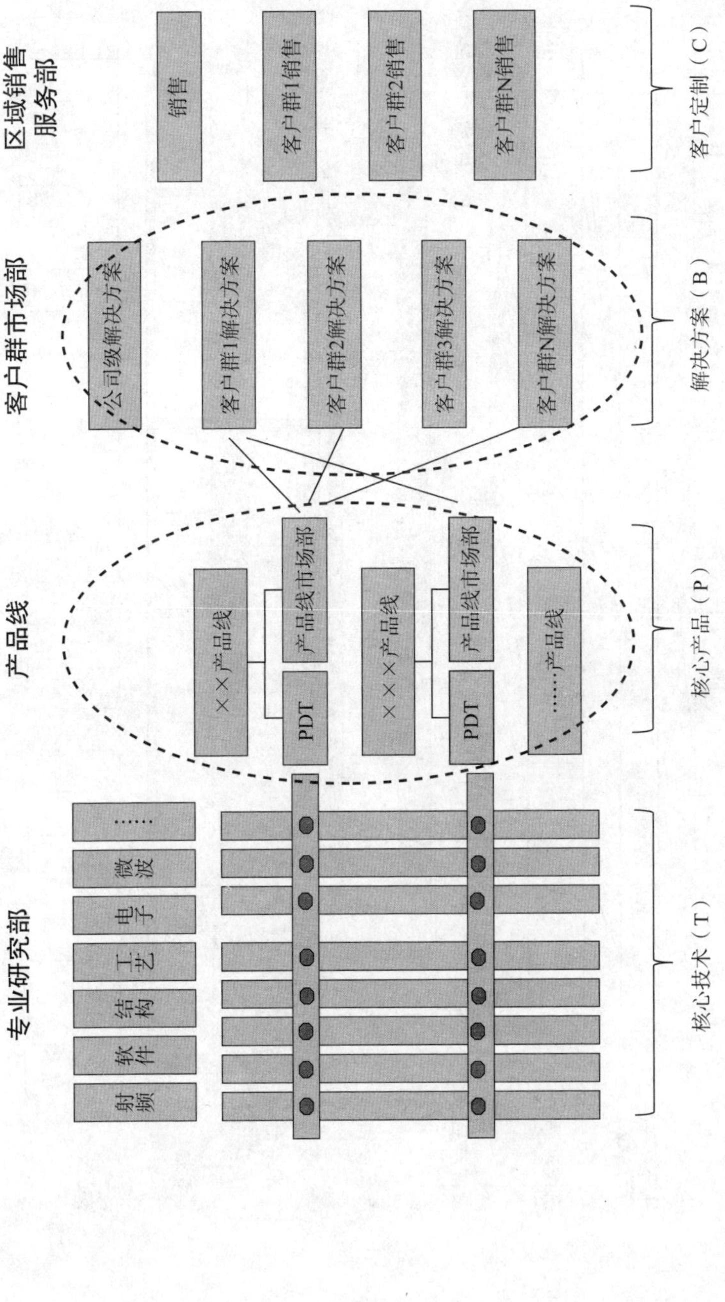

图3-2-1　周辉TPBC商业模式模型

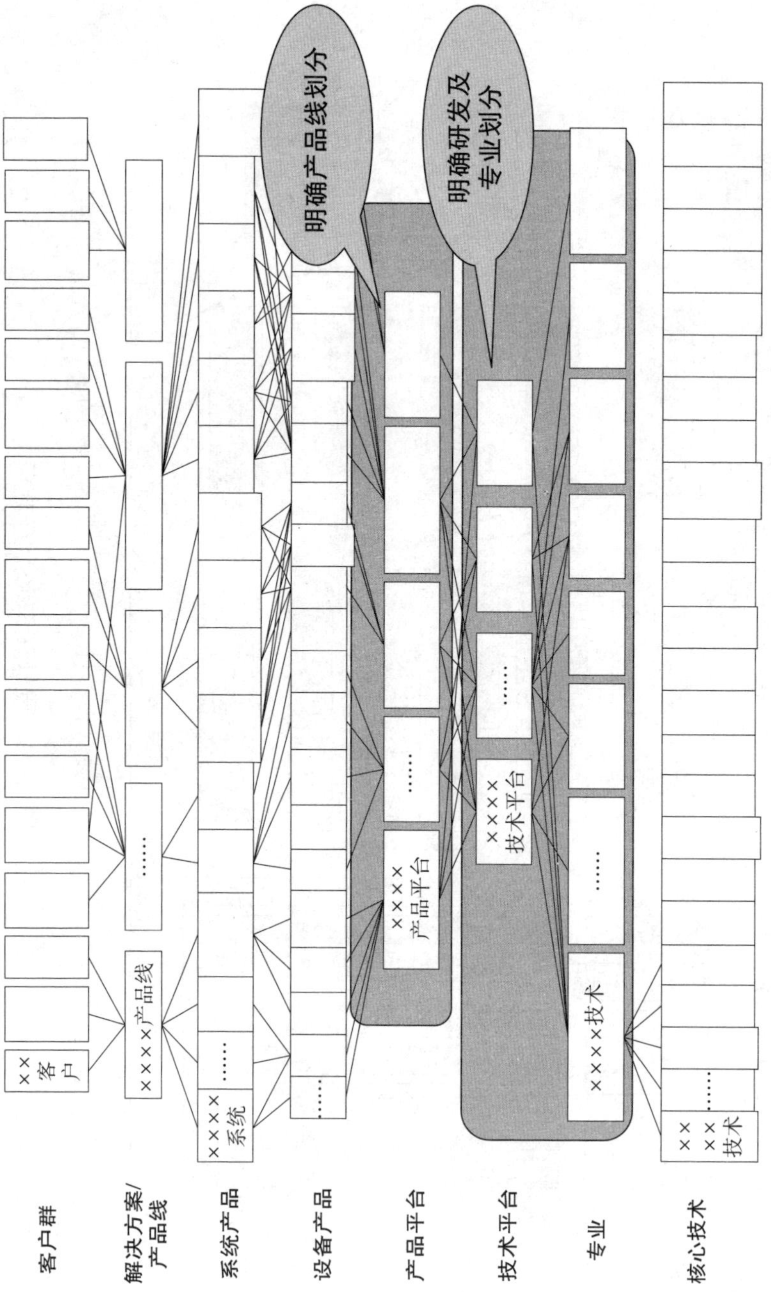

图3-2-2 周辉细腰形架构图

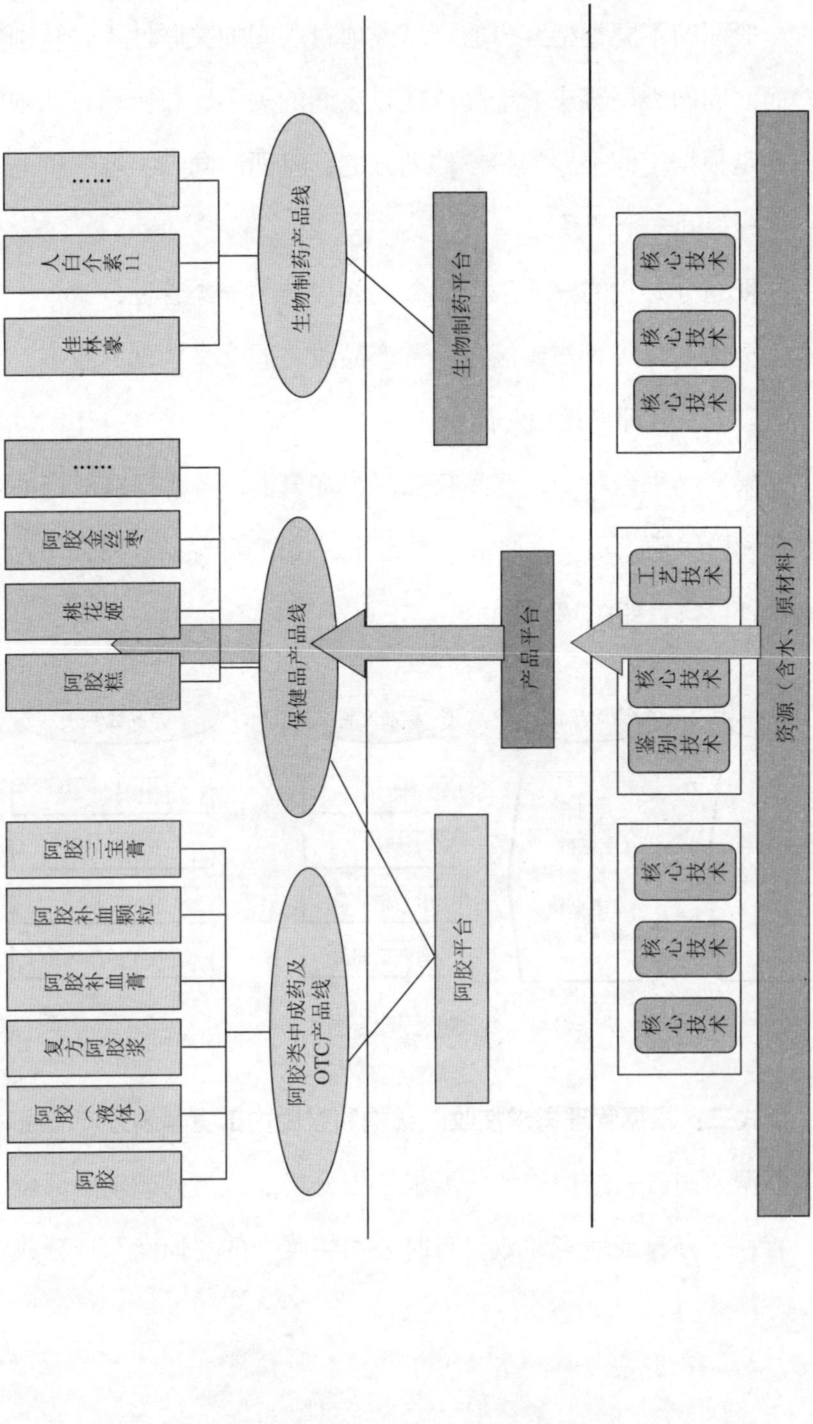

图3-2-3　D公司产品线地图

模式二：根据客户群划分产品线

一般面向不同类型客户的产品或项目之间的关联性不是特别大，而面向同类型客户的产品或项目之间的关系比较密切；此划分原则是根据不同类型的客户群划分的，将面向同一类客户群的产品划分为同一个产品线。

这种划分方式的好处是可以做到客户群的分类管理，一个产品线主要面向一类客户，能减少各产品线之间交叉管理的成本，也使客户关系管理变得相对简单。

如果产品平台单一，产品存在多个客户群，各客户群对产品的服务和营销模式不同，通常按照这种方式划分产品线，S公司就属于这种模式，如图3-2-4所示。

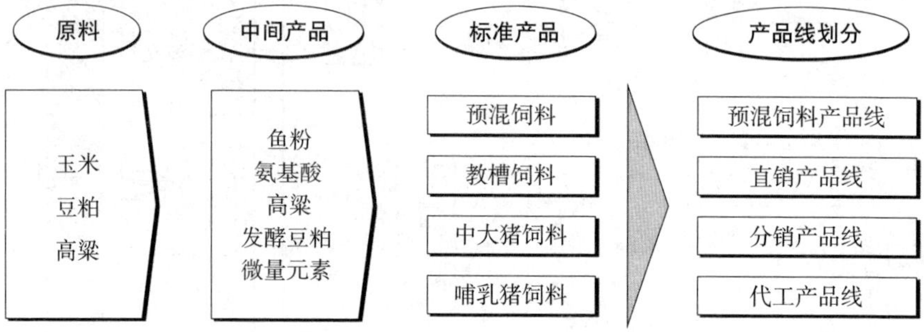

图3-2-4　S公司产品线划分

模式三：根据管理需求按收入结构和鼓励内部竞争划分产品线

根据公司收入结构和竞争需求来划分产品线。为鼓励内部竞争，有利于预算或增量绩效，有时公司将唯一的“烟囱”划分成一条产品线，其他合并成一条产品线，鼓励竞争发展。需要注意的是，要避免将产品线都划分成“绵羊形”结构的产品线，这样的产品线没有竞争力，很难发展；应该是将产品线划分成“梯田形”结构的产品线，要培养多个竞争力强的产品线，在不具备划分成“梯田形”结构的条件下应该先划分出一条竞争力强的产品线，先形成“烟囱形”结构的产品线，然后慢慢地向“梯田形”结构发展。

当公司的一个产品足够强大时，为了鼓励内部竞争，公司可以将该产品线拆分为多条产品线；或者当竞争对手的一个产品比较强大，公司为了阻拦对手，可以将与竞争对手相对应的产品划分为一条产品线。如S公司将预混饲料单独划分为一条产品线，D公司将阿胶补血颗粒独立为一条产品线，H公司在与思科竞争时，将数据通信产品独立为一条产品线。当产品线已经足够强大，没有对手或与对手可以一拼高下时，也可以再与其他产品线合并或再独立做强。

通常划分产品线的流程（见图3-2-5）如下：

1. 客户分类；

2. 产品与技术梳理；

3. 产品树分解；

4. 定义设置原则；

5. 对各产品的以下三个指标进行分析；

（1）市场规模；

（2）市场份额；

（3）毛利率。

6. 按三种模式尝试划分产品；

7. 用财务预算模型分析是否可以独立发展；

8. 对人员是否匹配进行验证；

9. 调整纠偏并重新划分。

1. 客户分类；
2. 产品与技术梳理；
3. 产品树分解；
4. 定义设置原则；
5. 对各产品的以下三个指标进行分析；
（1）市场规模；
（2）市场份额；
（3）毛利率。
6. 按三种模式尝试划分产品；
7. 用财务预算模型分析是否可以独立发展；
8. 对人员是否匹配进行验证；
9. 调整纠偏并重新划分。

图3-2-5　产品线划分的流程

通常产品线的划分不是一成不变的，小企业可以每年或两年进行一次，中大型企业可以三年进行一次，并可根据以上原则进行调整，目的是为了绩效考核及鼓励内部竞争和共享。

◆ 如何建立产品线的内部组织

如上章所说，除了完成绩效及预算外，产品线还要完成三个业务职能：

1. 产品规划；

2. 产品开发；

3. 产品营销和服务交付。

通常销售交由区域管理，产品线只是配合，但要负责市场工作。为使产品好卖，通常在产品线下设置产品线市场部，其主要职责如下：

1. 需求收集；

2. 问题和痛点识别；

3. 需求分析；

4. 竞争分析；

5. 产品卖点设计及痛点价值验证；

6. 产品销售工具包设计；

7. 销售培训；

8. 产品定价原则及推广策略；

9. 配合销售进行客户管理及售前、售后工作。

为了让研发人员完成产品线组织绩效，将产品线独有的研发和交付也划归产品线管理。同时，人力资源、财务和项目管理及质量等职能管理也要下沉，形成产品线运作管理部。当产品线内部产品较多时，还要设置产品线解决方案部；当产品线内部产品较少时，解决方案部可与市场部合并，完整产品线的内部架构如图3-2-6所示。

在图3-2-6中，产品线有以下职位。

一、产品线总体管理

1. 产品线总经理；

2. 产品线市场部经理；

3. 产品线解决方案部经理；

4. 产品线运作支持部经理；

5. 产品线研发部经理。

二、产品管理

1. 产品经理；

2. 产品开发项目经理（PDT）；

3. 产品交付与服务经理（LMT）。

三、产品线研发

为使IPD落地，快速建立组织，融智公司在帮助客户建立产品线时，客户常问的问题如下：

第一个问题：产品线总经理和产品经理的区别是什么？

原则上，产品线总经理和产品经理是同一个职位，但公司刚建立或规模较小时，对全流程熟悉的人员不多，不可能产生对产

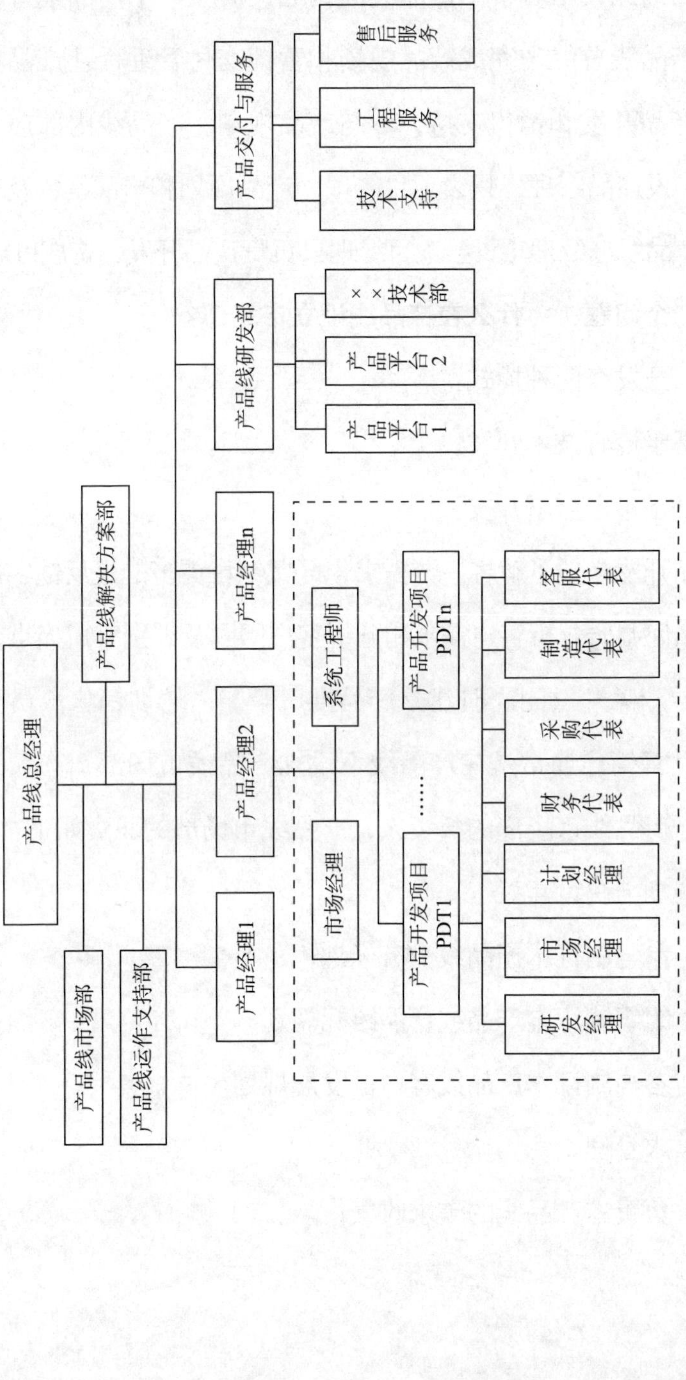

图3-2-6　完整产品线的内部架构

品规划、产品开发、产品销售及交付服务全部熟悉符合任职资格的人选。因此，由若干个产品共同构成，成立一个产品线管理部门，由产品线总经理完成产品规划和营销交付管理，让产品经理专心于产品开发和销售支持，参与产品规划。产品线内部产品较少时，不设产品经理，只设项目经理，产品规划和产品销售及交付均可由产品线总经理负责，项目经理只负责产品开发，构成PDT。

第二个问题：为什么在产品线设立市场部？

产品开发有两种模式：

1. 基于核心技术开发；

2. 基于市场需求开发。

产品开发必须了解客户群需求，区域销售更多的是反馈客户的问题。如何调研分析客户需求和分析客户问题及识别客户痛点，如何在指导产品开发的同时建立产品推广策略，培训销售人员如何进行产品营销，通常是在产品线下设立产品线市场部，产品经理可以兼任产品线市场部的负责人，产品线市场部的职责如下：

1. 规划与决策建议；

（1）参与制订本产品线业务规划；

（2）组织制订本产品线产品路标规划；

（3）参与制订本产品线客户群发展规划。

2. 需求管理；

（1）负责本产品线的需求收集；

（2）负责组织和开展本产品线的需求分析工作；

（3）负责需求分类开发；

（4）负责组织市场调研工作；

（5）负责本产品线的需求管理。

3. 组织并开展产品路标规划；

（1）负责本产品线的客户分析；

（2）负责产业政策分析；

（3）负责组织竞争对手分析；

（4）负责明确细分市场的要素并进行市场细分，选择要进入的细分市场；

（5）负责产品线内部组合分析；

（6）负责新产品路标规划；

（7）负责商业模式设计和资源配置。

4. 新产品市场策划；

（1）新产品的卖点分析及宣传；

（2）制定新产品定价和商务策略；

（3）新产品命名和商标设计；

（4）新产品的样板点建设；

（5）制定新产品的销售工具包。

5. 销售支持和客户关系管理；

（1）参加重点项目前期技术交流和技术谈判；

（2）参加重点项目方案编写；

（3）对销售人员进行产品销售培训；

（4）参与产品巡检工作；

（5）参与价值客户关系管理。

6. 体系建设；

（1）产品线品牌管理；

（2）建立产品线资料库；

（3）市场活动支持。

7. 合作体系。

（1）提出产品线对外合作战略；

（2）负责对外合作管理；

（3）配合公司资本运作相关工作。

第三个问题：为什么要建立产品线运作支持部？

产品线是独立核算的单元，除了三个业务职能，应该还有项目管理、质量管理、成本管理和人力资源管理四个管理职能。由于工作量和工作幅度小，不独立设置人力资源部、项目管理部，让四个管理职能合并、组合，对应公司职能部门，有利于人员培养，降低管理成本；同时，对本产品线的预算和相关节点绩效考核，管理二、三级计划等都非常有利。让产品线直接决策，快速配置资源响应市场，其对应的公司职能部门负责员工的能力提升和任职资格评定。

第三节
如何建立面向客户以产品为核心的公司组织架构

◆ 问题思考

1. 组织如何进行分层？

2. 如何让产出人员以委员会的形式参与管理？

3. 建立以产品为核心的组织要进行哪些分离？

4. 组织建设的演进步骤是什么？

◆ 如何进行企业活动的组织分层

通常企业的活动分为三类：规划类活动、产出开发类活动（主要以项目方式进行）和资源线的管理活动。

规划类活动不仅要包括产品规划和技术规划，还要包括市场规划和客户群规划，更要包括对产业链管理的规划、对外合作及资本运作的规划、人力资源规划和风险管理及决策评审机制。这种规划活动一般由公司的高层领导负责组织进行，大的技术型企业通常会设立公司级的市场部和规划部来组织进行规划。公司级的市场部要完成市场规划，规划部要完成产品规划和技术规划，同时人力资源规划、对外合作的资本运作规划要统筹考虑，规划的层次详见后续第五章。

企业的产出开发类活动一般分为技术探索、技术攻关、产品预研、项目开发、平台开发、产品开发和系统解决方案及服务，分别按照项目方式进行管理。其中按商业模式要形成技术开发支撑产品开发，产品开发支撑解决方案的开发，通过优质客户解决方案的定制带来新的技术需求商业模式的正向循环。

资源线的管理活动不仅包括支撑管理的活动，如财务管理、项目管理、质量管理、人力资源管理等，还包括支撑产出的资源部门的活动，如销售部的营销活动、商务部的产品管理活动、市场部的市场管理活动等。技术型企业的活动层次如图3-3-1所示。

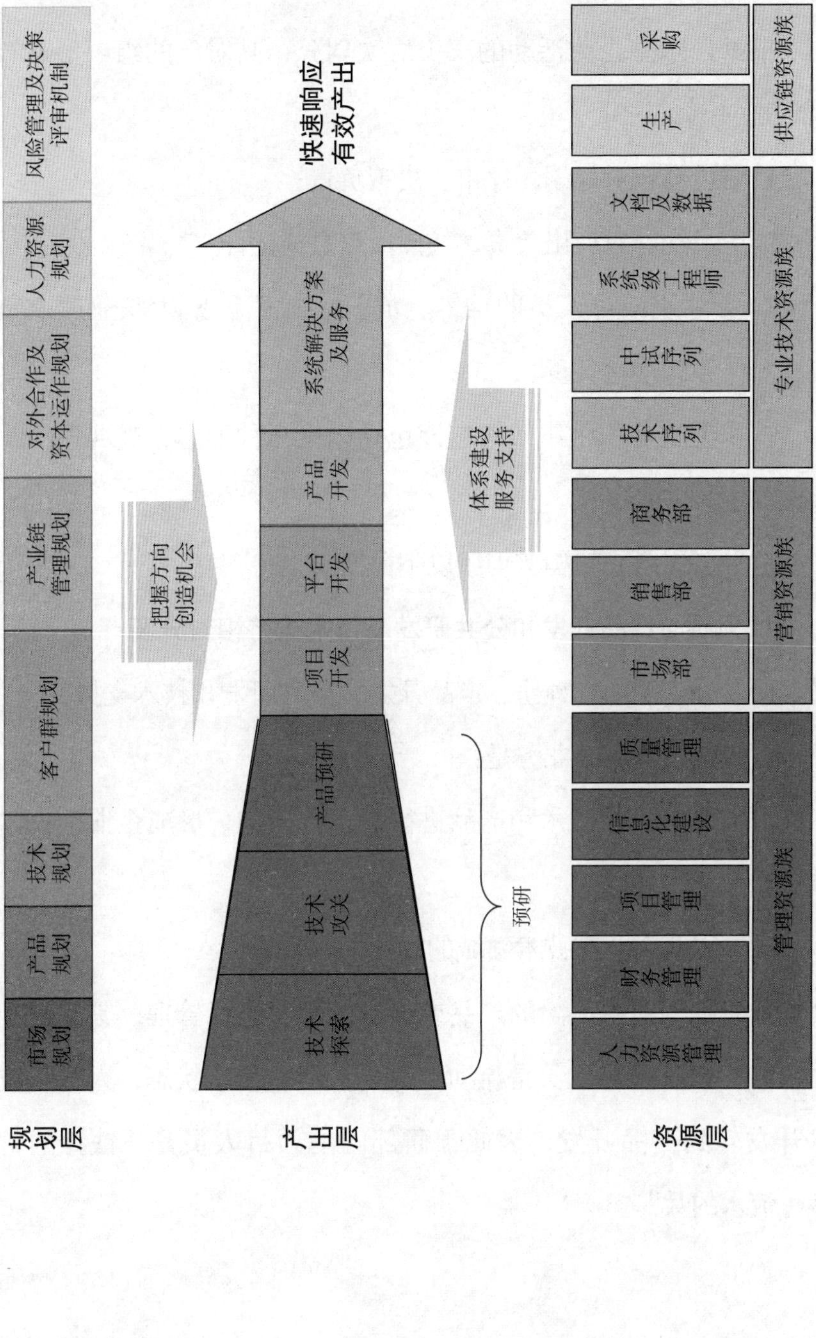

图3-3-1　技术型企业的活动层次图——周辉活动层次模型

◆ 建立面向客户以产品为核心的公司组织架构

根据技术型企业活动的三个层次划分，其对应的组织形态有以下三种：

1. 委员会：对规划、评审、决策负责；

2. 产品线：对产出负责、按照项目方式运作；

3. 资源线：对人员的培养、成长、知识积累和职业通道负责，对体系和平台负责。

技术型企业的组织架构应该包括以上三种形态，其典型组织架构如图3-3-2所示。

这种公司组织架构实现了以下分离。

1. 预研与产品开发和公共研发及技术支持相对分离

研发分为四类：预研、产品开发、公共研发和技术支持。

预研体系的核心业务是：

（1）对未来的技术和产品进行探索和研究，形成企业的技术储备；

（2）提高企业在技术领域的影响力。

预研部门对有风险的产品或技术的开发进行管理，其部门是固定的，但其项目人员是流动的；要根据项目的状态，人员从技术开发转到产品开发，因此预研部门的项目人员是“铁打的营盘、流水的兵”。

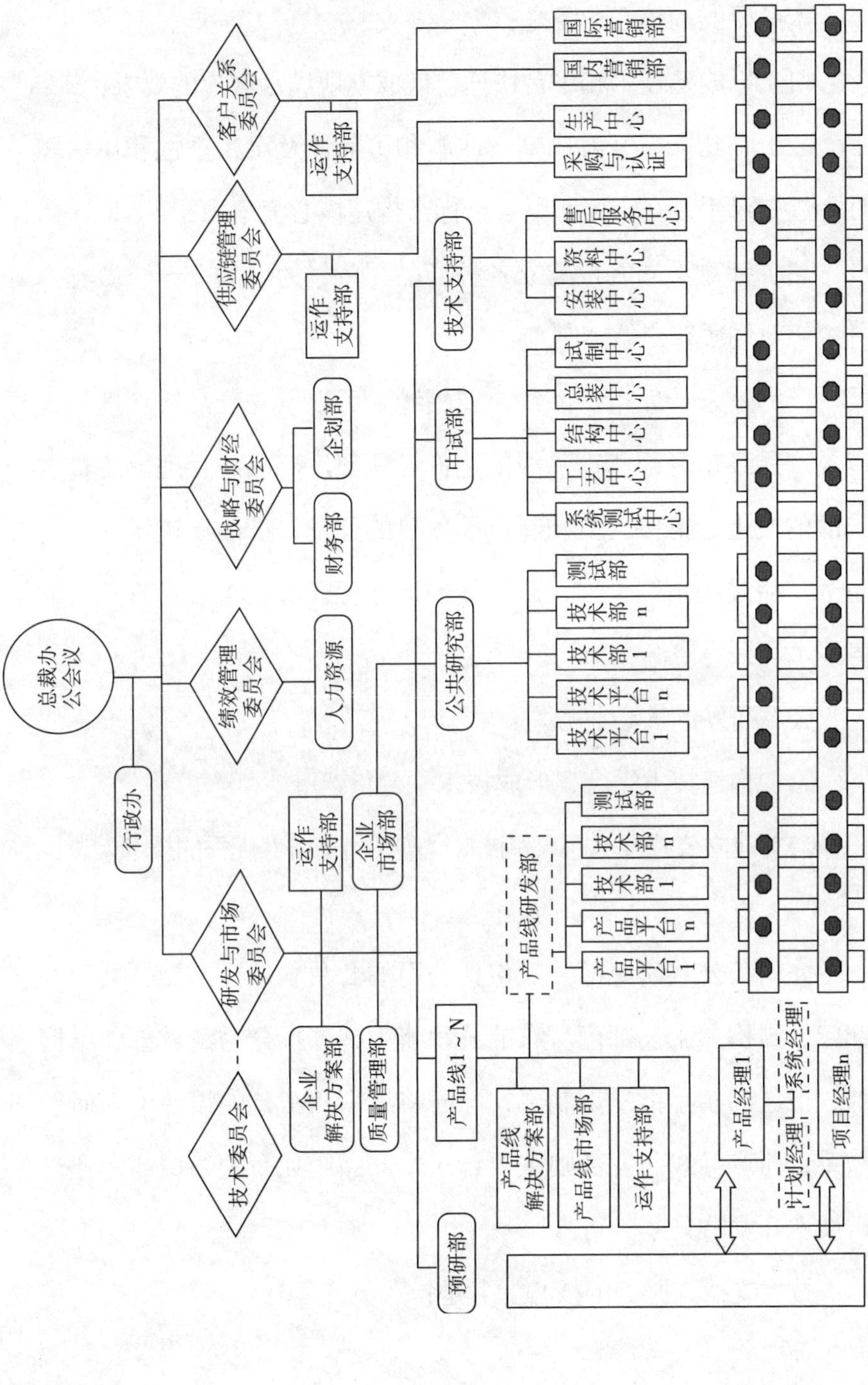

图3-3-2 典型技术型企业组织架构

产品研发的核心业务是：

（1）以成熟技术和平台快速、低成本地满足客户的要求；

（2）在功能、开发周期、成本和可靠性及可生产性和可保障性上领先对手，在市场和财务指标上构建核心竞争力；

（3）针对不同客户建立各种产品配置，为“六个一”做支撑并组织对优质客户做定制。

产品体系一般指产品线，产品线下可以设立产品线管理部，以及产品线市场部和产品线的运作管理部。产品线管理部负责老产品的改进、销售支持和新产品项目的开发，产品线市场部负责整个产品线的市场管理，产品线的运作管理部负责项目管理、财务成本、人力资源和部门行政工作。

公共研发的核心业务是：

（1）构建技术平台，形成技术平台货架；

（2）建立公共技术标准和技术规范，同步培养优秀的技术人员；

（3）支撑各产品线共享。

公司级公共研究部一般包括公司的公共软件部门、公共硬件部门、结构和工艺部门。有的公司将中试部拆分为测试部、结构部、工艺部和小批量试制部，同时将结构和工艺的设计纳入研发体系；而产品线研发部则主要针对本产品线独有的领域或专业进行技术开发，支撑产品。

技术支持与服务的核心业务是：

（1）负责工程安装实施；

（2）负责针对区域优质客户做定制。

技术支持和服务可与各产品线分别设置，也可在公司区域分两级设置。

2. 市场体系与销售体系分离

公司的营销活动通常分为市场需求、产品规划、产品策划和产品销售。技术型企业的市场需求和产品规划及产品策划需要更高级的熟悉技术和业务的人员来担任，因此一般情况下市场部和销售部通常分为两个部门。

市场部主要由熟悉技术和业务的人员构成。通常情况下要求研发人员和高水平的客户经理转入市场部以便进行市场需求分析和产品规划，客户经理更多的是在各个区域或客户所在地进行客户关系管理、客户维护和销售过程的控制。

市场体系的业务是：

营造好的市场环境，做好路标规划和产品规划，主动引导客户，并做好产品的市场需求分析，拉动研发开发新产品，并组织制定营销策略。

销售体系的业务是：

做好客户关系管理、销售过程管理、服务管理和市场管理。

3. 产品线与资源线分离，明确不同类型的产出模式和产出流程

（1）产品线：对产出负责、按照项目方式运作，管理绩效；

（2）资源线：对员工的培养、成长、知识积累和职业通道负责，管理员工的能力提升。

由于产品线有项目、有预算，而资源线有人，产品线通过节点方式与资源线签订资源承接或任务外包合同，资源线必须在年底进行核算其从产品线获取的内部收入以实现内部虚拟盈亏平衡。

4. 决策与职能体系管理及职能体系执行分离

（1）委员会：进行决策的机构。

（2）职能部门：进行体系建设、决策支持、组织监控和管理服务的部门需要注意的是职能部门的职能要下沉到业务部门中去。例如H公司各部门分别建立了运作管理部和干部部，直接负责本部门的项目管理、成本管理及人力资源管理，行政上对本部门领导负责，业务上归口相应的职能部门。

（3）业务部门：不仅要完成本部门的业务工作，还要完成本部门的管理工作，即执行人力资源、财务管理、质量管理等相关部门在本部门的直接管理工作。

通常职能部门决策权交给委员会进行，支撑委员会日常工作，在委员会休会期间交给职能部门具体执行，主要工作不是替业务部门进行某项业务的管理，而是制定规则、制定流程、制定制度，进行监控。职能体系具体的项目管理、质量管理和人力资源管理统统交给产品线或业务部门自己管理，在这个过程中通常有几个体系：

（1）项目管理体系由项目管理部和各业务运作支持部及各项目经理共同完成；

（2）质量管理体系由质量管理部和各项目的系统级工程师和质量管理部派出的PQA共同完成；

（3）人力资源管理体系由人力资源部和各个序列负责人及产品线运作支持部共同完成；

（4）财务管理体系通常由财务管理部及产品线运作支持部的成本分析经理共同完成。

在此基础上委员会进行决策，职能部门负责体系建设和规划管理，业务部门负责执行。

5. 系统设计与实现相对分离

体系设计在公司解决方案部设计，系统设计在产品线解决方案部设计，项目或产品设计由PDT系统设计师设计，系统实现由各项目成员完成。

设立解决方案部的目的是鼓励公司高手参与规划和设计，保证研发质量。同时让低水平的研发人员从开始积累经验，逐步上升到系统级工程师，进行系统设计。如华为公司，在公司和各产品线设立解决方案部，在PDT中设立系统级工程师岗位，以使系统设计与实现相对分离。

6. 开发与测试和验证分离

产品、技术、项目开发由跨部门的PDT团队负责完成，是否能够进入下一阶段，则由质量和测试部门负责。因此设立独立的测试部门和验证部门可以有效地保证产品的质量，在设计的过程中解决产品的问题。

本章英文缩写与释义

缩　写	全　拼	释　义
KPI	Key Performance Indicator	关键绩效指标
OKR	Objectives Key Results	目标与关键成果法
IPD	Integrated Product Development	集成产品开发
PDT	Product Development Team	产品开发团队
LTC	Leads To Cash	从线索到现金
ISC	Integrated Supply Chain	集成化供应链
ITR	Issues To Resolution	问题到解决方案
LMT	Lifetime Management Team	全生命周期管理团队
PPT	Product Planning Team	产品规划团队
CBB	Common Building Block	公共构建模块
TPBC	Technology/Product/Business/Customer service	技术/产品/解决方案/客户服务

第 4 章

Chapter 4

基于客户分类构建“一客户一产品一策略一财务模型”

建立产品线的目的是回归产品，有利于预算、绩效管理和资源配置，更有利于以客户为中心，但并不是对所有的客户都是统一的策略、卖点和服务，更不是平均配置资源。增量绩效管理要求选择市场容量较大的客户群，在产品平台基础上开发出满足其需求的产品，并进一步根据市场份额和毛利率进行客户细分，针对细分客户设计不同的产品和服务策略及价格策略，进而根据卖点确定产品包，设计服务包、工具包和礼品包的组合，实现“一客户一产品一策略一财务模型一队伍一增量激励”的精细盈利模式，确保获取产品增量的财务成功和确保核心员工获得增量绩效。

本章精华

1. 评估公司和产品线成功的标准是产品的成功，评估产品成功的标准是市场成功和财务成功，评估产品市场成功的标准是客户的市场容量和所占有的市场份额，评估产品财务成功的标准是毛利额，毛利额的计算公式为：市场规模 × 市场份额 × 毛利率 = 毛利额。

2. 并不是客户满意度越高越好，而是要提高优质客户的满意度，不要对低端客户进行过度服务。规划产品时一定要细分和选择客户群，选择市场潜力大、增长率高的客户。规避无价格支付能力，却有时间和精力挑剔产品和服务的客户，否则会耗费大量的机会成本，带不来增量。

3. 根据市场规模、市场份额和毛利率三个要素，客户可以细分为五类：战略客户、大客户、价值客户、利润客户和非利润客户。公司应该首先区分战略客户，然后将战略客户变为大客户，再将大客户变为利润客户和价值客户，守住价值客户，规避不是大客户和战略客户的非利润客户。

4. 企业的客户策略最需要避免的四种情况：

（1）价值客户流失；

（2）大客户无利润；

（3）战略客户总是补贴却变不成大客户；

（4）无利润、无未来的低端客户占比多，需求要定制，需要过度服务。

企业的客户不是越多越好，而应该围绕一个增量市场客户，不断改进产品品质，提高市场份额。通过核心技术创新，提高产品毛利率，聚焦技术突破，做深、做透、做扎实，一定会产生增量。

5. 选择要进入的增量客户群的三要素是：

（1）市场规模大、市场增长率高；

（2）客户需求与公司的能力匹配，公司提供的产品有卖点、有竞争力，并能快速获取市场份额；

（3）毛利率高，能获取财务成功。

6. 能够实现产品市场成功和财务成功的产品开发模式是基于产品平台（V版本），按照细分客户开发不同的细分产品（R版本）：高端客户选择高级配置或定制（M版本），中低端客户选择标准配置不做定制，避免对不盈利的低端客户过度服务，从而实现“一客户一产品一策略一财务模型”，以获取公司增量收益。

7. 应该针对高端客户设计产品和服务模式，针对中低端客户只设计标准化产品，以实现利润的最大化。同时，应该针对客户的问题和痛点结合竞争分析进行卖点设计；卖点包括产品包、服务包，工具包和礼品包的组合。

8. 根据定价策略将产品成本分成四类：采购成本、制造成本、管理分摊成本和内部要求的分摊净利润的成本。针对不同的客户和公司战略需要，对四类成本进行组合，以便设计财务模型，制定价格策略。

9. 研发的首要目标是提高老产品的品质和市场份额，降低成本，而不是一味地开发新产品。

10. 坚决反对开发和生产无独特技术和功能、没有卖点、高成本且低价的产品，这样的产品不解决客户的问题和痛点，对客户无益处，如果仅靠客户关系，反而会伤害客户，得不偿失。

第一节
如何针对细分市场构建产品

◆ 问题思考

1. 评估产品成功的标准是什么？

2. 如何选择要进入的增量细分市场？

3. 卖点设计的四个步骤是什么？

4. 传统的产品开发模式和策略面临什么问题？

5. 如何根据产品平台，面向客户需求，构建面向增量细分市场的产品？

◆ 如何评估产品的成功

企业和产品线的成功归根结底是产品的成功。没有产品的公司是不可能持续发展的，只有实现了产品的市场成功和财务成功，企业和产品线才能可持续发展。

企业应该如何评估产品的成功呢？或者说评估产品是否成功的标准是什么呢？

是产品规模吗？

是市场份额吗？

是技术领先吗？

是产品构建的品牌吗？

是产品质量吗？

回归企业经营的本质，评估产品最终成功的标准是产品的市场成功和财务成功。市场成功包括市场规模和市场份额，而财务成功则主要是指毛利率，三者关联的公式如图4-1-1所示，简称MS三次方。

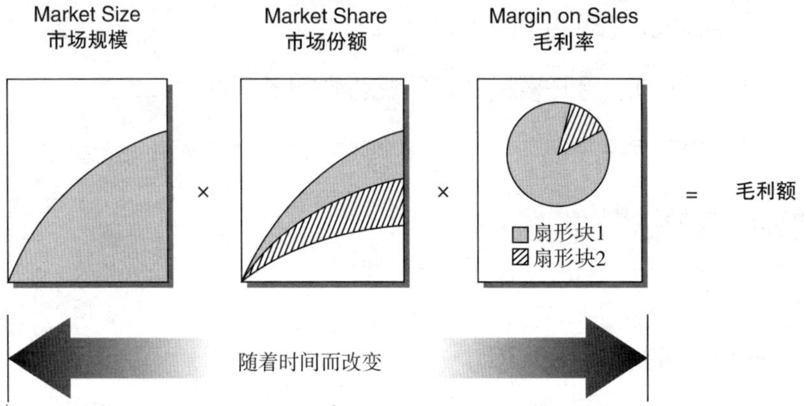

图4-1-1　评估产品成功的MS三次方

当产品设计了服务包和工具包时（互联网+也是一种服务），销售毛利率可延伸为销售毛利率加上服务毛利率复合计算，如图

4-1-2所示，可简称MS四次方。

尤其是针对高端客户，我们要设计出高品质的产品，同时通过服务获取超额的利润。

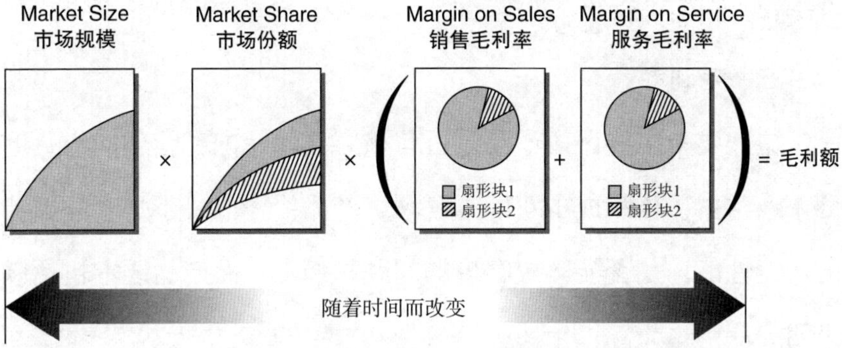

图4-1-2　评估包含服务的产品成功的MS四次方

产品成功的三要素，实质上是一个复合要素，要综合考虑，不能单一而论。

一、市场规模

这一要素主要评估市场容量，市场容量包括市场规模和增长率，可静态或动态计算。

增量绩效管理要求：选择在3 ~ 5年内可持续增长的优质客户，市场规模大且成长性高，最好每年增长20%以上，通常市场规模大且成长性高的市场，又称为战略市场，即战略上要争取的市场，其中市场规模大、增长率高的客户，称为战略客户。

二、市场份额

这一要素主要评估产品的竞争能力，如果产品有竞争力，有卖点，解决了客户的问题和痛点，就能获得较好的市场份额。

增量绩效管理要求：在市场份额上，要分析行业前5名并对标前3名，通常，根据客户对我们的采购额（市场份额）的大小来区分大客户和非大客户。

三、毛利率

这一要素主要评估产品是否有核心技术及内部管理能力，毛利率通常由价格和成本双因素联动，产品价格取决于是否有独特的功能性能，是否能解决客户的问题和痛点，而产品成本包括以下四类：

1. 采购成本；
2. 制造成本；
3. 管理分摊成本；
4. 分摊净利润的成本。

如果产品的价格高、成本低，则产品的毛利率高；如果能获取足够的市场份额，则毛利额较高，就能实现财务成功。

再次强调，以上三个要素是相乘关系，如果三者皆好，这个公司一定是非常有价值的公司。例如苹果公司，其选择的智能手机全球市场巨大，每年增长20%以上，2016年其智能手机市场份额达到30%且毛利率达到45%，因此，苹果公司近两年来市值和股票价格一路攀升（见图4-1-3）。

图4-1-3　为什么苹果公司的市值和股票价格这么高呢?

根据产品成功的三要素，公司在规划和开发产品时不要贪多，而应该先面向一个增量市场将一款产品做深、做透、做扎实。因此企业规划产品的首要任务是选择一个市场规模大且持续增长的细分市场做深、做透，坚持耕耘，形成“烟囱”，占据一定的市场份额。同时，通过核心技术开发和内部产品管理降低成本，不断提高毛利率，企业一定能获得更高的增量收益。

例如，S饲料公司2010年确定了要在三年内实现年收入300亿元、年销量1000万吨饲料的公司战略目标。当时，S公司既做猪饲料又做禽饲料，资源不聚焦，根据推算，猪饲料市场规模有2亿吨，每年增长20%以上；只要市场份额达到5%，S公司就有可能完成1000万吨的目标。因此，S公司决定专注做猪饲料，完成第一个1000万吨，最终S公司实现了目标，获得了产品成功（见图4-1-4）。

图4-1-4　某饲料公司专注猪饲料市场

而有些细分市场，如果市场规模有限，则必须回归产口价值、回归高端产品、聚焦提高市场份额，同时提高毛利率，同样可以获得产品成功。

D公司2006年主营阿胶产品，虽然阿胶产品市场是一个相对封闭的市场，规模不大，但D公司回归产品价值，建立增量绩效管理体系和IPD，塑造文化品牌，大力宣扬该公司的产品价值，提高该公司产品售价的同时内部降低成本，使得该公司的高端阿胶产品毛利率高达75%，市场份额高达30%以上。2012年D公司销售收入虽然只有50亿元，但毛利额达到30多亿元，净利润达到15亿元，年年占据阿胶高端品牌之首，远远甩开了生产低端阿胶产品的竞争对手，为公司构建未来产业链打下了良好的基础。

因此，评估产品成功，要综合考虑市场规模、市场份额和毛利率，而不仅仅看某一要素，甚至只看市场规模这个误区。总而言之，产品规划的首要任务是选择一个市场规模大的市场。当我们选对了一个规模市场后，着手解决客户的问题和痛点，分析竞争对手，设计卖点，获取市场份额和提高毛利率，尤其要加大核心技术投入，彻底摆脱低层次的价格同质化竞争。因此，从另一个角度来说，我们经常强调研发的首要任务是提高老产品的市场份额和毛利率而不是拼命开发新产品和新技术，这才是增量的基础。

回归增量绩效管理的要求，产品规划首先要选择一个持续增长的细分市场，如何选择要进入的增量细分市场呢？资源有限时，先进入哪个增量细分市场呢？

◆ 如何选择要进入的增量细分市场

评估产品成功的标准是市场规模、市场份额和毛利率。因此，为确保产品的市场成功和财务成功，我们首先要考虑的是选择进入一个什么样的增量细分市场？或者说进入一个什么样的市场才能确保产品成功、确保公司可持续增长呢？

定位增量细分市场的标准与评估产品成功的标准是一致的，不一样的是，构成定位增量细分市场标准的要素是动态的，更加关注成长性。

首先，考虑市场的规模和成长性，判断此市场是否有吸引力；

其次，考虑我方的市场份额和能力，判断能否拥有竞争地位；

最后，综合考虑产品的毛利率和内部管理能力，判断能否在此市场获得财务回报。三者结合起来如图4-1-5所示。

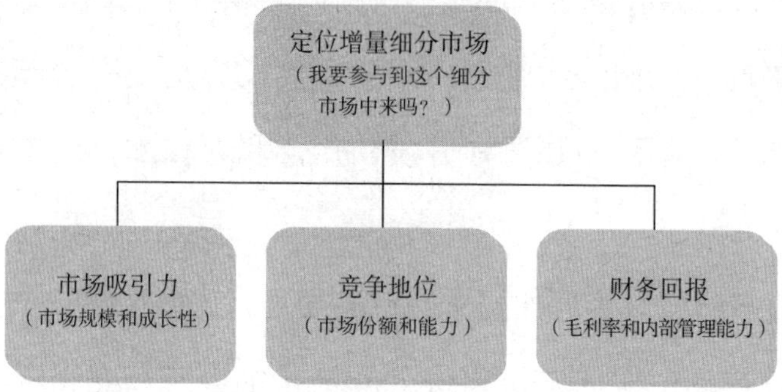

图4-1-5　定位增量细分市场的三个动态要素

例如，我在华为公司担任产品计划部总监，评审产品立项时，我经常会针对这三个要素问七个问题（见图4-1-6）：

（一）市场吸引力

1. 市场规模足够大吗？

2. 市场是成长的吗？

（二）竞争地位

3. 我们的能力足够吗？有核心技术吗？有卖点吗？有核心资源吗？

4. 我们能获取多大的市场份额？三年内情况会如何变化？

（三）财务回报

5. 我们的毛利率高吗？是否是同质化竞争？要打价格战吗？

6. 我们的毛利率能进一步提高吗？

7. 假设我们进入该市场，竞争对手打价格战，价格下降10%，我们还能获得财务成功吗？

先回答几个问题：
1. 市场规模足够大吗？
2. 市场是成长的吗？
3. 我们的能力足够吗？有核心技术吗？有卖点吗？有核心资源吗？
4. 我们能获取多大的市场份额？三年内情况会如何变化？
5. 我们的毛利率高吗？是否是同质化竞争？要打价格战吗？
6. 我们的毛利率能进一步提高吗？
7. 假设我们进入该市场，竞争对手打价格战，价格下降10%，我们还能获得财务成功吗？

图4-1-6　周辉关于产品立项的七个问题

我们进一步来分析这三个动态要素。

第一个动态要素：市场吸引力

市场吸引力通常包括市场规模和市场可成长性。好的细分市场不仅市场规模大，而且三年内或更长时间内可持续增长，并且有显性的刚性需求，三者缺一不可。

如本章案例中的S饲料公司，2010年决定公司在三年之内的目标是做到年收入300亿元、年销量达到1000万吨。当时既可以做猪饲料，也可以做禽饲料和鱼饲料。经过市场吸引力分析：只有猪饲料市场潜力大，2亿吨规模、每年增长20%，而且市场上没有一家公司份额超过10%。S饲料公司决定专注生产猪饲料，S饲料公司也因此轻松跨过了年收入300亿元的大关，为以后的多元化和全产业链发展打下了基础。

通过S饲料公司案例分析，当我们做产品规划、选择细分市场时，不是所选择市场的客户越多越好，而是围绕市场规模大和可持续增长的细分市场和客户做深、做透。需要注意的是，为了培育市场逐步获取份额，市场规模大的细分市场可以先以补贴或促销的方式进入，进而扩大市场份额；市场规模小的细分市场不宜过多进行补贴和促销。这也是互联网行业有些公司失败的原因，互联网行业有些公司不论市场规模大小和可成长性高低，一律烧钱补贴，最终因现金流断裂而导致公司关闭，如图4-1-7所示。

图4-1-7　互联网公司失败的原因

第二个动态要素：竞争地位

市场份额可以评估企业的产品是否有竞争力，评估企业是否了解客户需求，是否能解决客户的问题和痛点，并且针对竞争对手是否有独特卖点可以获取竞争优势。

评估市场份额最重要的是我方产品的卖点，设计卖点首先要考虑我方产品是否有独特的功能和性能可以解决客户的问题和痛点。

如果产品的功能和性能与竞争对手一样，就要考虑产品是否具有易用性好、质量稳定、交付速度快、售后服务好等产品功能和性能外的卖点，甚至针对这些卖点是否要额外设计工具包和服务包。

如果以上卖点与竞争对手还一样，则要考虑公司的渠道、客户关系和品牌是否有优势、有竞争力，甚至还要考虑是否有必要设计礼品包，而不是简单降价。

如果产品无独特的功能和性能，工具包和服务包又没有优势，客户关系和品牌无差异，则属于同质化竞争，最后必须考虑产品的低价策略，如果成本高，无价格优势，则建议退出。

因此，设计卖点时，需要注意的是，并不是所有的客户都关心价格，低价不是唯一卖点；高端客户更关注品牌、独特功能或性能、服务和交付速度；低端客户更关注价格和使用成本。总体来讲，设计卖点分为四个象限和四个步骤，如图4-1-8所示。

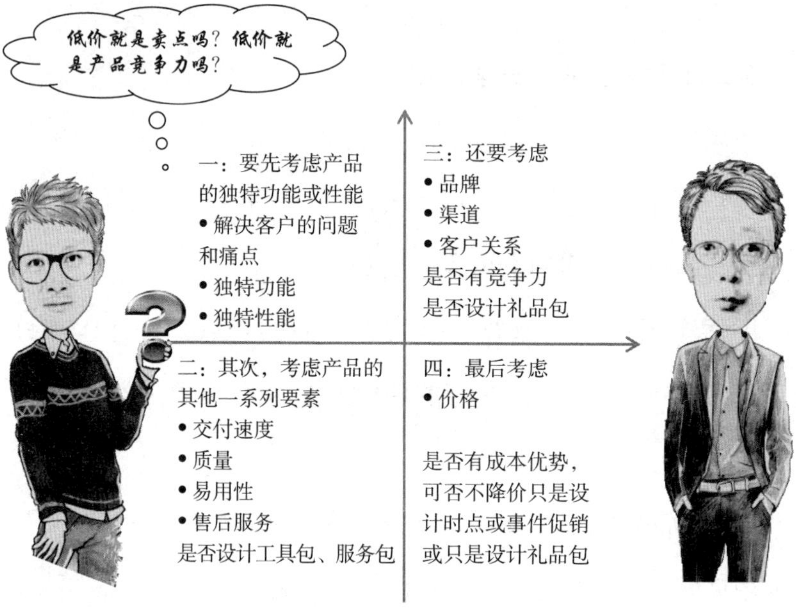

图4–1–8　周辉卖点设计的四个象限和四个步骤

融智公司坚决反对开发和生产无独特技术和功能、没有卖点、高成本且低价的产品，这样的产品对客户无任何益处，如果仅靠客户关系，反而会伤害客户，得不偿失，只有产品有卖点，才能占有市场份额。

因此，H公司产品立项评估是否通过的一条标准是：要求在一定时间内，该款产品的市场份额必须达到10%，毛利率必须达到50%，否则无条件中止。美国通用公司（GE）要求所有产品的市场份额必须做到行业前三名，否则无条件中止。

考虑市场份额时，不仅要考虑竞争对手，设计卖点，还要考虑竞争激烈、行业成熟时期，小厂商会逐步被淘汰而留下空白的市场份额。因此针对一些市场容量较大的市场，行业成熟期反而是行业前三名提高市场占有率的有利时机，可以进一步扩大市场份额，这也是近年来格力空调和美的空调的市场份额和股价为什么增长较快的原因。

近些年随着小厂商经营不善而逐渐退出，格力空调和美的空调的市场份额稳步增长，销量增大，毛利率上升，逐步走向了市场和财务成功，格力空调的市场份额由15%上升到20%以上。这种情况说明在行业走向成熟时，小厂商会不断地退出，前三名厂商最终会由于市场份额增大，销量加大而使成本进一步降低，毛利率进一步提升，如图4-1-9所示。

图4-1-9　为什么我们还要提高市场占有率

第三个动态要素：财务回报

毛利率由外部价格和内部成本决定，价格越高，内部成本越低，毛利率越高。

为了提高产品的价格，我们首先要构建核心技术和产品货架平台，针对不同的细分客户设计不同的产品品类，制定不同的价格策略；然后，要进一步进行客户细分，将客户分为高端、中端和低端消费客户。

高端消费客户关注独特功能、服务、交付速度和品牌，价格是次要因素，针对高端消费客户，我们要设计出高品质的产品，同时通过服务获取超额的利润。

而中低端消费客户更关注价格，因此，我们应该在保证产品的基本功能和品质的条件下，通过规模和量的积累降低产品综合成本。降低综合成本包括降低产品内部成本和降低管理费用比例；产品内部成本包括产品的研发成本、采购成本、制造成本和技术服务成本；降低管理费用比例包括减人、增效和降低分摊比例，有些硬件级设备公司还要提高库存周转率，降低财务费用，如图4-1-10所示。

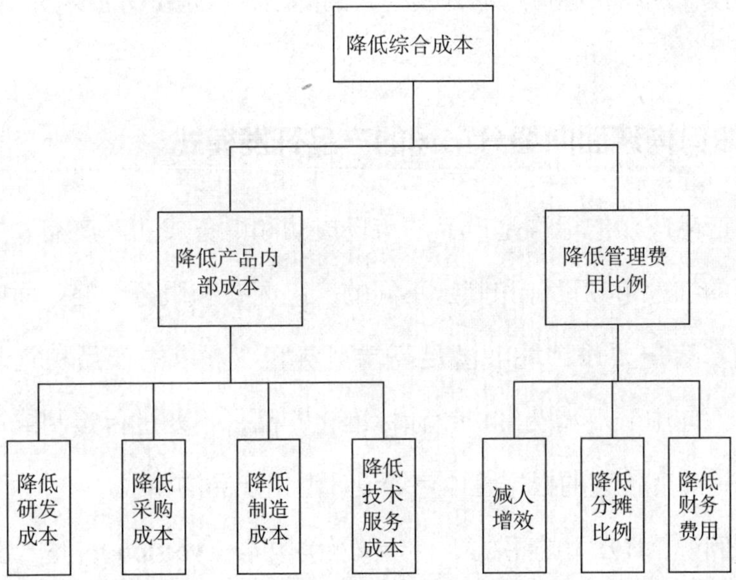

图4-1-10　如何降低综合成本

例如，F公司生产电动车，2016年首先通过模块标准化建设，提高零部件的共享率，降低研发成本；同时，通过产品的标准化带来量的上升，同步降低了采购成本和制造成本。由于公共模块共享率大幅提高，质量问题明显减少，成本降低了10%，毛利率提升了10%，所以增量利润大幅提升。

因此，一个好的产品应该针对不同的细分客户设计不同的细分产品，才能获取超额的利润。针对中低端消费客户设计标准产品获取规模，针对高端消费客户设计高端产品和服务获取利润，以实现产品的市场成功和财务成功。

这就涉及如何构建核心技术和产品货架平台，面向细分市场客户设计产品，选择产品开发模式的问题，这是IPD的核心思想。

◆ 如何构建面向细分市场的产品开发模式

产品成功的标准是产品的市场成功和财务成功。产品要根据不同的细分市场设计和制定不同的产品配置和服务策略。面向高端消费客户要设计能够满足高端消费客户需求的产品和定制服务，面向中低端消费客户设计标准化产品，不要进行定制或过度服务，改变传统的根据整体市场设计通用产品的模式。

例如，H公司的手机平台定义为V版本（Version），是一些技术元素的组合，包括射频模块、摄像头、大容量内存、智能软件等，是研发概念的产品，不对外销售，主要是解决技术问题和提高产品模块的成熟度，并支持独特的功能和技术卖点，可理解为构成产品元素集合的技术货架。而对外销售的手机，即面向各个细分市场的手机，在H公司内部定义为R版本（Release）。不同的细分客户在共享手机平台的基础上，由不同的技术元素和功能元素构成，价格、销售渠道和终端都不一样，确保面向高、中、低端消费客户都有产品销售。同时，面向高、中、低端消费客户，针对每一个R版本设置不同配置的M版本（Modification），解决各类消费客户的配置问题，获取机会窗利润。

因此，为了获取产品的市场成功和财务成功，企业要从面向通用市场的产品开发模式转向以共享平台为核心，面向细分客户群设计不同的产品，针对高端客户设计更高配置和定制服务的产品开发模式。

传统的产品开发模式为开发一款通用产品，面向一个总体市场。如早期的D公司，只有阿胶块这款产品，面向阿胶整体市场，销售收入一直未突破10亿元；其开发流程是根据技术开发产品，再建立渠道进行销售和服务，不关注客户细分和需求分析；其开发模式如图4-1-11所示，其开发流程如图4-1-12所示。

这种模式适应产品短缺、无竞争的时代。针对所有客户统一产品，统一价格，统一服务；当产品有核心技术、有卖点、无竞争对手时，这无疑是能带来增量绩效最好的模式。

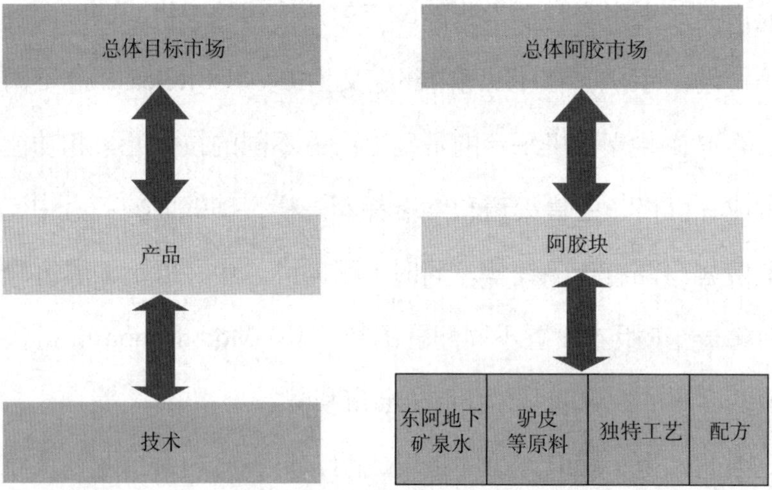

图4-1-11　传统的产品开发模式

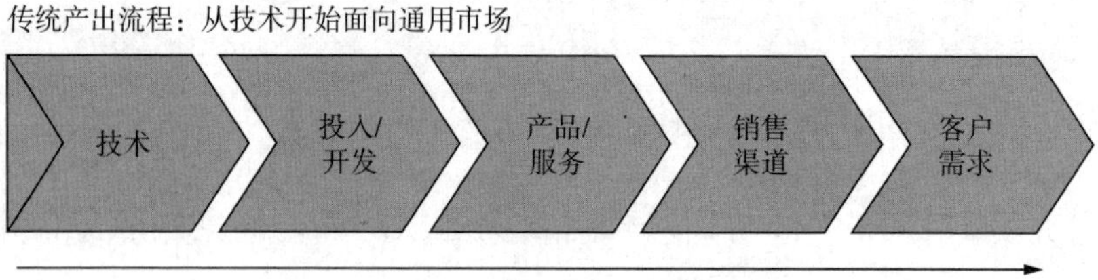

图4-1-12　传统的产品开发流程

但是当面临竞争时，或者客户的预算不一致时，这种模式可能要么失去高端客户、无利润，要么失去中低端客户、无规模，最终在每一个细分市场都被竞争对手击溃。

如何实现产品的市场成功？如何让一个通用产品既能面向高端客户又能面向中低端客户？这时候就有必要对产品开发模式进行改革。好的产品开发模式是研发构建产品平台或产品元素的集合货架，根据客户的需求面向不同的细分市场开发不同的产品，其功能和配置有区别，价格有隔离带。

回到上述案例，H公司的手机开发首先要规避低端消费市场，不做低端手机，主要做智能手机。其智能手机针对消费者的消费能力、IT能力和职位身份的高低及消费价值观设计出针对高端市场、中高端市场、中低端市场的系列产品，如图4-1-13所示。

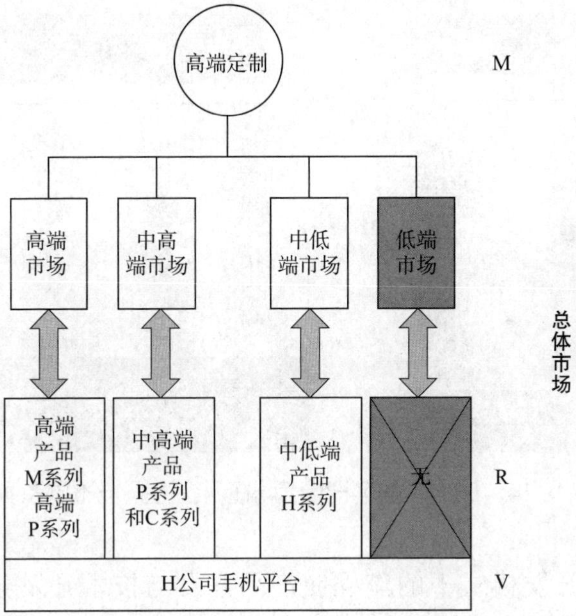

图4-1-13　H公司手机平台

而D公司阿胶产品在2006年的市场份额为70%，当竞争对手的产品进入市场后，D公司的市场份额降到了30%。如何保证该产品的市场份额，保证高端市场不受侵蚀而又能在低端市场保持规模呢？D公司采取了将阿胶当作产品平台（V版本），面向细分市场开发各种细分产品（R版本），在R版本的基础上面对高端客户做定制版本（M版本）。因此，D公司实现了面向细分市场的产品开发模式，V版本提供了产品平台，体现核心竞争力，R版本要规模，M版本要利润，如图4-1-14所示。关于V版本、R版本和M版本的定义详见《产品研发管理》第一章。

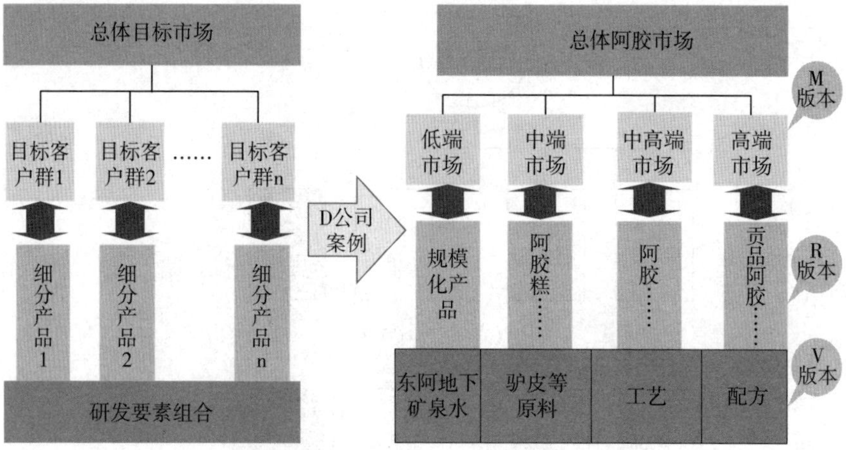

图4-1-14　D公司面向细分市场在平台上开发不同系列产品

这种开发模式下的流程使产品开发与技术开发分离，技术开发先做成货架，形成产品平台，细分成一个个开发要素，根据不同的细分市场就像搭积木一样开发各种产品，其产出流程如图4-1-15所示，其产品结构如图4-1-16所示。

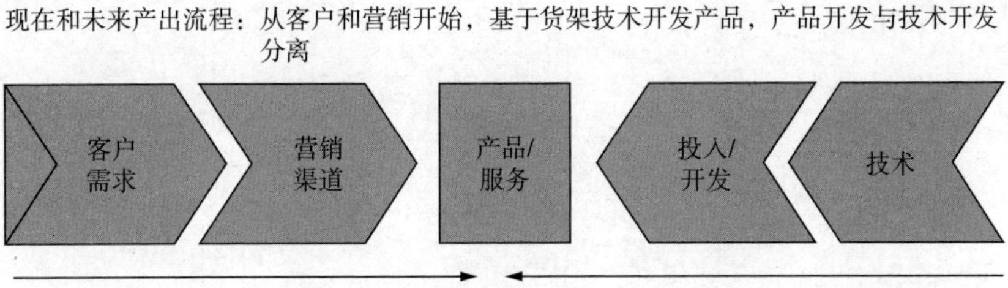

图4-1-15　现在和未来产出流程

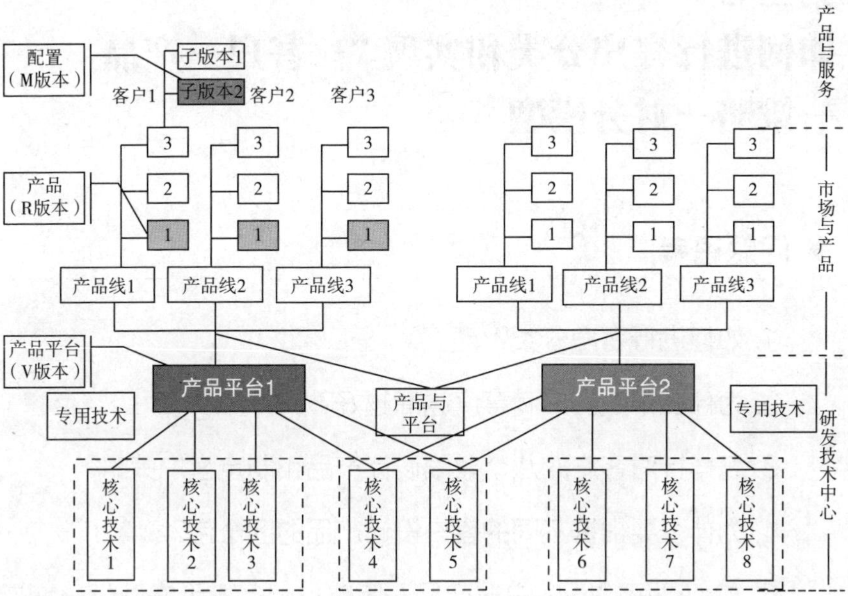

图4-1-16　融智公司VRM产品结构图

当实现了产品平台，面向细分客户提供产品后，如何针对客户进行分类，如何针对高端客户进行定制服务，如何实现“一客户一产品一策略一财务模型一队伍一增量激励”精细盈利模式就是我们要考虑的问题了。

第二节
如何进行客户分类和实现“一客户一产品一策略一财务模型”

◆ 问题思考

1. 如何进行客户分类?

2. 为什么不是客户满意度越高越好?

3. 怎样针对客户的八个象限设计产品和制定客户策略?

4. 为什么要根据不同的客户设计产品的四个包?

5. 如何理解“一客户一产品一策略一财务模型一队伍一增量激励”?

◆ 如何针对细分市场进行客户分类

当我们决定进入一个细分市场后，针对细分市场中的客户，按照市场规模和增长率，可以分为战略客户和非战略客户；根据对我们采购额（市场份额）的大小，可以分为大客户和非大客户；根据毛利率的大小，可以分为利润客户和非利润客户；既是战略客户，又是大客户，也是利润客户，则定义为价值客户；针对不同的客户，策略是不同的。客户分类如图4-2-1所示。

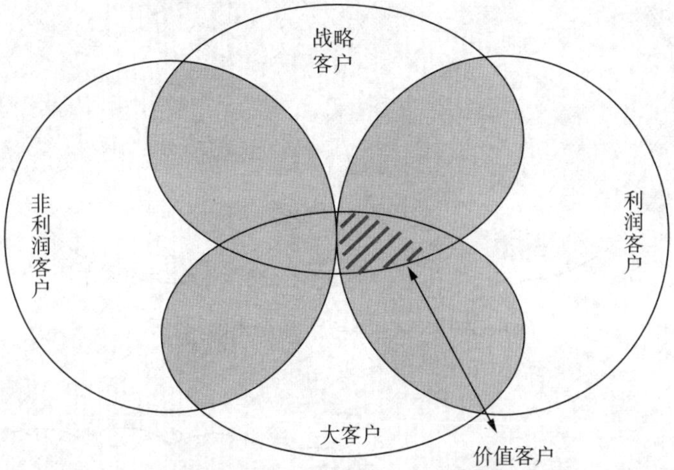

图4-2-1　周辉客户分类模型

客户分类是所有公司管理的基础，并不是所有客户的满意度都要很高；以客户为中心，更精确地说是以价值客户和大客户为中心，这两类客户的满意度都要很高；有些低端、无刚性需求、毛利率低的客户，甚至要降低满意度，不要做过度服务。

如何进行客户细分呢?

1. 首先，按照毛利率分为利润客户和非利润客户，如图4-2-2所示。

例如，H公司将毛利率低于50%的客户定义为非利润客户（见图4-2-3），而S饲料公司将毛利率低于8%的客户定义为非利润客户。

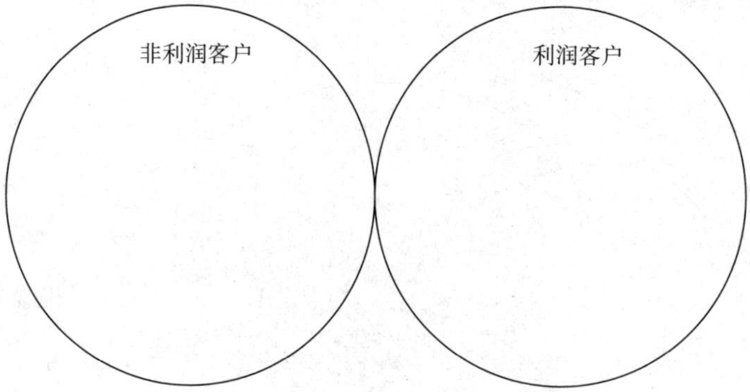

图4-2-2 利润客户和非利润客户

图4-2-3 H公司案例分析

2. 第二步，按照市场规模和增长率分为战略客户和非战略客户。战略客户指市场规模大、增长率高的客户（见图4-2-4）。

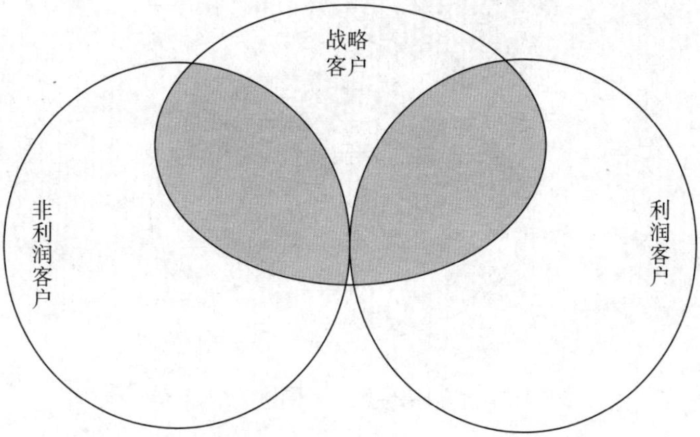

图4-2-4　利润客户、非利润客户、战略客户

例如，某饲料公司将拥有50头母猪以上的养殖户定义为战略客户，而H公司将各省投资超过50亿元以上的移动公司定义为战略客户。

3. 第三步，按照客户与公司的采购额（市场份额）分为大客户和非大客户。

例如，S公司将一个把20%以上的采购额交给该公司，并且是公司前两名供应商的客户定义为公司大客户。F公司将给公司贡献2000万元以上收入的门店和贡献1亿元以上收入的连锁店，并且是公司前两名供应商的客户定义为公司大客户。

4. 根据以上三种分类的组合，如果既是战略客户，又是大客户，也是利润客户，则定义为价值客户（见图4-2-5）。

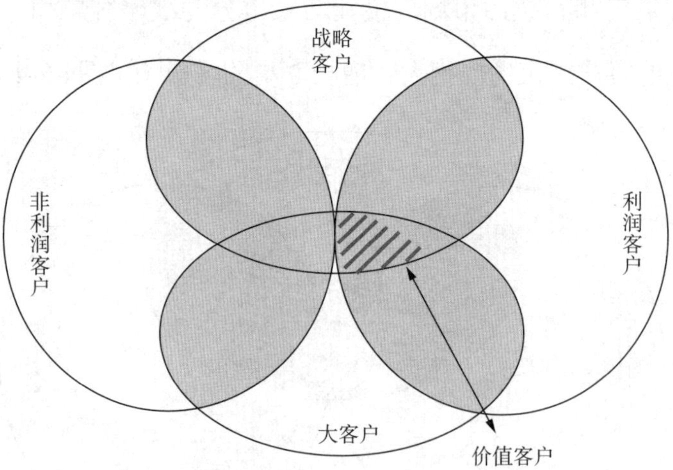

图4-2-5　价值客户

针对以上客户分类，客户不同，满意度也相对不同，并不是所有的客户需求都要满足（见图4-2-6）。

如何满足客户的需求，客户满意度是越高越好吗（见图4-2-7）？

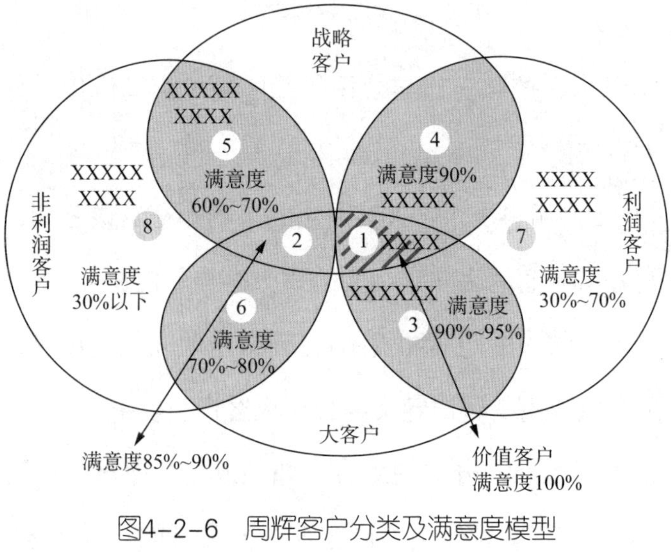

图4-2-6　周辉客户分类及满意度模型

第一，针对第一象限的价值客户，客户的满意度越高越好，所有的需求都要满足。尤其要主推高毛利的核心产品和新产品，其满意度必须100%。

第二，针对第二象限非利润的战略大客户，则必须满足其对高毛利产品的需求，如果是低毛利的产品需求则要降低满意度。要主推公司的高毛利的核心产品。

第三，针对第三象限非战略的利润大客户，针对老产品则不能降价、不能促销。要主推新产品，要满足新产品、新市场领域的需求，因此其满意度可以在90% ~ 95%之间。

第四，针对第四、五象限客户则必须满足其对公司规模化的产品或核心产品的需求，以使第四、五象限客户能转成第二象限客户，甚至能直接转成第一象限客户。第四象限的客户满意度可以到90%，第五象限的客户满意度可以在60% ~ 70%之间。

第五，针对第六象限既不是战略客户，又不是利润客户，又对公司比较认可的客户，要主推高毛利的产品，让其先变成第二或第三象限客户，再转变成第一象限客户，其满意度要控制在70% ~ 80%之间。对于阻拦对手的低毛利产品有需求的第六象限的客户，建议不要再推此类产品，其需求无须满足。

第六，针对第八象限客户，则不需要过度服务，只需要完成阻拦对手的任务，其满意度也不要超过30%。

第七，针对第七象限客户，则酌情处理，其满意度介于30% ~ 70%之间。

图4-2-7　客户满意度是越高越好吗？

◆ 如何实现“一客户一产品一策略一财务模型”

如上节所述，针对客户的五种分类，我们将客户分为八个象限客户（见图4-2-8）。如何针对各象限客户设计产品包、礼品包和工具包？如何进行产品组合？如何针对不同的客户制定不同的定价策略？

首先我们要根据产品的内部成本进行产品的成本分析，产品的成本包括以下四类：

1. 采购成本；

2. 制造成本；

3. 管理分摊成本；

4. 分摊净利润的成本。

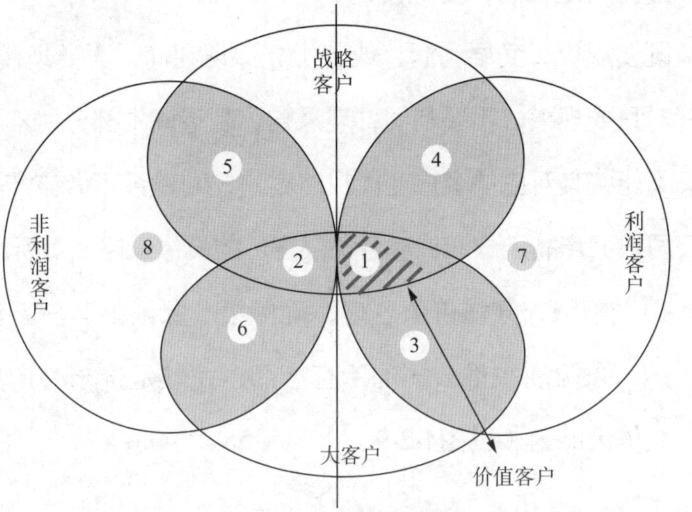

图4-2-8　五类八象限周辉客户分类模型

当以上的产品成本分析完，如果产品的定价策略只涵盖1和2类成本，则作为阻拦对手的要规模产品，产品定位为：要规模，不要利润。当产品的定价策略涵盖1、2和部分3类成本的时候，公司要求分摊一定的管理成本，产品定位为：保持一定规模，要利润。当公司分摊1、2、3和部分4类成本的时候，产品定位为：保持一定利润，要规模。当公司必须分摊1、2、3和4类成本的时候，产品定位为：既要利润，又要规模，或者优先保证利润，再要规模。

因此，从财务成功的角度看，产品有四种定位：

1. 不要利润，只要规模；

2. 保持一定规模，要利润；

3. 保持一定利润，要规模；

4. 既要规模，又要利润，或者优先保证利润，再要规模。

针对只要规模，不要利润，连采购、制造成本都分摊不了的产品，又不能将其对应的客户变成战略客户，则建议不做该产品。因此，公司根据产品定位，针对各象限客户的具体策略如下所述。

1. 第一象限，守住价值客户，确保第一象限的客户不流失，因此，第一象限要主推公司的所有产品，尤其是推核心产品、新产品，具体策略为（见图4-2-9）：

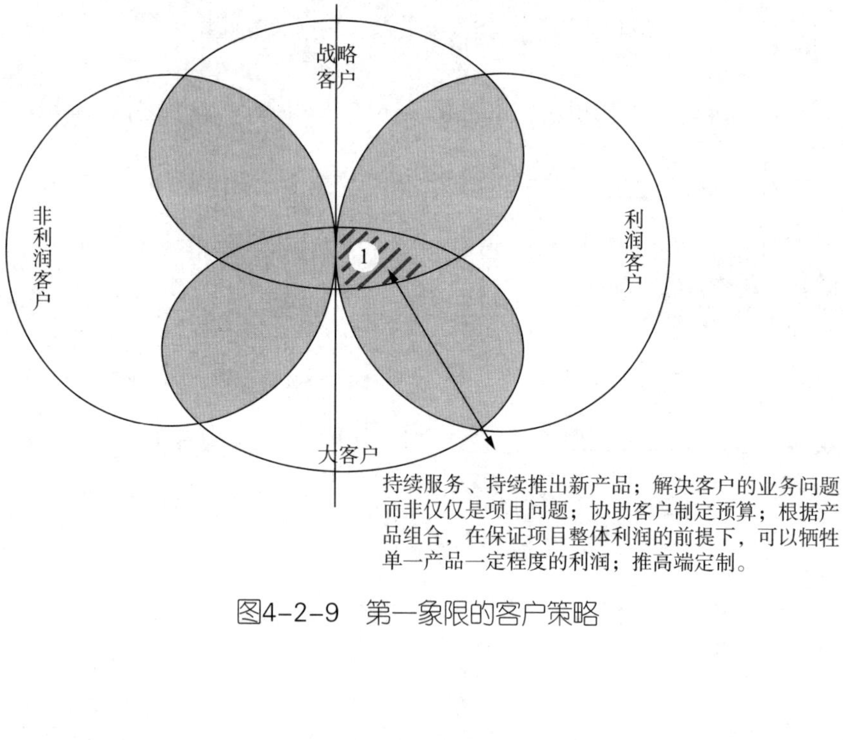

图4-2-9　第一象限的客户策略

- 持续服务、持续推出新产品；
- 解决客户的业务问题而非仅仅是项目问题；
- 协助客户制定预算；
- 根据产品组合，在保证项目整体利润的前提下，可以牺牲单一产品一定程度的利润；
- 推高端定制。

2. 第二象限，将大客户转变为利润客户，将第二象限的客户转变为第一象限客户，具体策略为（见图4-2-10）：

- 开发高毛利的产品；
- 进行解决方案的组合；
- 加强高端服务；
- 禁止推低毛利产品。

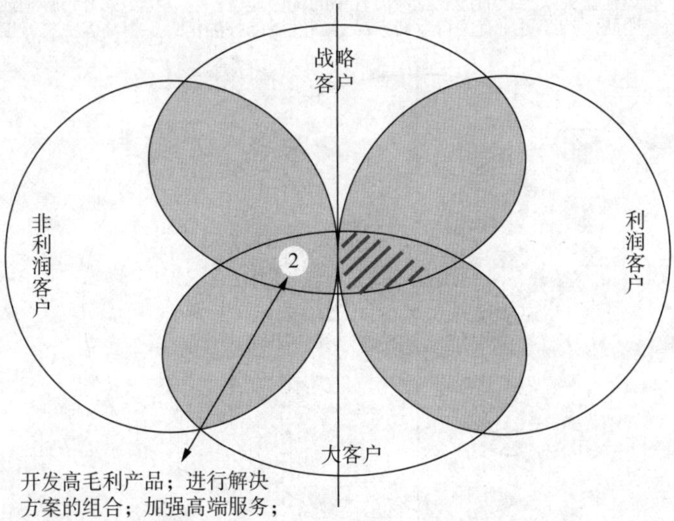

图4-2-10　第二象限的客户策略

3. 第四、五象限，发现战略客户，将战略客户转变为大客户直至价值客户，即将第四象限和第五象限客户先转变为第二象限客户，然后转变为第一象限客户，或者直接转变为第一象限客户，具体策略为（见图4-2-11）：

- 主推公司的核心产品、规模化的产品；
- 客户诉求分析，了解客户对主要供应商的看法和选择供应商的维度，明确公司的竞争定位；
- 与采购决策者或评标委员会成员建立关系，从而形成竞标流程中的优势地位；
- 建立稳定的客户经理或客户关系团队，持续更新有关行业新产品、新发展趋势的信息，提高客户忠诚度。

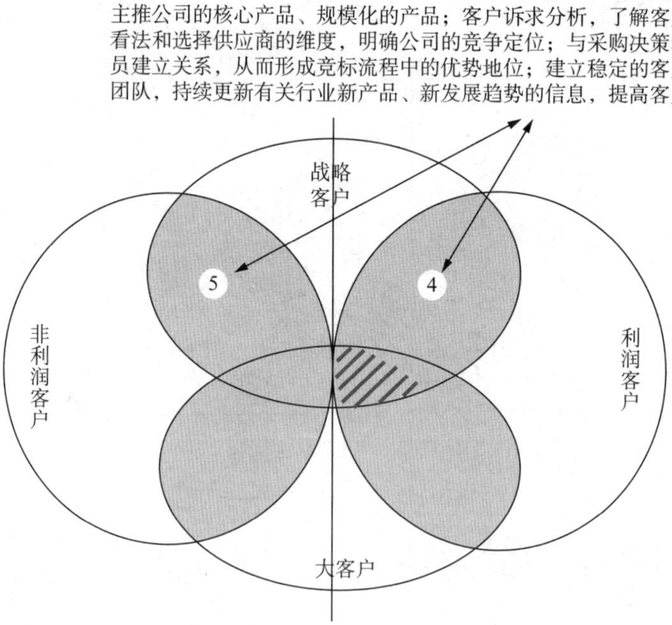

图4-2-11　第四、五象限的客户策略

4. 第三、六象限，扩大老产品的市场，开发高毛利的产品，让第六象限客户先变成第三象限客户，再变成第二象限客户，进而转变为第一象限客户（见图4-2-12）。

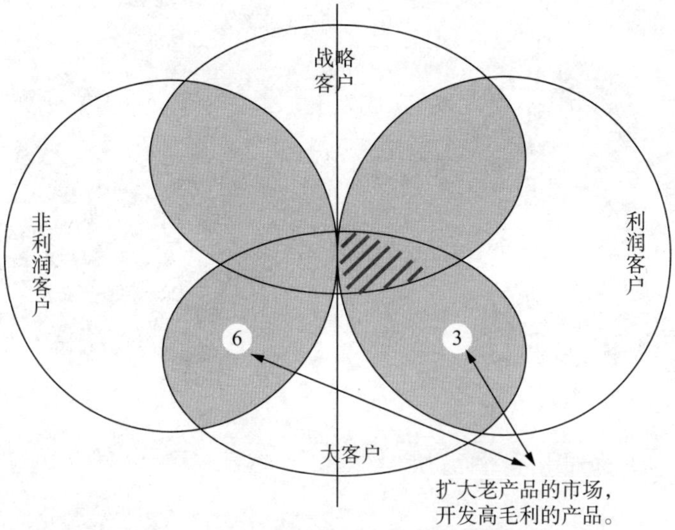

图4-2-12　第三、六象限的客户策略

5. 第七、八象限，放弃不是战略客户和大客户的非利润客户，即放弃第八象限客户，针对第七象限客户尽量开发能够满足市场应用需求的产品。

企业应该针对八个象限的各类客户设计不同的产品配置和服务，确保产品的市场成功和财务成功。产品分为产品包、服务包、工具包和礼品包，针对不同的客户采取不同策略，如图4-2-13所示。

图4-2-13　S公司是怎样做到“一客户一产品一策略”的

根据以上客户策略，S公司将养殖50头母猪以上、市场份额占到20%、毛利率高于8%的客户定义为价值客户，针对价值客户不仅提供产品，还提供工具包（自动配料机、栏舍改造）和服务包（金融服务、送货上门、驻场养猪辅导），还赠送礼品包。通过产品组合满足客户需求，努力提高客户满意度，最终实现“一客户一产品一策略一财务模型一队伍一增量激励”的精细盈利模式。

表4-1-1　周辉产品四个包与客户五种类别组合表

产品		利润客户			非利润客户	
		价值客户	大客户	战略客户	大客户	战略客户
产品包	单品1	√				
	组合1	√				
	……	√				
服务包	技术服务	√				
	金融服务	√				
	其他服务	√				
工具包						
礼品包						

由于客户分为五类，产品分为四个包，针对不同的客户将四个包进行组合（见表4-1-1），这样就形成了“一客户一产品一策略”，同时，会涉及财务成本分摊、区分激励对象和客户管理节点，以上六个环节衔接起来，就会形成针对不同客户的增量策略，即实现“一客户一产品一策略一财务模型一队伍一增量激励”，其中“一财务模型一队伍一增量激励”将在后续章节继续阐述。

本章英文缩写与释义

缩　写	全　拼	释　义
V版本	Version	产品大版本
R版本	Release	细分客户群版本
M版本	Modification	客户定制版本
MS三次方	Market Size/Market Share/Margin on sales	市场规模/市场份额/销售毛利率
MS四次方	Market Size/Market Share/Margin on sales/Margin on Service	市场规模/市场份额/销售毛利率/服务毛利率

第 5 章

Chapter 5

如何制订三年规划、年度计划及设计增量目标和构建开放式预算及组织KPI

目标规划、一级预算和组织KPI的制定，必须联动。通过规划明确增量目标，并寻找增量路径，确定增量战略控制节点；通过开放式预算按增量比例配置预算，明确组织KPI，并分层分级进行分解；尤其是增量战略控制节点，必须在预算及核心资源配置和增量激励上倾斜，以实现“一客户一产品一策略一财务模型一队伍一增量激励”的精细盈利模式，确保企业战略落地。同时针对未来的核心技术、新产品和战略客户设立战略投入，以确保企业可持续发展。

本章精华

1. 公司的目标规划不是简单地由公司CEO和职能部门及规划部决定，而是先明确一个总体规划作为增量财务目标，逼迫大家寻找支撑实现目标的增量市场和客户群，再根据此客户群规划确定是否有产品支撑，根据产品线规划确定区域规划和技术及CBB规划，并根据区域规划和技术及CBB规划确定人力资源规划和能力建设及管理改进规划，形成七个相互支撑的规划以实现规划的闭环落地。

2. 目标规划、路径分解、预算和组织KPI内容设计是一个“W”形的迭代过程，要求先分析增量战略机会，确定目标，再明确路径，聚焦资源配置，并将目标分解到组织KPI，明确一级预算，解码分解直至战略控制节点，是一个不断迭代循环的过程。

3. 规划制订的“W”形过程包括四个阶段：

（1）第一阶段：找机会、找增量、找路径；

（2）第二阶段：定目标、定预算、定战略控制节点；

（3）第三阶段：定组织KPI、定绩效、定节点预算和KPI；

（4）第四阶段：定KCP、定战略投入。

4. 一级预算和组织KPI要由总体规划和产品线规划及客户群规划产生，责任主体是产品线和营销部门，而不是财务和规划部门；预算的原则不是均衡分配资源，而是要针对增量机会“济富杀贫”，聚焦在投入产出效率最高、最需要资源的地方。

5. 客户群规划和产品线规划是承上启下的规划，是所有规划中的重中之重，更是明确“一客户一产品一策略一财务模型一队伍一增量激励”的具体匹配策略的分解中枢。

6. 预算要分为两类三级：两类指产出预算和部门预算，其中产出预算又分为三级，公司为第一级，产出线（产品线和营销）为第二级，产出节点为第三级，部门预算由节点预算汇总形成。

7. 预算的首要目的不是控制成本而是提高投入产出比，要建立开放式的预算，公司对产出部门定比例和增量计算公式，而不是定具体数值。

8. 无论公司业绩如何，在预算中核心员工收入必须增长。员工收入增长并不一定会带来人力成本的增长，人力成本增长与毛利额和净利润的增长挂钩，不管人力成本是否增长，核心员工的收入必须增长。当企业的毛利额不增长的时候，企业必须减员，给核心员工加薪，以实现“减人、增效、加薪”的经营宗旨。

9. 预算评审不仅要评业务，还要评实现路径和关键资源的投入，而不是简单的玩财务数字游戏。

10. 在预算中必须针对增量战略控制节点和未来有潜力的增量战略客户设立战略投入，可进行当年费用的战略补贴，预支预借；针对非战略控制节点、非战略客户和非大客户，不允许设立战略投入。

第一节
增量目标规划和开放式预算及组织KPI制定流程

◆ 问题思考

1. 传统目标规划和预算及组织KPI制定面临什么问题?

2. 增量目标规划和预算及组织KPI制定为什么要分为两个流程?

3. 增量目标规划为什么分成7个子规划联动?

4. 增量目标规划的制订和开放式预算内容的确定为什么是一个“W”形的迭代过程?

5. 为什么增量目标规划和开放式预算及组织KPI要联动进行?

6. 为什么产品线规划和客户群规划对增量路径设计最重要?

7. 为什么年度计划一定要明确一级预算和组织KPI ?

◆ 传统目标规划和预算及组织KPI制定面临的问题

很多公司的目标规划由规划部和业务部门负责，传统预算的责任部门在财务部，绩效的责任部门在人力资源部；传统规划只做简单的任务划分，负责寻找战略机会，不做客户细分，不分析客户的投资和预算，不分析增量；传统预算在假定目标任务的基础上进行封闭式预算，组织KPI与个人IPI混淆且绩效孤立地由人力资源部进行考核。公司如此操作，就会导致如下问题：

1. 由于不进行客户细分，不进行客户投资分析，不从增量市场和增量客户出发，只考虑目标任务的制定，规划要么变成统计，要么高高在上、虚无缥缈，无法明确完成目标任务的路径，无法关注增量客户的需求，无法实现“一客户一产品一策略一财务模型一队伍一增量激励”精细盈利模式，导致增量目标无法实现，公司发展停滞不前。

2. 规划流程只注重运行和监控，不重视内容的制定，没有一个内容制定的路径分析和“W”形迭代过程，导致规划与计划脱节，内容空虚，更没有增量路径的概念。

3. 不分析增量机会点，不分析客户需求，均衡分配资源，不聚焦投入产出比最好的业务和产品，不向增量大的产品和客户群倾斜资源，不针对增量市场和增量客户设计增量策略。

4. 三年规划、年度计划、预算和组织KPI相互割裂，规划、预算和KPI不分级，预算面向部门，而不是面向产出，不做客户群和产品线的规划和预算，不针对具体增量客户设计倾斜策略。因此会导致部门之间争夺资源，无法体现以产品为核心、以价值客户为中心的战略思维模式。

5. 客户群规划与产品线规划混在一起，不相互咬合，不分析分歧部分，甚至没有客户群规划，只简单进行产品与技术规划，找不到增长点，从而使以优质客户为中心实现“六个一”精细盈利模式成为一句空话。

6. 人力资源规划和能力建设及管理改进规划不与业务结合，不在客户群与产品线规划制订后进行，为管理而管理，为招人而招人，不与具体产品和客户策略匹配，不支撑增量业务的发展。

7. 路径寻找和规划与KPI制定不分开进行，导致由于害怕考核而不去寻找增量机会或隐瞒增量机会。

8. 对未来战略增长点、核心技术和核心产品及战略客户群，不进行战略投入，导致未来无增量；对老产品、非战略控制点和非大客户，不减少费用，导致平均分配资源。

9. 增量战略控制节点不做预算，不做规划，不分解，导致目标规划和预算无法落地。

……

有什么办法解决这些问题呢？尤其是如何让目标规划与一级预算和组织KPI关联，让增量机会获取更多的预算和资源投入，针对明确的战略路径和战略控制节点，大胆设置战略组织KPI和投入核心资源，明确“一客户一产品一策略一财务模型一队伍一增量激励”的精细盈利模式，确保实现增量目标呢？

◆ 增量目标规划和开放式预算及组织KPI制定的运作管理流程

增量目标规划和一级预算及组织KPI的制定是关联的一个整体，分为运作管理和业务执行两个流程，其中运作管理流程由战略规划部或市场部或公司运营部负责监控，业务执行流程则由各业务板块分别执行，相互迭代完成，以确保规划的分级匹配和可执行、可考核及资源配置的合理性，建立针对增量市场和增量客户的“一客户一产品一策略一财务模型一队伍一增量激励”的精细盈利模式，确保实现增量目标。

运作管理流程业界统称“五步四定七规划周辉增量绩效模型”，包括五个步骤，分为七个规划，要确定四个关键内容，如图5-1-1所示。

五个步骤为：

第一步：现状和战略趋势分析；

本步要完成战略目标对标，分析与竞争对手的差距，识别增量市场和增量机会，明确战略定位。

第二步：制订三年规划；

三年规划要完成总体规划初稿，包含年度计划初稿和七个规

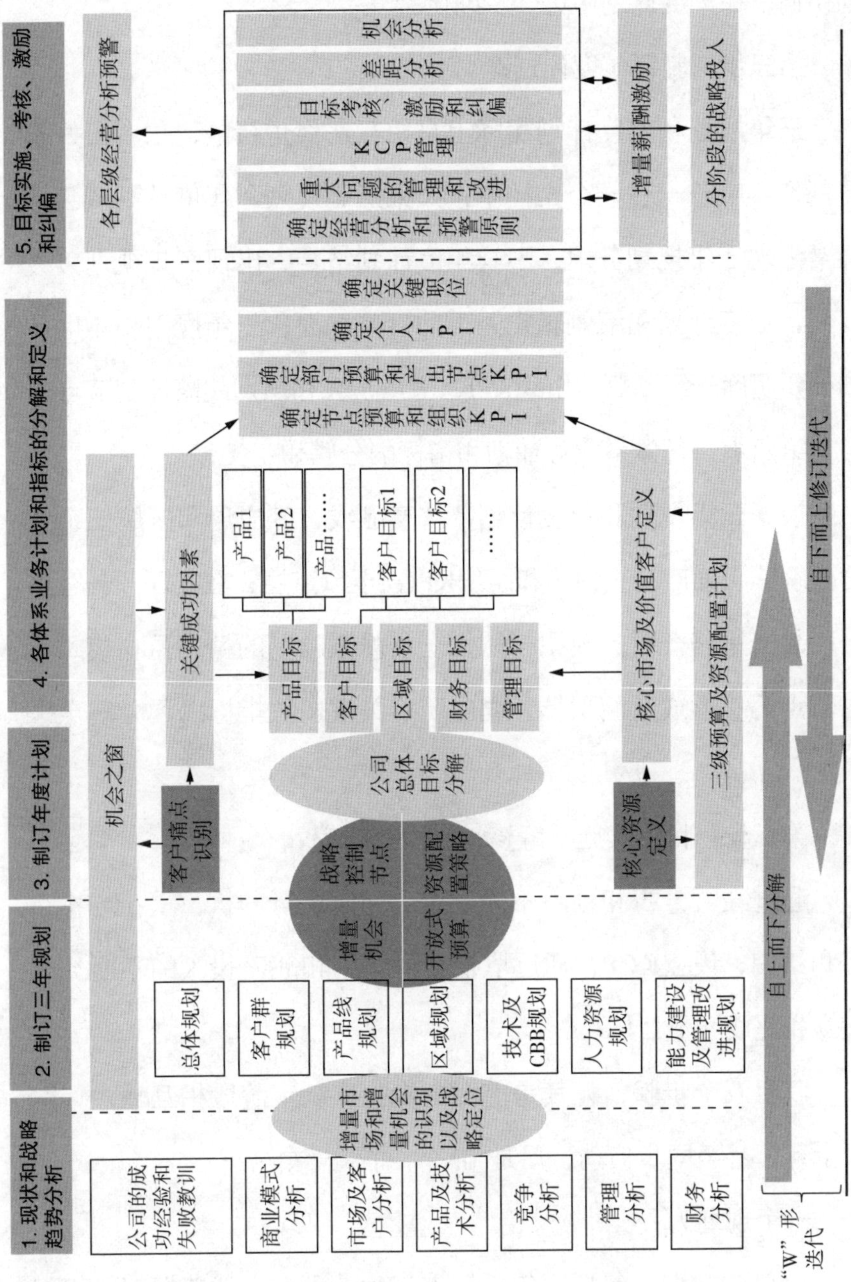

图5-1-1 五步四定七规划同辉增量绩效流程

划初稿，在年度计划中进一步细化。

第三步：制订年度计划；

三年规划和年度计划实际上是相互迭代进行的，二者最好不要割裂，应统一在一个文档中；如果三年规划和年度计划割裂，经常出现三年规划务虚，不与年度计划结合，出现三年规划轰轰烈烈，年度计划和绩效鸦雀无声的衰减局面；三年规划和年度计划都要明确一级预算、组织KPI、增量机会和识别战略控制节点。

第四步：各体系业务计划和指标的分解和定义；

根据三年规划和年度计划，按产品线、客户群和区域三个维度分解，明确产品线预算和组织KPI直至节点层；在实现“一客户一产品一策略一财务模型一队伍一增量激励”的精细盈利模式下由节点汇总形成部门预算，同时明确关键职位指标以便分解至个人IPI。

第五步：目标实施、考核、激励和纠偏。

通过经营分析和预警不断对重大问题进行分析，重新寻找路径和纠偏，设立KCP，通过增量薪酬激励和战略投入的不断补充设立和完成增量目标。

以上五个步骤，尤其是前四个步骤在制定阶段相互输入，迭代上升，甚至同步启动，只是结束时间不一致。

七个规划为：

1. 总体规划：包括三年规划和年度计划，由战略框架、组织

KPI和一级预算构成，包含资源聚焦原则、战略控制节点和财务指标演进规划，可分为初稿和定稿，初稿要扩张，定稿要聚焦。

2. 客户群规划：根据客户投资分析，明确客户细分，客户分类，明确如何守住价值客户，如何将战略客户转为大客户，如何将大客户转为利润客户和价值客户，如何规避增长不大的客户，并明确对产品规划的需求。

3. 产品线规划：要针对产品进行定位，核算产品的四类成本（采购成本、制造成本、管理分摊成本、分摊净利润的成本）；同时明确哪些产品要利润，哪些产品既要利润又要规模，哪些产品只要规模，并将产品定位与客户群规划匹配；要明确产品战略控制节点，明确新产品开发和客户群方案需求，为技术规划做输入，并提出人力资源的需求。

4. 区域规划：将产品策略和客户群策略分解落实到区域，形成区域战略控制节点，同步提出区域人力资源的需求。

5. 技术及CBB规划：明确核心产品改进和新产品需要的核心技术和关键技术；尤其是要明确确保高毛利产品所需要的核心技术和关键技术，并针对需要降低成本的产品，通过CBB规划来确保成本的降低和平台的共享，并提出相关人力资源的需求。

6. 人力资源规划：根据以上五个规划，列出总的关键资源需求的人力资源规划；人力资源规划包括人员招聘、培训和薪酬激励，以确保“六个一”精细盈利模式的实现。

7. 能力建设及管理改进规划：包括采购、制造和管理IT规划等配套规划，以支撑以上六个规划落地。

七个规划中，总体规划是系统框架和体系顶层设计，客户群规划和产品线规划是中枢，区域规划是落地节点，其他规划是连接纽带。

四个要确定的关键内容为：

1. 确定增量机会；

2. 确定战略控制节点；

3. 确定开放式预算；

4. 确定资源配置策略。

整个流程通常由战略规划部进行组织监控，如果公司没有战略规划部，则人力资源部和财务部也可以负责整个流程的运营。公司规模较小时，客户群规划和产品线规划可以合并，但区域规划必须独立，人力资源规划和能力建设及管理改进规划可以合并。

◆ 各步骤概要说明

在“五步四定七规划”流程中，现状和战略趋势分析是第一步，我们通常从七个维度来分析。

1. 公司的成功经验和失败教训；

主要总结过去的成功经验和失败教训，吸取成功的经验并接受失败的教训，要明确哪些方法要继承，哪些风险要规避；要将成功的经验和方法进行整理，将失败的案例及原因进行分析，以完善评价要素，为后续同类项目预知风险，提供规避路径。

Q公司总结过去几年的成功经验如图5-1-2所示。

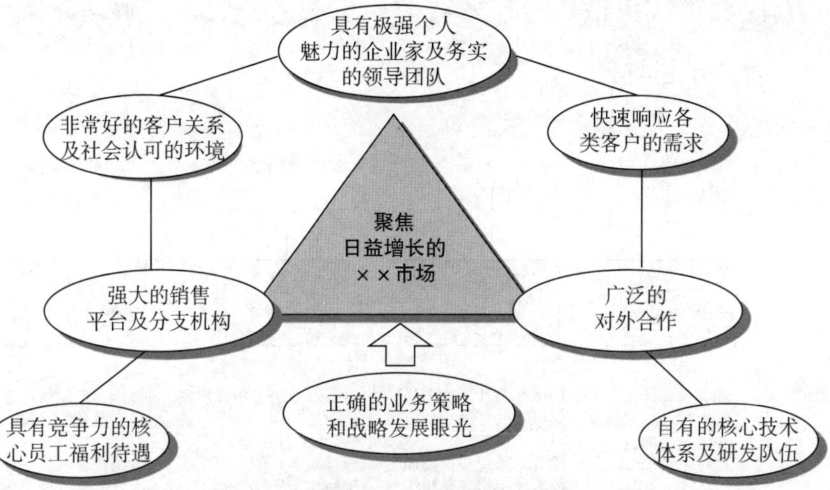

图5-1-2　Q公司成功经验总结

而H公司1996年针对手机终端销售失败总结为：

（1）成本高，高性能元器件多，很多功能对客户无用，过度强化功能和性能，轻视成本与功能的匹配；

（2）没有考虑服务网点和费用，售后服务差，成本高昂；

（3）过于追求功能的先进性，导致可靠性和可服务性差；

（4）没有考虑防雷、防水、防盐雾、防灰尘等产品“六性”要素；

（5）没有进行客户细分，没有分高、中、低配置，没有将产品包、服务包、工具包和礼品包与客户分类策略匹配，高端与低端“消费”客户都不满意。

H公司通过以上失败原因的分析和总结后，完善了手机终端评价要素，为以后手机开发提供了宝贵的经验教训。

2. 商业模式分析；

商业模式包括核心技术收入、核心产品收入、解决方案收入、客户定制收入，如图5-1-3所示。

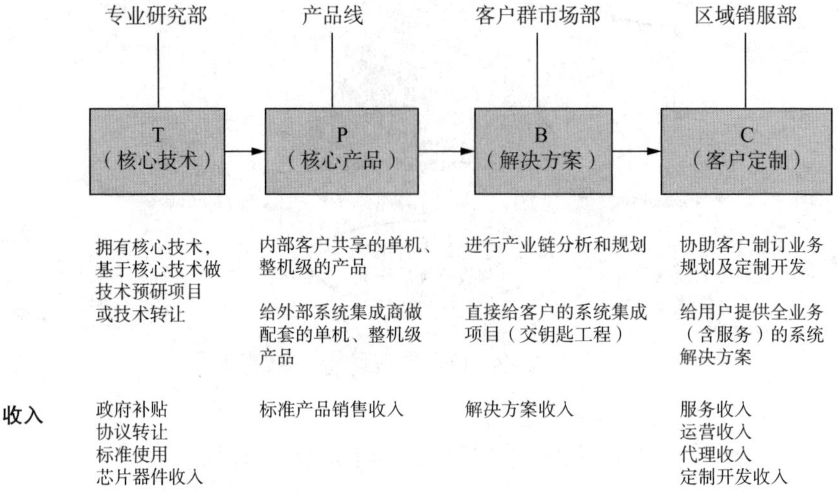

图5-1-3 周辉TPBC商业模式模型

公司要形成核心技术（T）支撑核心产品（P），核心产品（P）支撑客户群解决方案（B），通过优质客户解决方案的定制（C）带来新的技术需求正向螺旋式上升的循环，支撑“一客户一产品一策略一财务模型一队伍一增量激励”的精细盈利模式，同时避免做大后核心技术受上游控制的局面。

需要注意的是，三年规划和年度计划，收入和毛利分析要分别按TPBC分解，进而完善产业链，规避风险。例如：

A公司2017年的目标为200亿元，其中，核心技术收入为2亿元，核心产品收入为110亿元，解决方案收入为150亿元，客户定制收入为18亿元。在解决方案的150亿元收入中，自有核心产品收入占到80亿元，与核心产品收入存在部分重复，因此，公司最终收入为2亿+110亿+（150亿-80亿）+18亿=200亿元，而不是2亿+110亿+150亿+80亿+18亿=280亿元。

H公司在智能手机和终端设备领域，已经进入世界前5名，但经过分析，核心技术的收入太少，尤其是芯片等核心技术都外购，自有核心产品占比低。因此，H公司加强了芯片的投入，甚至直接成立了芯片和器件公司，最终H公司核心技术收入增长了10%，实现了50亿元左右的核心技术收入，支撑了手机和终端设备产品线的健康发展。

S公司只有核心技术和核心产品，没有解决方案和客户定制，导致优秀大客户流失。于是S公司加大了解决方案和客户定制的开发力度，完成了产业链的升级，强化了优质客户黏性，实现了增量。

3. 市场及客户分析；

公司要分析各市场中，哪些是价值客户？哪些是战略客户？哪些是大客户？哪些是利润客户？哪些是不挣钱的非战略客户？要发展哪些战略客户？明确哪些战略客户可以转为大客户？哪些大客户要转为价值客户？哪些价值客户不满意？有无价值客户和大客户的异动？未来三年的客户发展趋势是怎样的？增量市场及增量客户在哪里？

4. 产品及技术分析；

要分析公司的核心产品是什么？公司现金流产品是什么？公司阻拦对手的产品是什么？公司高毛利产品是什么？哪些产品是领先的？哪些产品是平行的？哪些产品是追随的？

5. 竞争分析；

要分析公司的主要竞争对手是谁？如何超越对手？各个产品的主要竞争对手都要分析，要从客户痛点和产品卖点出发，更要从市场份额上来验证，从而为产品与客户发展提供策略。

其中3、4、5项分析完成后，要思考将战略客户变成大客户和价值客户需要哪些产品？要开发哪些新产品？要守住价值客户需要哪些产品？

要针对每个产品形成客户群的SPAN，针对每个客户群形成产品的SPAN，如图5-1-4所示，为实现“六个一”精细盈利模式打下基础。

6. 管理分析；

要分析公司的管理问题是什么？公司各体系的产出问题和流程问题是什么？公司人力资源管理的问题是什么？公司组织配合问题是什么？

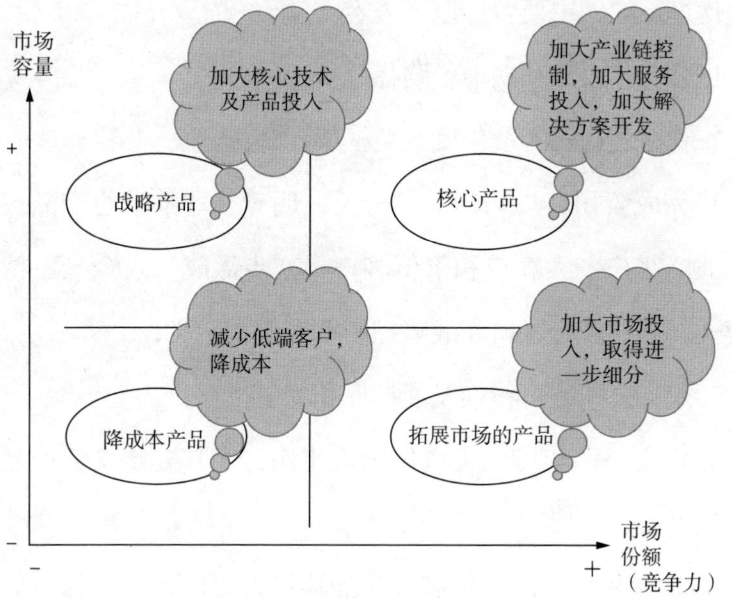

图5-1-4　融智公司产品SPAN模型

7. 财务分析。

要分析公司各体系的费用结构中是否存在以下问题。

研发体系的费用结构中，核心技术的投入是否够？

营销体系的费用结构中，用在价值客户上的费用是否够？

产品与市场的费用结构中，产品规划和市场需求的费用是否够？

服务体系的费用结构中，低端客户是否过度服务而高端客户的服务又不够？

管理费用结构中，用于核心员工能力提升的费用是否够？战略投入，是否面向未来？

第二步和第三步是三年规划和年度计划的制订，这两个步骤是迭代进行的，主要包括以下内容。

1. 公司收入和利润增长路径分析；

2. 制订公司三年及年度概要框架计划；

3. 完成公司客户与产品的分类，明确公司的核心产品、新产品，战略客户、大客户和价值客户，初步形成“六个一”精细盈利模式，并对核心区域和战略控制节点进行定义；

4. 定义公司的可持续发展指标和增量指标；

5. 定义公司年度一级费用结构比例，尤其要定义各产品线的费用比例；

6. 明确公司资源聚焦原则和战略投入方向（增量客户群和增量产品），落实“六个一”精细盈利模式的财务和激励倾斜；

7. 制订人力资源规划；

8. 制订组织KPI规划；

9. 确定公司管理和能力建设项目改进方案；

10. 确定风险规避措施。

在这两个步骤中要形成公司的三年规划和年度计划，并进行以下四个关键内容的确定：

第一：确定增量机会；

第二：确定战略控制节点；

第三：确定开放式预算；

第四：确定资源配置策略。

前三个步骤中除了要形成公司的三年规划和年度计划，还要形成公司的战略框架和初步财务规划，并落实到后期的客户群规划和产品线规划中。如果涉及新产品规划，还要完成新产品路标规划，并以此为基础形成初步的技术及平台规划、人力资源规划和管理改进规划；并确定公司的一级预算和KPI及产品线的二级预算和KPI，明确战略控制节点和增量机会，明确增量客户和增量产品，为后续业务计划、预算和KPI的分解做输入，为“六个一”精细盈利模式进一步细化分解做输入。

第四步：各体系业务计划和指标的分解和定义。

1. 将公司的目标分解到各产品线；

2. 按产品线将公司的目标分解到区域和客户群，形成支撑产品线的节点任务，尤其是要明确：

（1）哪些是战略客户转变成大客户的产品节点；

（2）哪些是将大客户转变成利润客户和价值客户的产品节点；

（3）哪些是守住价值客户的产品节点；

（4）哪些是降低成本的产品节点；

（5）哪些是必须改进技术和提升品质的产品节点。

3. 对区域和客户群进行各产品线的汇总，形成产品线、区域和客户群的三重映射，如图5-1-5所示；

4. 针对增量战略控制节点，配置增量预算并确定节点预算和组织KPI；

5. 汇总各节点的预算和组织KPI，形成部门预算和产出节点KPI，为制定个人IPI提供输入。

第四步完成后，开放式预算和组织KPI分解到二、三级，为确定关键职位，形成关键职位的个人IPI打下基础。

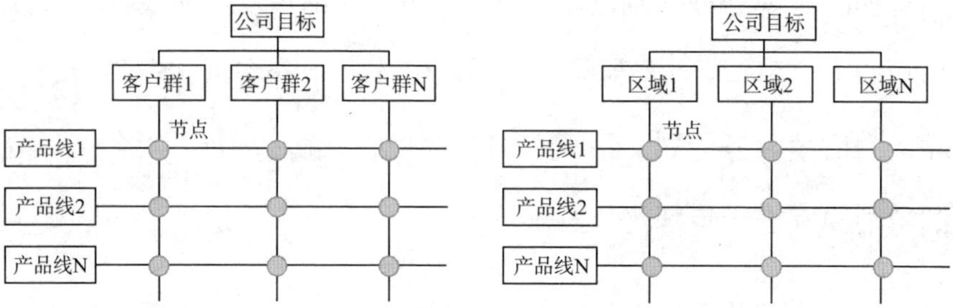

图5-1-5 产品线与客户群的映射和产品线与区域的映射

第五步：目标实施、考核、激励和纠偏。

1. 确定经营分析和预警原则；

2. 召开经营分析会议，分析机会和差距；

3. 重大问题的管理和改进；

4. KCP管理；

5. 目标考核、激励和纠偏。

需要注意的是：

现状分析和所有规划要在日常经营中积累数据，而不是一定要等到规划启动时才开始做；不要为规划而规划，而应该不断在实际工作中为规划准备相应的数据。公司启动规划，只是规定规划的评审启动时间，规划应当时时刻刻在日常工作中启动。图5-1-6是F公司的时间参考。

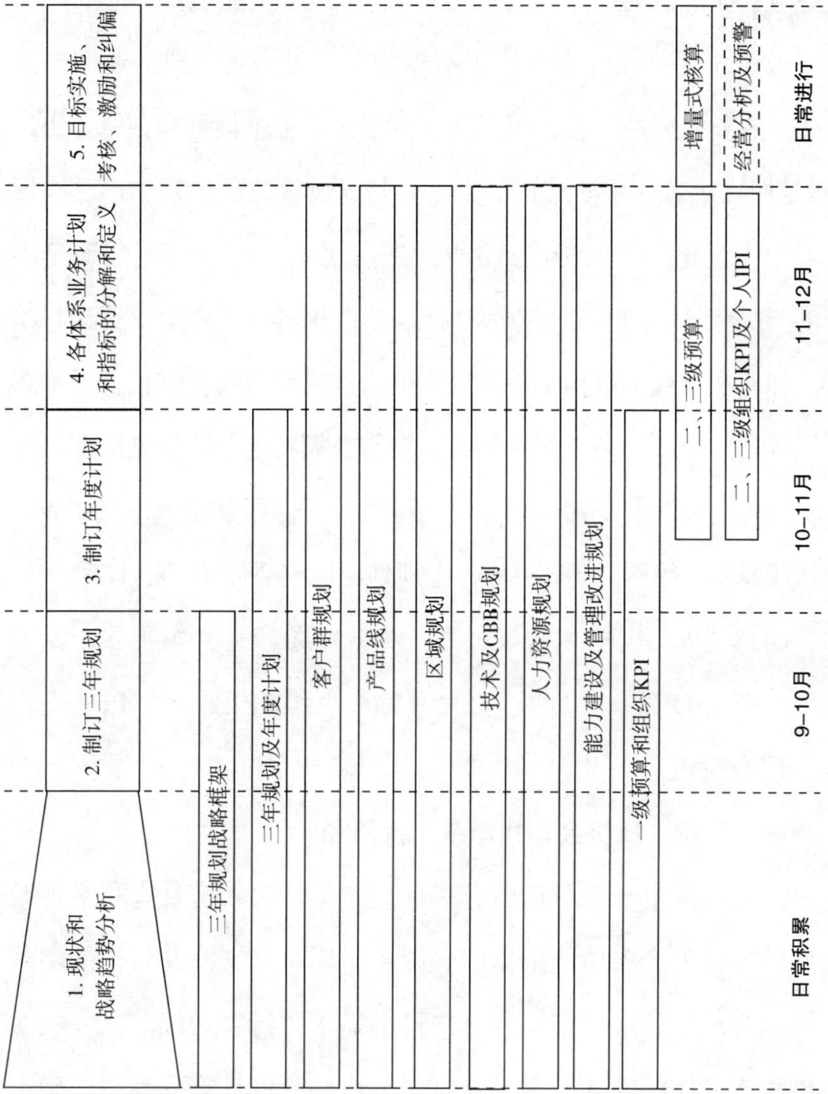

图5–1–6　F公司各规划开始及结束时间参考建议

◆ 增量目标规划和开放式预算及组织KPI制定的业务执行流程

虽然在运行流程中解决了从规划到交付先后完成的逻辑关系和各步骤要完成的内容，但是在实际过程中七个规划和预算及组织KPI是相互影响、不断迭代的，尤其是通过客户群规划和产品线规划寻找增量路径，明确增量战略控制节点，针对不同客户明确不同的产品策略，进而确定一级预算和组织KPI，需要反复迭代和啮合。如何在迭代的过程中确保规划的有效性，以及在增量资源配置中明确"六个一"精细盈利模式，融智公司特别强调规划的业务执行流程为"W"形迭代，并定义为融智公司四段九步七规划"W"形迭代模型，简称"周辉'W'七规划迭代模型"，如图5-1-7所示。

周辉"W"七规划迭代模型分为四个阶段、九个步骤，完成规划、产出KPI和一级预算。为预算和组织KPI到个人IPI的进一步分解做输入。

第一阶段：找机会、找增量、找路径

公司要提出一个增量财务目标，尤其是收入增长率和毛利增长率，各相关产出单位根据增量财务目标寻找支撑此目标的增量市场和客户群，根据市场和客户群的需求进行客户细分，完成客户群和产品线的规划，尤其是针对客户细分设计产品策略，确定初步的"六个一"精细盈利模式，进而对技术、人力资源、管理改进和能力建设提出需求，明确路径，此阶段不要考虑资源的约束。

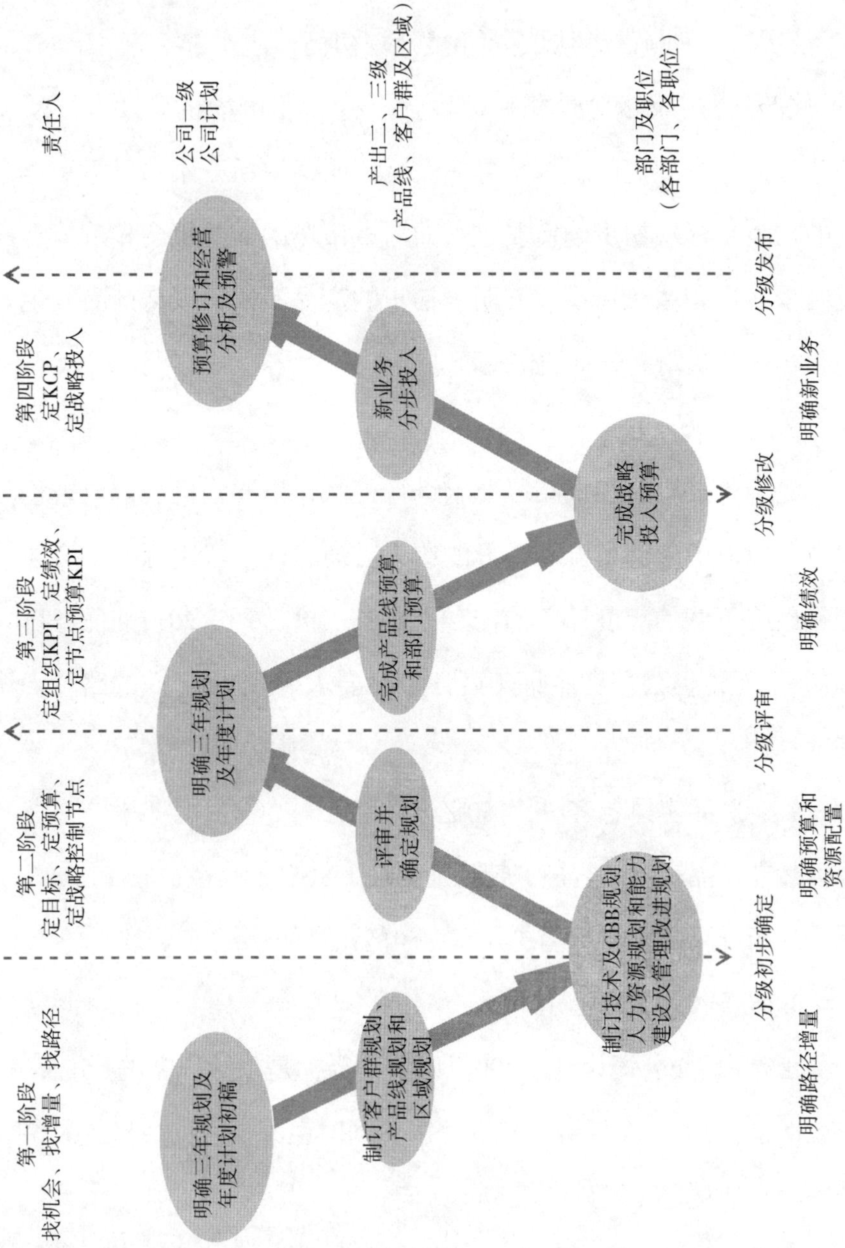

图5-1-7 周辉“W”七规划迭代模型

第一阶段包括三个步骤：

步骤一：明确三年规划和年度计划初稿；

根据公司战略愿景和目标，分析行业和市场机会及发展趋势，对标过去制定的目标，寻找差距，明确提出三年的目标和年度的初步目标；初步确定要进入的增量市场的增量机会和价值点及增量客户和增量产品，并明确初步的产品策略，以待产品线规划和客户群规划进一步细化论证。

需要注意的是：

此阶段找机会和找路径要求进行扩张，只要是机会都要去争取，不要考虑内部资源和预算的约束。通常此阶段制订的年度计划是最终下达的年度计划的1.5倍到2倍。如F公司，2017的任务目标200亿元，但公司在制订年度计划时要求寻找300亿元的路径，其中：

1. 老产品卖给老客户，150亿元路径；

2. 老产品卖给新客户，新行业拓展，80亿元路径；

3. 新产品开发和新解决方案，50亿元路径；

4. 服务收入，20亿元路径。

正是由于F公司设计了300亿元的路径，是目标任务的1.5倍，有效保证了200亿元任务目标的完成。同时也为未来的战略投入和战略增长点奠定了基础，摸清了方向。

步骤二：制订客户群规划、产品线规划和区域规划；

当公司三年规划的增长目标确定后，需要针对可能涉及的每个客户群和市场进行分析，主要包括：

1. 客户的发展趋势；

2. 市场规模和增长率；

3. 客户面临的问题；

4. 客户的痛点；

5. 竞争分析；

6. 我们的机会和增长点；

7. 我们的卖点和预期市场份额；

8. 我们要打败对手需要的产品；

9. 哪些产品需要重新开发，哪些产品需要改进，哪些产品需要集成；

10. 需要重新开发的产品需要哪些核心技术，这些技术需要预研还是购买；

11. 产品与客户的SPAN策略，要明确：

（1）哪些战略客户要变成大客户，需要哪些产品？

（2）哪些非利润的大客户要变成价值客户，需要哪些产品？

（3）哪些产品需要高毛利？

（4）哪些产品只需要打平采购与制造成本，并带来市场份额就行？

（6）哪些产品一定要保证利润？

针对以上内容会形成客户群规划和产品线规划，并形成针对每个客户群的产品SPAN和针对每个产品的客户SPAN，并按区域分解完成区域规划。需要注意的是，产品线规划和客户群规划有可能不一致，甚至会有部分冲突，这时候冲突的部分就是我们要考虑的增量（下节将详述）。

产品线规划（业务计划）和客户群规划模板如图5-1-8所示：

产品线规划模板

一、环境分析
1. 市场现状及发展趋势分析
2. 应用领域发展趋势分析
3. 技术发展趋势分析
4. 产品线的主要竞争对手
5. 商业模式分析

二、1～N细分市场分析
1. 细分市场容量
2. 细分市场的竞争分析
3. SPAN分析
4. 针对每个细分市场的策略

三、产品线策略
1. 产品线的愿景、使命、目标
2. 核心产品和新产品定义
3. 核心客户和新客户定义
4. 重要节点及项目定义
5. 产品七二一及SPAN策略
6. 客户关系策略
7. 核心产品的客户策略

四、产品路标规划
1. 各产品路标规划
2. 新产品交付时间和功能特性，好处，卖点，交付（培训，支持）等
3. 产品线预算及资源需求
4. 产品线总预算
5. 产品预算
6. 重要节点预算
7. 人力资源需求
8. 其他资源需求

客户群规划模板

一、市场环境分析
1. 市场现状及发展趋势分析
2. 客户的发展趋势分析
3. 客户的商业模式分析

二、市场及客户的投资及机会
1. 客户的投资分析
2. 客户的机会分析

三、客户的问题及痛点
1. 客户的价值主张
2. 客户的问题分析
3. 客户的痛点分析

四、竞争分析
1. 竞争对手分析
2. 策略分析

五、客户群策略
1. 我们的卖点设计
2. 我们对产品的需求
3. 客户关系规划
4. 重大项目规划
5. 品牌及渠道规划
6. 核心客户的产品策略

六、客户群预算及资源需求
1. 客户群总预算
2. 业务预算
3. 重大项目预算
4. 重大客户关系开拓预算
5. 人力资源需求

图5-1-8　产品线规划和客户群规划模板

步骤三：制订技术及CBB规划、人力资源规划和能力建设及管理改进规划。

根据客户群规划和产品线规划的需求，结合区域规划，明确技术及CBB规划和所需要的人力资源规划，尤其要明确新产品和老产品改进的核心技术规划，以及能力建设和管理改进规划与公司业绩增长的关联和匹配，以支撑客户群规划和产品线规划。尤其要注意，此时，核心区域有时要单列规划和单独评审，验证和落地客户群与产品线规划，明确区域战略控制节点。

第二阶段：定目标、定预算、定战略控制节点

当针对一个大的财务目标提出路径以后，需要对资源进行匹配。如果资源不能匹配，则公司收敛路径，根据可以匹配的资源定预算和需求及战略控制节点，定最终目标；资源暂时不能满足的路径开始布局，为下一年找增量做准备。

第二阶段包括两个步骤：

步骤一：评审并确定规划；

针对客户群规划和产品线规划提出的机会，制定实现路径，明确资源需求，进行排序，优先投入与公司资源匹配的机会和增量，并确定预算和目标。实际上，此阶段是一个目标衰减和路径实现的过程，虽然有些目标暂时没有资源投入，但是给公司下一步资源准备提供了机会。如H公司2003年提出了要做智能终端设备和手机，但当时的资源不具备条件，工艺、结构和技术水平有差距，渠道和品牌刚起步，没有投入，就变成了预研，为2004年智能手机开发提供了很好的机会。

本阶段要完成：

1. 客户细分及产品定位；

2. 各产品的客户SPAN图；

3. 各客户的产品SPAN图；

4. 明确核心产品在客户八象限中的策略；

5. 明确“六个一”精细盈利模式；

6. 明确战略控制节点。

步骤二：确定三年规划和年度计划。

当明确了各产品线规划和各客户群规划及相应的支撑规划后，公司同步确定三年规划和年度计划，确定资源排序原则，资源投入原则，以及各产品线的预算比例。此阶段要完成公司的三年规划和年度计划，实现从战略机会到战略资源配置的初步机会，但是没有对预算和组织KPI进行分解，还不能确保“六个一”精细盈利模式全部完成和战略的落地。

第三阶段：定组织KPI、定绩效、定节点预算KPI

根据公司的目标尤其是增量目标，定各产品线预算比例，定增量系数，定产出预算，并同步根据SPAN完成组织KPI，并明确二、三级KPI，直到节点。

第三阶段包括两个步骤：

步骤一：完成产品线预算和部门预算；

公司的经营目标分解到产品线（二级），各产品线按照研发、市场、区域销售、技术服务和支持进行再次分解，分解到节点（三级），完成产品线的预算。

各部门根据节点汇总，完成部门预算。

步骤二：完成战略投入预算。

公司按比例提出战略投入预算，先进行一部分的补贴和一部分的预算，以后再分阶段进行投入。

第四阶段：定KCP、定战略投入

明确公司的战略投入，设计止损的预算，分步配置资源并调整和完善KCP。

第四阶段包括两个步骤：

步骤一：新业务分步投入；

由于新的市场机会不断变化，战略投入要分阶段投入，通常年初投入一部分，7月投入一部分，9月继续投入一部分。

步骤二：预算修订和经营分析及预警。

由于是开放式预算，按比例进行预算提取，没有完成的，可以进行预算裁减，增量好的可以获得更多的预算，实现增量越多，预算越多，确保获得最大的投入产出比。

在七个规划中，有的客户群规划可以与区域规划合并。客户群和区域规划可以合并为营销规划，产品线规划与技术及CBB规划可以合并为研发及产品规划，也可以将人力资源规划、能力建设及管理改进规划合并为一个管理及能力建设总规划，无论如何合并，相应要素和责任主体都要求分开。

第二节
如何确定公司三年规划、年度计划和设定增量目标

◆ 问题思考

1. 制订三年规划、年度计划需要思考哪些问题?

2. 如何寻找增量市场和增量机会?

3. 如何针对增量市场和客户制定产品策略并变成增量收入和盈利增长点?

4. 如何识别哪些机会能变成增量收入和盈利增长点?

◆ 如何确定公司的三年规划及年度计划

公司的三年规划源自公司的愿景和目标。正如上章所说，一般在公司的三年规划初期，要提出挑战性目标，要超出实际完成的目标1.5 ~ 2倍；让大家寻找增量客户群和增量产品，针对增量

客户群和增量产品寻找技术路径和管理路径，如果超出实际完成目标1.5 ~ 2倍的路径资源不能满足，就应该提前布局。

确定三年规划需要注意的是：

1. 不要变成一个数据统计规划；

2. 不要在现有产品收入上面乘以一个系数；

3. 不要只考虑指标而不考虑核心竞争力、产品、客户和人员结构；

4. 不要将三年规划和年度计划分开做，而应该是每年做一次三年规划和年度计划，每次做三年，每年向前滚动一年。

所以三年规划不是简单的文字描述，而是要明晰从指标设计到路径寻找，到资源需求确定，因此，首先必须回答以下九个问题：

1. 公司三年中每年销售收入和毛利额是多少，每年要增长多少？

2. 公司三年中每年净利润是多少，每年要增长多少？

3. 公司三年中每年员工人数是多少，每年要增长多少？人均毛利是多少？

4. 公司三年中每年新产品或新客户在总收入中占比是多少？

5. 公司在哪些方面要形成核心竞争力？

6. 核心产品收入占比是多少？

7. 核心客户群收入占比是多少？

8. 核心区域收入占比是多少？

9. 核心员工收入增长后，是否有竞争力？

在回答九个问题的过程中需要明确的五个方面是：

1. 要明确人均毛利增长必须与核心员工收入增长匹配。

要求核心员工必须涨薪，但薪酬包的增长必须与人均毛利的增长匹配，以实现减人、增效、加薪的目标，追求核心员工能力和薪酬的提升而不是盲目引进大量人员。

2. 追求毛利路径而不是追求规模。

针对公司要实现的目标，先定一个更大的挑战性的增量目标，不要考虑资源约束，让大家寻找路径。一般来说公司会至少按照年度计划的1.5 ~ 2倍下达增量路径寻找目标。当路径找到后，如果资源不能满足，就要提前进行布局。

假设公司明年的毛利目标是10亿元，就要下达15 ~ 20亿元毛利的路径寻找目标，针对15 ~ 20亿元毛利的路径目标寻找资源。在当年的计划中，砍掉资源不能满足的路径，这样才有可能完成当年10亿元的增量目标；同时为找到路径但资源不能满足的目标提前布局，这样才有可能完成下一年15 ~ 20亿元的目标，实现增量。

H公司在做三年规划的时候，从来都是按照每年增长50%以上的要求寻找路径，当路径越来越多，公司的选择也越来越多，战略投入就有方向，可以确保公司可持续增长。

3. 追求优质客户，提高核心客户的毛利收入占比，做好价值客户规划，而不是单纯追求客户数量。

4. 追求核心产品的毛利，而不是新客户或新产品的数量。

5. 为“一客户一产品一策略一财务模型一队伍一增量激励”的精细盈利模式明确具体的资源配置和激励细则。

需要强调的是：

三年规划并不是每三年制订一次，而是每年向前滚动一次。在三年规划中要求三年规划和年度计划同步进行，三年规划中第一年的年度计划要相对清晰，第二、三年的年度计划可以相对粗略。

在整个三年规划制订过程中需要注意的是：

1. 分析清楚现状；

2. 三年规划始终围绕四个财务指标和四个核心竞争力指标进行；

3. 外部环境分析更多的是要分析增量客户和增量市场；

4. 内部资源要聚焦在核心产品、核心客户群和核心区域，以及区域和新客户群收入占比。这是考核企业可持续增长的内容，要确保“一客户一产品一策略一财务模型一队伍一增量激励”精细盈利模式的实现；

5. 所有战略规划做完，必须要落实到组织KPI、产出线KPI、节点KPI和个人IPI，KPI要进行经营分析和预警，要进行监控，个人年终奖要与其IPI进行关联。

三年规划和年度计划通常包括以下内容，如图5-2-1所示。

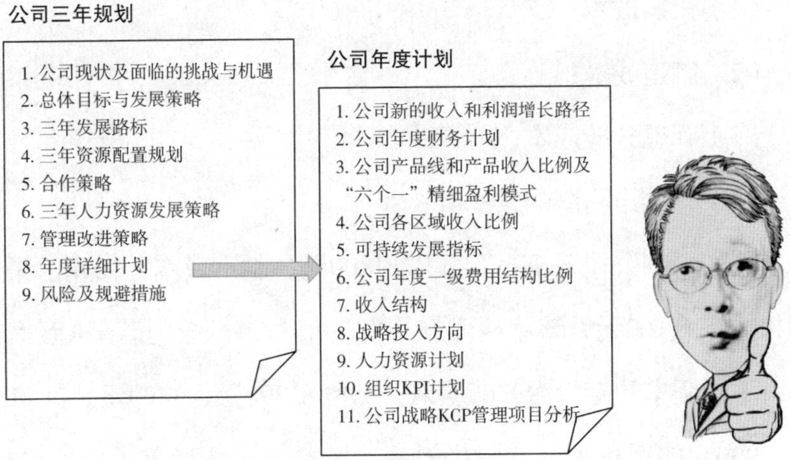

图5-2-1　周辉增量绩效三年规划及年度计划模型

◆ 如何设定增量目标

在设定增量目标前，我们通常要首先分析客户与产品，回归到MS三次方，回答以下四类问题：

1. 产品与业务类问题；

（1）现有产品哪些是带来现金流的产品？

（2）哪些是领先的，没有对手或对手比较弱小的业务？

（3）核心产品是什么？

（4）哪些是高毛利的产品？

（5）哪些是必须投入的产品，哪些是赔钱的产品？

（6）哪些产品必须改进核心技术、提升品质和降低成本？

通常，我们还要将产品的四类成本核算清楚，以便制定产品策略，产品的四类成本包括：

（1）采购成本；

（2）制造成本；

（3）管理分摊成本；

（4）分摊净利润的成本。

例如，某公司手机采购成本为800元，制造成本为80元，渠道折扣成本为100元，该手机面向不同的细分市场分为若干R版本产品，不同版本的定价为990元、1990元、2990元、3490元。其中：

990元的手机为一款阻拦对手的产品，主要涵盖（1）（2）类成本；

1990元的手机，涵盖（1）（2）（3）类成本，为一款保持一定规模，要利润的产品；

2990元的手机，涵盖（1）（2）（3）类及部分（4）类成本，为一款保持一定利润，要规模的产品；

3490元的手机，涵盖（1）（2）（3）（4）类成本，为一款既要规模，又要利润的产品。

2. 客户类问题；

按客户八象限五种分类明确以下问题：

（1）现有的客户是谁？

（2）哪些是战略客户？

（3）哪些是大客户，哪些是价值客户？

（4）哪些是非利润客户，哪些是利润客户？

3. 新客户、新业务和新产品来自哪里？

4. 八象限与四类产品的关联策略如何匹配，如何落地“六个一”精细盈利模式？

公司的增量目标通常来自三个方面：

1. 老产品卖给老客户；

2. 老产品卖给新客户；

3. 新产品卖给老客户。

在设定增量目标前，我们首先要假定一个增长率，例如假定50%的增长率。针对50%增长率的假定，我们要确定进入什么样的市场，哪些市场是超过我们假定的增长率的，现有的老产品卖给老客户是否可以满足我们假定的增长率的要求？

如果老产品卖给老客户满足不了我们假定的增长率，我们就需要思考以下八个问题，简称“寻找增量周辉八问”，如图5-2-2所示。

1. 我们能获得哪些增长率高的客户？
2. 这些客户的问题和需求是什么？
3. 这些客户的痛点是什么？
4. 这些客户有哪些竞争对手？
5. 我们要打败对手需要什么样的 核心产品？
6. 这些产品是在现有产品上进行改进还是重新开发？
7. 重新开发需要什么样的技术？
8. 针对这些技术我们有实现途径吗？

图5-2-2　寻找增量周辉八问

要回答以上八个问题，我们通常用到三个工具。

第一个工具：产品的战略定位分析图（SPAN）

SPAN的原理是，纵坐标表示市场容量，横坐标表示我们的市场份额（竞争力），我们可以针对每一款产品都进行SPAN定位，如图5-2-3所示。

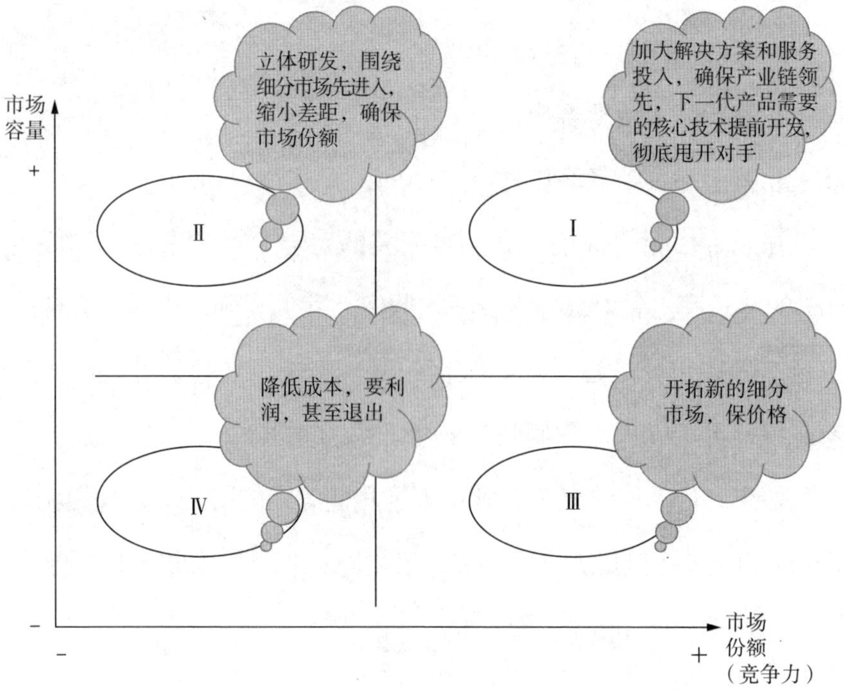

图5-2-3　寻找增量产品周辉SPAN策略

第一象限：加大解决方案和服务投入，确保产业链领先，下一代产品需要的核心技术提前开发，彻底甩开对手。

第二象限：立体研发，围绕细分市场先进入，缩小差距，确保市场份额。

第三象限：开拓新的细分市场，保价格。

第四象限：降低成本，要利润，甚至退出。

例如，D公司2010年的产品策略SPAN图（见图5-2-4）：

D公司的核心产品是高端阿胶和复方阿胶浆，位于第一象限，要加大投入，确保行业领先，进行下一代的产品开发和产业链控制；阿胶食品市场容量巨大，但是市场份额落后，位于第二象限，要进行立体研发，围绕细分市场先进入，缩小差距，如进入白领女性市场；××阿胶块位于第三象限，要寻找新的细分市场，同时保价格、不降价；鹿角胶、龟胶位于第四象限，要不断降低成本，确保利润，甚至可以放弃、退出。

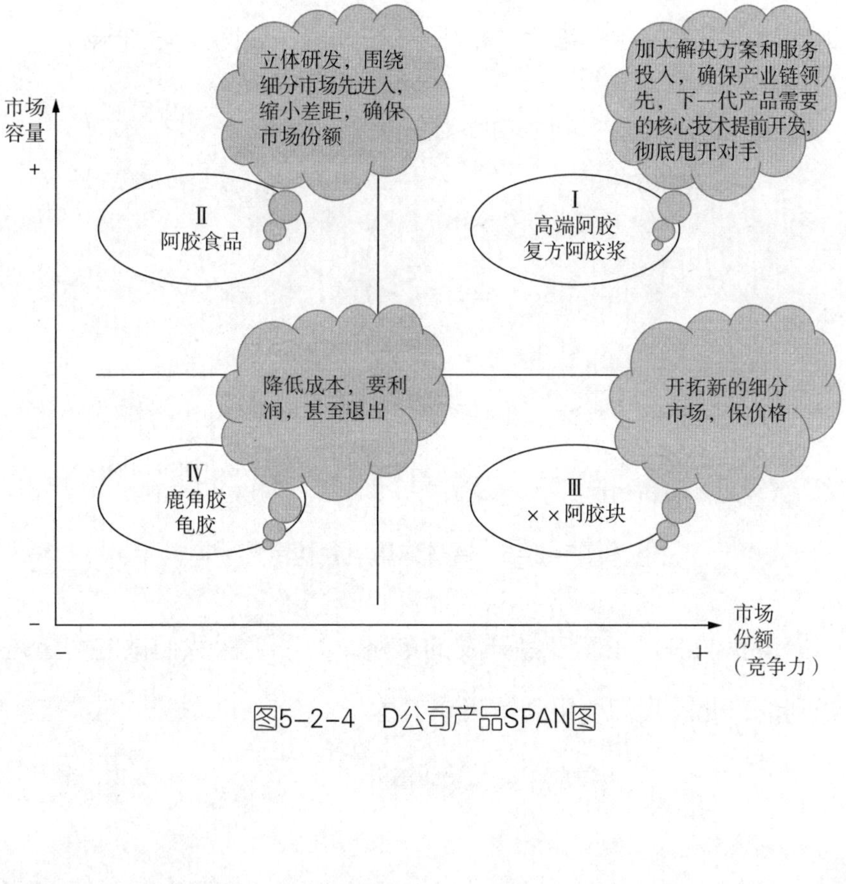

图5-2-4　D公司产品SPAN图

第二个工具：寻找增量机会的客户与产品规划啮合图

产品线规划和客户群规划分别列出时，会有相同的部分，也会有不同的部分。其中存量的部分必须要确保，如果产品线发现的线索，客户群规划没有规划到，这有可能是新客户和新渠道的机会，我们要加大老产品卖给新客户的拓展力度；如果是客户群发现了新的机会，产品线没有发现，这可能是新产品和OEM/ODM及解决方案的机会，我们要加大新产品和解决方案的开发力度。

其中不同的部分就是我们要进行增量分析的部分。产品线规划和客户群规划要相互匹配、相互啮合和相互补充。产品与客户规划啮合图，简称“周辉增量机会啮合图”，如图5-2-5所示。

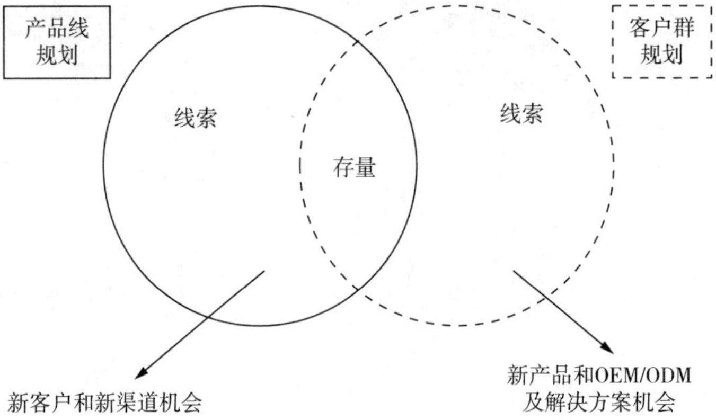

图5-2-5　周辉增量机会啮合图

当我们决定了新产品开发的策略，为了确保我们做的增量是盈利的，此时我们要用到第三个工具。

第三个工具：产品增量扩张象限图，确定增量战略控制节点

首先确保老产品卖给新客户，其次在老客户基础上开发新产品，“四新”即新人、新技术、新产品和新客户风险巨大，具体来说，如图5-2-6所示。

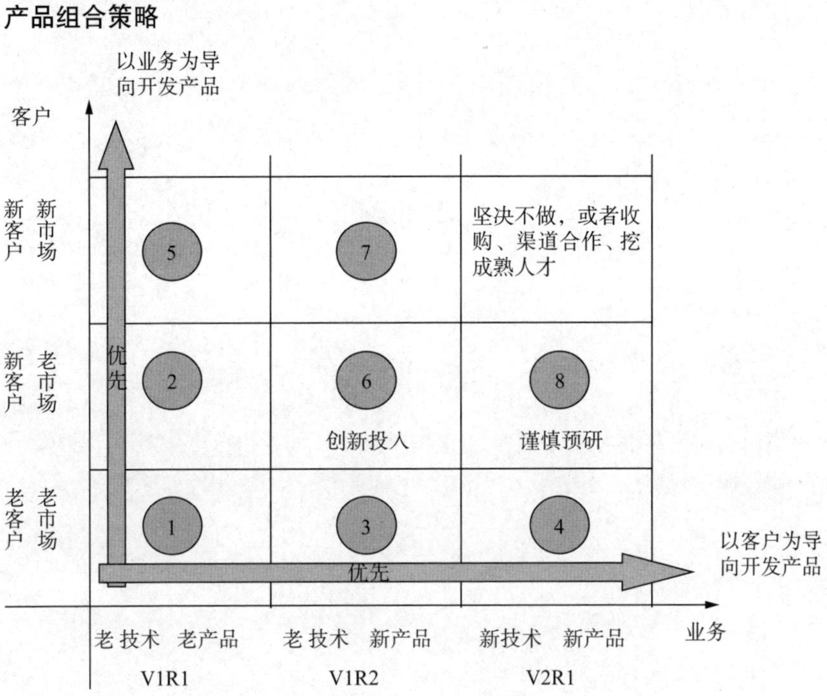

图5-2-6　融智公司产品增量扩张象限图

首先确保第①象限，老技术、老产品卖给老客户、老市场，然后确保第②③④⑤象限，老技术、老产品卖给新客户，或者是在老市场、老客户基础上开发新产品。对于第⑥象限，老技术、新产品卖给老市场、新客户要保持按比例投入，对于第⑦⑧象限，老技术、新产品卖给新市场、新客户或新技术、新产品卖给老市场、新客户要谨慎预研，可投入10%，对于新技术、新产品卖给新客户、新市场则自己坚决不做，要么收购，要么与渠道合作，或者猎聘成熟人才，以降低增量风险。

第三节
如何进行开放式预算和增量式核算

◆ 问题思考

1. 什么是开放式预算?

2. 开放式预算如何分级?

3. 为什么先有公司预算再有产出线预算和节点预算，再有部门预算?

4. 产品线预算与部门预算的区别是什么?

5. 如何保证增量目标获取更多的资源和更多的预算?

6. 开放式预算与增量式核算有什么关系?

◆ 开放式预算的定义

传统预算按部门进行，费用是固定的，即使没有完成任务，预算也必须完成；即使面临好的机会再投入将获取更大的收入，也不允许超过预算；这样会使公司的增量无法获得足够的投入，而存量却有大量的预算可以使用，导致公司无法快速发展。

开放式预算则是公司按毛利设计一个费用比例，根据比例决定费用包。例如，毛利的20%为研发费用，毛利的20%为销售费用，某产品线，假设完成了毛利1亿元，2亿元，4亿元，则对应的研发费用、销售费用如表5-3-1所示。

表5-3-1　某公司研发及销售费用预算

毛利	1亿元	2亿元	4亿元
研发费用	2000万元	4000万元	8000万元
销售费用	2000万元	4000万元	8000万元

因此，费用与比例挂钩，完成的毛利越多，预算越多。为了鼓励增量，开放式预算鼓励在原有比例的基础上，上一年的存量乘以0.8 ~ 0.9，而增量部分乘以1.2 ~ 1.5，甚至1.9，后续章节将继续讲述增量公式，当增长超过上一年度，则获取的预算值更高。

因此，开放式预算的原理是：

1. 预算是开放的，规定投入产出比，按照比例与实际完成的任务进行预算，前三个月的预算是预设的，从第四个月开始，实际完成任务与比例挂钩，看有多少可以支配的费用，完成任务越好，毛利越多，可以支配的费用越多。

2. 由于开放式预算要确定费用比例，因此，公司要对费用包进行分类，公司的费用包分为四类七个子包：

（1）第一类是产品线费用包，包括三个子包，分别是：研发费用包、市场及产品费用包、技术支持费用包；

（2）第二类是销售费用包，主要是指客户销售费用；

（3）第三类是管理费用包，包括人力资源、财务等职能部门的费用；

（4）第四类是公司战略投入及公司净利润包，包括公司战略补贴费用和公司净利润。

3. 按增量进行核算，增量越多，核算费用包越大。

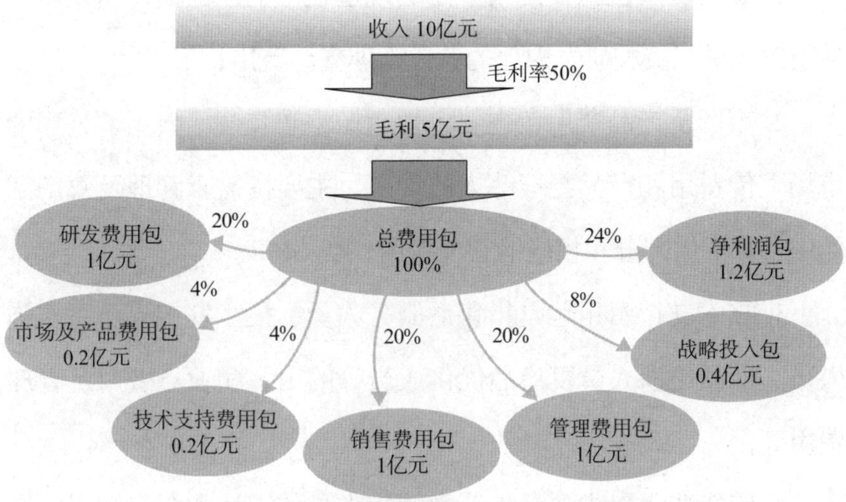

图5-3-1　周辉增量绩效费用包模型

案例：某公司A产品线有10亿元收入，毛利率为50%，则有5亿元毛利，其费用比例为（见图5-3-1）：

1. 研发费用：20%；

2. 市场及产品费用：4%；

3. 技术支持费用：4%；

4. 销售费用：20%；

5. 管理费用：20%；

6. 战略投入费用：8%。

公司的预算分为七大费用包：研发费用包、市场及产品费用包、技术支持费用包、销售费用包、管理费用包、战略投入包和净利润包，如图5-3-1所示。各费用包的定义如下：

1. 研发费用包主要是指产品实现过程中的产品研发费用，包括研发人员工资和研发内部的业务管理支撑费用；

2. 市场及产品费用包主要包括市场需求及调研费用，公司的市场宣传费用和产品经理等人的费用，主要指需求管理及营销工作中"营"的部分和相应的管理费用；

3. 技术支持费用包是指售后服务人员、技术安装人员、实施人员、产品培训人员及产品优化人员等的工资和业务费用及管理费用等；

4. 销售费用包主要是指公司销售人员的工资和销售过程中发生的各项费用及相应的管理费用，包括拜访客户的招待费、差旅费、会议费等；

5. 管理费用包是指总裁办公会和公司总部各职能部门的人员工资及业务费用，以及相关管理业务所发生的各项支出和管理分摊等；

6. 战略投入包是指公司为实现未来战略目标在一定条件下提供的预借款，是一种对未来绩效的承诺和未来绩效的预支。先从各产品线按一定比例和额度提取出来，再通过战略投入管理办法另行分配。企业每年根据实际情况进行规划，主要用于补贴平台、新技术、新产品、新客户和新市场等几个方面的费用；

7. 净利润包是公司所获得的息税前收益，是利润总额扣除各费用包后的余额。

当总费用包确定后，如何确定各费用包的比例费用？多数公司有多条产品线，每条产品线的发展阶段是不同的，因此，每条产品线费用和销售费用的比例是有区别的，为了让不同的产品线费用比例有利于各条产品线的发展，开放式预算还必须完成以下工作：

1. 进行预算分级，先做公司预算，再做产出线预算，再做节点预算，再修正公司预算，最终确定的节点预算汇总成为部门预算；

2. 预算与各条产品线的历史、现状和发展趋势及增量挂钩，根据不同业务设置不同的费用比例；

3. 建立鼓励增长的费用分配模式；

4. 针对“一客户一产品”设计“一策略一财务模型一队伍一增量激励”。

如何根据各条产品线设立不同的费用比例？如何建立鼓励增

量的分配模式？如何让“六个一”精细盈利模式落地呢？这就涉及预算分级了。

◆ 开放式预算的层级

因为公司的产出主体由产品线构成，因此，融智公司将开放式预算设定为三级：

公司预算为第一级预算，产出线（产品线和营销）预算为第二级预算，产出节点的预算为第三级预算，各级预算按费用包或部门归并，形成部门预算。

产出线的预算为第二级预算包括支撑产出线的四个费用包和核算的管理费用包，也可将管理费用包全部交由公司管理。

产出线底下的四个费用包为产出节点预算，通常称为第三级预算。

各个节点的预算汇总到各个部门称之为部门预算。

开放式预算的层级如图5-3-2所示，产出三级预算模型如图5-3-3所示。

预算分级后，核算到产出节点，以产出节点为核心，可以实现：

1. 节点调动和配置资源，让一线呼唤“炮火”和决策；

2. 节点是一切核算的基础，是实现“六个一”精细盈利模式落地的基础单元；

3. 任何预算，KPI必须到节点，再落实到责任人。

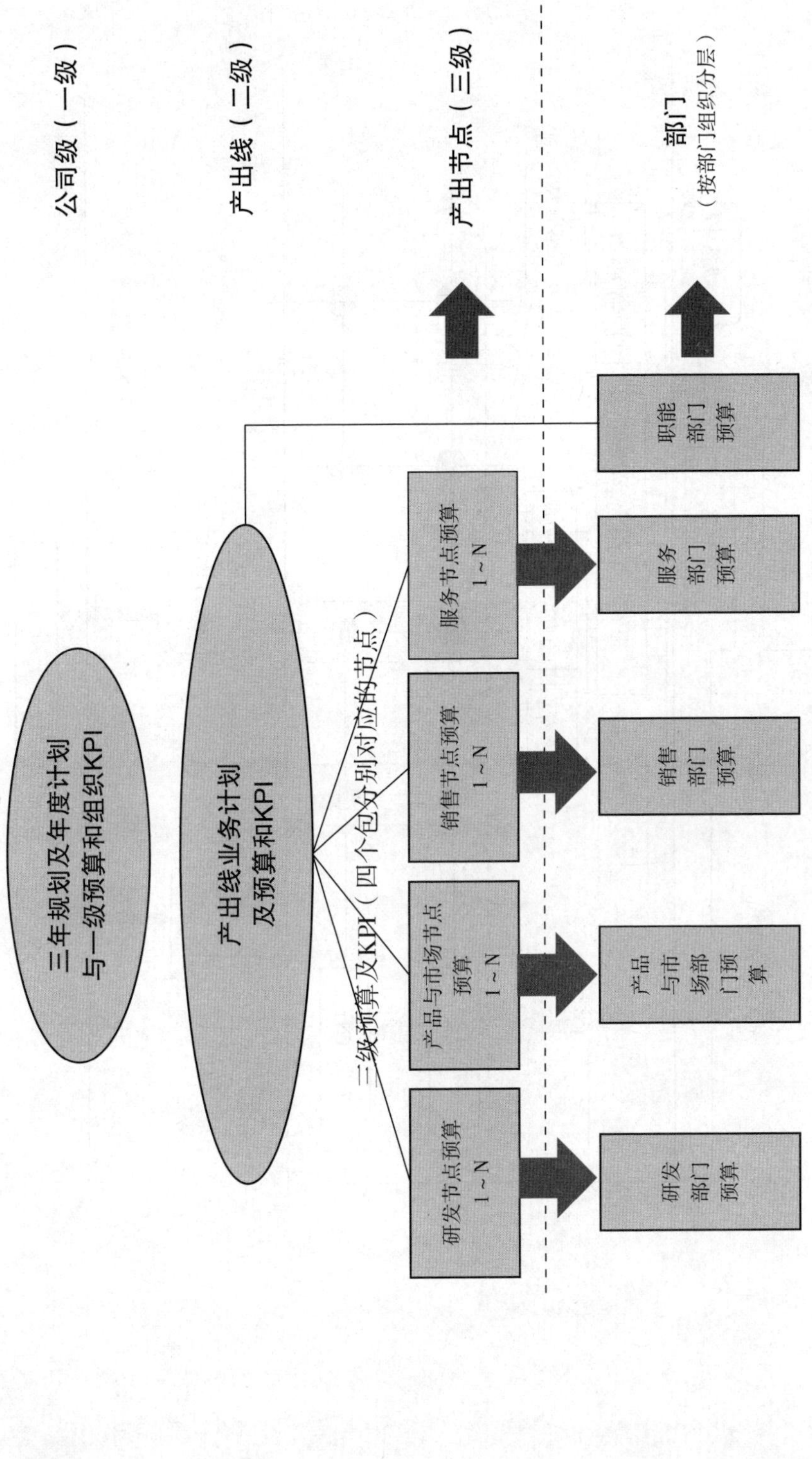

图5-3-2　开放式预算的层级：三级二层司辉开放式预算模型

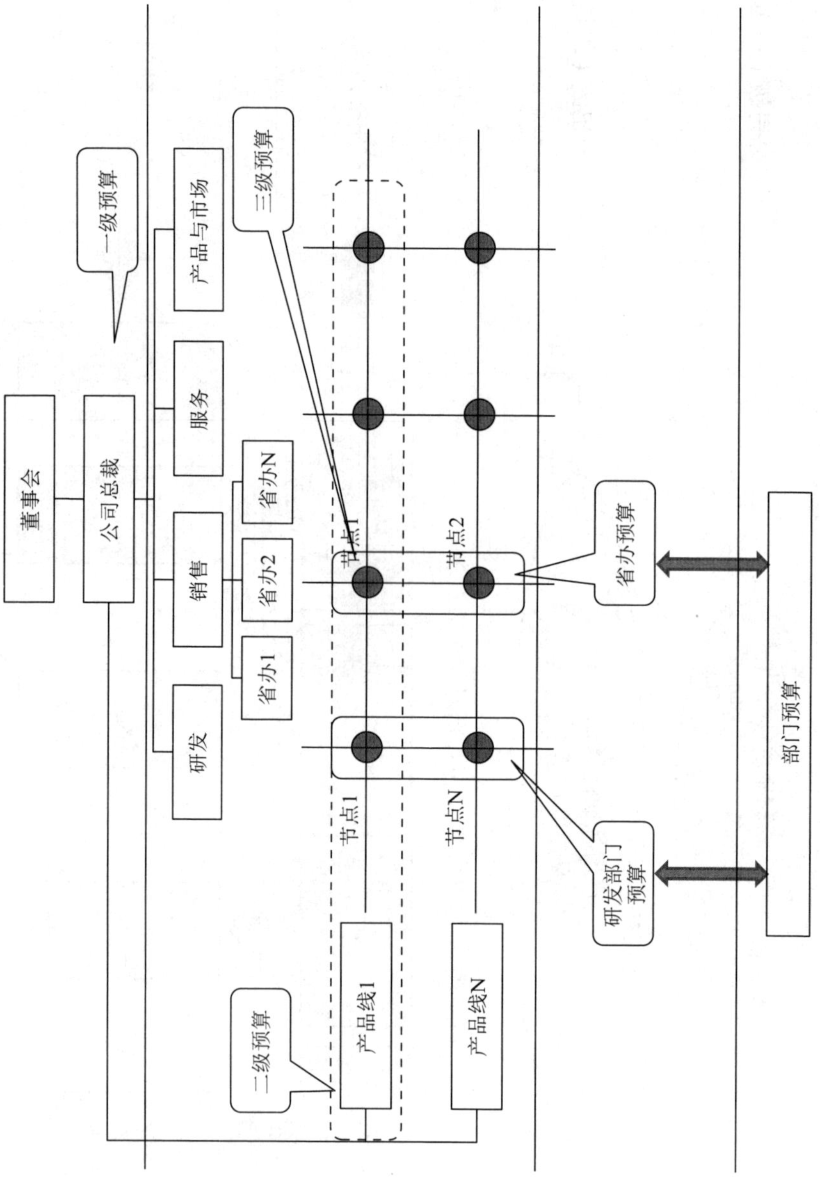

图5-3-3 产出三级预算模型图

◆ 如何制定鼓励增量的产出线预算

产出线预算包括产品线预算和营销预算，公司按不同的产品线给出比例，产品线内部进行划分。

通常总费用包可以拆分成五部分：

1. 产品线费用包，含三个子包；

（1）研发费用包；

（2）市场及产品费用包；

（3）技术支持费用包。

2. 销售费用包，主要指产品线到区域客户群产出节点的费用包；

3. 上交公司的管理费用包；

4. 战略投入费用包；

5. 上交公司的净利润包。

通常产品线可花费的包为1和2两部分。

享受战略补贴的产品线可花费的包为1、2和4三部分。

如果是战略控制节点，产品线可花费的包为1、2、4和5四部分。

通常确定产品线预算分为十四步，如下所示：

1. 历史数据分析；

2. 完成产品线客户细分和产品定位，明确公司各条产品线的费用比例；

3. 计算产品线的毛利率；

4. 计算人员编制；

5. 产品线人力成本包测算；

6. 产品线业务费用包测算；

7. 产品线管理及分摊包测算；

8. 明确增量路径和提升毛利率的办法；

9. 根据增量公式预测产品线节点任务；

10. 计算完成任务时核心员工的收入是否增长及战略控制节点增量是否能完成；

11. 风险评估和规避措施；

12. 重复2 ~ 10步，直到公司要求的收入与产品线的收入及员工收入的增长匹配；

13. 申请补贴及特别激励；

14. 完成产品线预算和“六个一”精细盈利模式。

产品线要进行历史数据统计，同时明确公司给产品线的费用比例；产品线要对公司详细说明未来的增量路径和现状，尤其是增量市场和增量客户产出节点的投入和产出，争取公司在比例上和增量计算系数上排序靠前，以获取更多的资源。产品线要详细计算人员成本编制，明确提出员工的收入包增长是否与增量增长匹配，尤其是要明确提出核心员工的收入必须有竞争力；产品线要事先做出员工收入包增长计划，按照比例倒推应该做到多少增量，再明确增量路径和提升毛利的办法，而不是简单地算账。产品线预算的模板如表5-3-2所示。

表 5-3-2　产品线预算模板

序号	项目	公司2017	占毛利额比例	公司2018	占毛利额比例	增长率
1	销售收入					
2	毛利率					
3	毛利额					
4	总费用					
5	产品线费用包					
5.1	产品线研发费用包					
5.1.1	人工成本					
5.1.2	业务费用					
5.1.3	办公折旧分摊					
5.2	产品线产品与市场费用包					
5.2.1	人工成本					
5.2.2	业务费用					
5.2.3	办公折旧分摊					
5.3	产品线服务与技术支持费用包					
5.3.1	人工成本					
5.3.2	业务费用					
5.3.3	办公折旧分摊					
6	产品线虚拟利润					
7	人数					
8	人均毛利额					

（续表）

序号	项目	公司2017	占毛利额比例	公司2018	占毛利额比例	增长率
9	人均薪酬					
10	产出营销节点费用包					
11	产出线虚拟利润					

产品线如何获取更多的预算？有三条路径：

第一条路径：明确公司的核心产品或新产品及增量客户的产品策略，以获取更高的比例

由于新老产品线的成长历程不同，在公司的战略重点不同，公司给出各产品线的标准费用比例。因为产品线不同、产品地位不同和客户分类不同，公司可以根据产品线现状，结合战略定位，给出调整系数，通常在0.6 ~ 2之间，如图5-3-4所示。

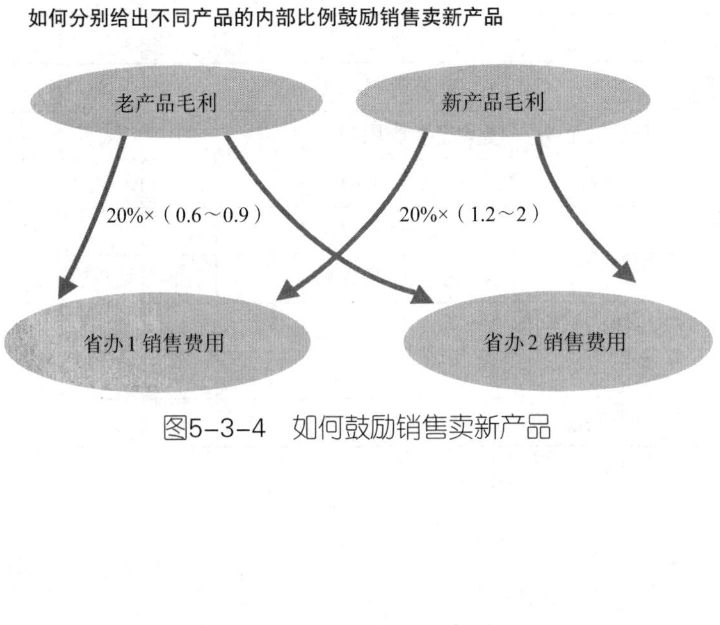

图5-3-4　如何鼓励销售卖新产品

如果该产品面向战略客户和新客户还可以再乘以系数，从而实现“六个一”精细盈利模式，向增量产品和增量客户倾斜。

第二条路径：完成较大的增量

通常老产品线的比例相对公司给新产品线的比例要低，而新产品线的比例不仅比公司老产品线的比例高，还可以按增量公式计算，如果人员不够，还可以申请战略补贴，以后再归还。

通常周辉费用包增量的计算公式为：

今年费用包=上一年毛利×费用比例×X+上年完成的毛利×公司平均增长率×比例×Y+超出公司平均增长率的毛利×比例×Z

其中，X小于1小于Y小于Z，通常，X=0.9，Y=1.3，Z=1.8；

这个公式强调：鼓励增量，针对增量给足预算，配置资源，以聚焦突破。

这个公式的含义如下：

第一，当今年实际完成的毛利与去年相比没有增长时，所有的费用在去年的基础上乘以0.9，也就是不增长，费用反而降得更快；

第二，当公司的毛利增长超过去年，但是低于公司平均增长率或指定增长率的时候，该段区间的费用还可以乘以1.3；

第三，当毛利增长超过公司平均增长率或指定增长率时，该段区间的费用还可以乘以1.8。

第三条路径：当比例和增量不够的时候，公司可以采取借款的方式进行战略补贴

当市场潜力巨大，公司的储备不够，产品线给出的比例和增量还不能满足当年的预算要求，可以申请补贴，提前预支，三年后进行归还。

◆ 如何制定支撑增量产出的部门预算

传统预算，公司向职能部门直接下达，职能部门只顾自己的能力提升不管产品线，不会为增量配置资源。在开放式预算中，产品线预算完成后，产品线根据资源线的投入进行节点预算，部门根据投入节点的预算进行汇总，形成部门预算，部门预算面向产出节点，负责提升员工能力，制定部门预算的步骤如下。

部门预算制定的十二个步骤：

步骤1：详细列出对公司产出目标的独特增量贡献；

步骤2：要实现上述贡献必须开展的工作；

步骤3：按照岗位或按照部门或按照节点进行结构分析；

步骤4：根据工作重点细分成财务指标，尤其是节点指标；

步骤5：根据工作重点细分成非财务指标，要求可量化；

步骤6：完成目标需要解决的主要问题；

步骤7：需要其他部门配合的主要问题；

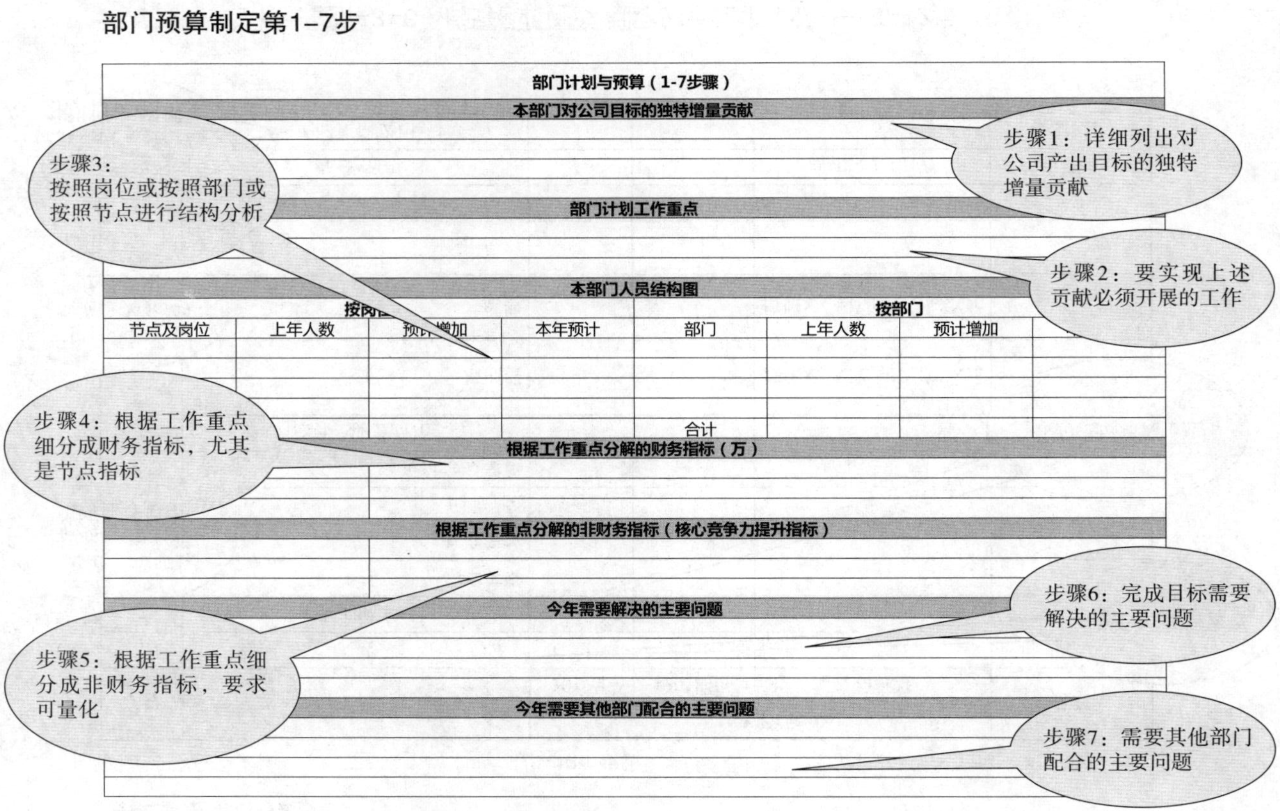

图5-3-5　周辉部门预算制定的十二个步骤——1-7步

预算制定第8-12步

8-12个步骤

序号	项目	XX部门			备注
		2017年	2018年	公司标准	
1	人数				步
2	人工成本				
	基本工资				
	月度绩效				
	五险一金				
	年度绩效及奖金				
3	节点1-N业务费用				
	培训费			按照XX人次，1人次XX元	
	差旅费			按照XX人次，1人次XX元	
	招待费				
	……				
	办公费用			例如，人均1万	步骤11
	折旧摊销费用				步骤12:

步骤8：填写人数

步骤9：填写人工成本

步骤10：按实际活动分类详细填写业务费用

步骤11：按公司标准乘以人数填写办公费用

步骤12：按公司标准乘以人数填写折旧推销费用

图5-3-6　周辉部门预算制定的十二个步骤——8-12步

步骤8：填写人数；

步骤9：填写人工成本；

步骤10：按实际活动分类详细填写业务费用；

步骤11：按公司标准乘以人数填写办公费用；

步骤12：按公司标准乘以人数填写折旧摊销费用。

◆ 增量开放式预算对各类人员的要求

增量开放式预算的责任主体是产出线，包括产品线和营销。财务部要给出相应的规则，算出公司的预算和比例，人力资源部给出薪酬增长的要求，产品线与业务部找到增长路径和加大对增量的管理办法，因此，对各相关部门和人员有不同的要求，如表5-3-3所示。

表 5-3-3　增量开放式预算对各类人员的要求

部　门		要　求
产品及研发体系	对产品线总经理的要求	1. 负责本产品线的预算制定及管理 2. 掌握本产品线三年历史数据分析的主要内容 3. 掌握本产品线费用的来源及管理要求 4. 掌握产品线费用二次分配的管理要求及注意要素 5. 掌握公司费用分配及使用的管理要求 6. 掌握人力成本包的计算公式 7. 知道控制业务费用包比例的途径 8. 知道产品线人员的薪酬结构 9. 知道产品线各类人员工资比例标准及收入包上限 10. 了解“六个一”精细盈利模式 11. 申请战略补贴

（续表）

部　门		要　求
产品及研发体系	对项目经理的要求	1. 负责项目的预算制定及管理 2. 知道项目费用内容 3. 掌握项目预算的管理要求
营销体系	对大区总经理的要求	1. 负责大区的预算制定及管理 2. 掌握大区三年历史数据分析的主要内容 3. 掌握大区费用的来源及管理要求 4. 掌握大区费用二次分配的管理要求及注意要素 5. 掌握大区总部费用分配及使用的管理要求 6. 知道办事处控制费用的范围 7. 掌握人力成本包的计算公式 8. 知道控制业务费用包比例的途径 9. 知道大区人员的薪酬结构 10. 知道大区各类人员工资比例标准及收入包上限
	对办事处经理的要求	1. 负责办事处的预算制定及管理 2. 掌握办事处三年历史数据分析的内容 3. 掌握办事处费用二次分配原则及管理要求 4. 知道办事处费用内容 5. 知道办事处费用的来源及管理要求 6. 掌握人力成本包的计算公式 7. 知道如何控制业务包比例
职能部门	对人力资源经理的要求	1. 掌握公司预算与核算原则 2. 负责人力成本包数据支撑
	对财务经理的要求	1. 参与制订公司中长期发展规划和年度计划 2. 协助各体系编制年度预算 3. 负责明确公司的会计核算规则、口径标准的定义与各产出角色的费用科目和费用包 4. 负责公司财务数据支撑

本章英文缩写与释义

缩　写	全　拼	释　义
KPI	Key Performance Indicator	关键绩效指标
CEO	Chief Executive Officer	首席执行官
KCP	Key Control Point	关键控制点
IPI	Individual Performance Indicator	个人绩效指标
CBB	Common Building Block	公共构建模块
TPBC	Technology/Product/Business/Customer service	技术/产品/解决方案/客户服务
SPAN	Strategic Positioning Analysis	战略定位分析
ODM	Original Design Manufacture	原始设计商

第 6 章

Chapter 6

如何设计增量薪酬结构和基于产出的绩效管理

绩效管理分为组织的绩效管理和员工的个人绩效管理。组织的绩效管理分三级，即公司的KPI、产出线（产品线和营销）的KPI和产出节点的KPI。这些KPI分解到核心员工的IPI，包括开关指标、组织指标、个人增量重点指标、部门指标和防火墙指标。员工所有的薪酬激励都要分为来源和发放，来源由组织指标和增量确定，发放与个人IPI的完成相关。员工的薪酬有十种来源，其中月度发放部分必须要保证员工的安全收入，核心员工还要保证有归属收入。企业应该通过提升核心员工的任职资格，鼓励核心员工在完成组织绩效的基础上有独特贡献和增量贡献；同时针对增量活动特别设立绩效工资，在实现减人、增效、加薪的同时，同步实现“一客户一产品一策略一财务模型一队伍一增量激励”精细盈利模式的落地。

本章精华

1. 增量绩效管理包括组织增量绩效管理（组织KPI）和个人增量绩效管理（IPI），组织KPI和个人IPI及增量薪酬确保“一客户一产品一策略一财务模型一队伍一增量激励”精细盈利模式的实现。

2. 组织KPI指标分为三级：公司为第一级，产出线为第二级，产出节点为第三级。企业首先对产出线进行考核，产出线对参与产出的节点人员进行考核，确保基于产出和组织绩效成功之上的个人绩效的提升。组织KPI制定需要公司CEO与产品线和营销体系共同制定而不是职能部门或各个部门自己制定。

3. 企业对员工的绩效管理包括四种类型、五种手段：不仅包括组织KPI和个人IPI，还包括过程管理的PBC和提升个人能力的任职资格与针对公司战略的KCP特别激励，以及针对每个职位最低要求的防火墙指标；其中绩效由产品线管理，任职资格由资源线管理，KCP由公司战略和重大项目确定。

4. 员工由谁或哪个部门管理一直是企业内部争论的焦点。在融智公司增量绩效管理体系里，员工管理分类，技能提升即任职资格由资源线管理，绩效包括年度绩效和过程绩效由产品线管理；员工的任职资格不过关，不要进行绩效考核，而首先应该提升能力。

5. 员工所有收入分为收入来源和个人发放，来源和组织指标挂钩，发放与任职资格、个人承担增量指标和能力提升挂钩。为了确保公司的战略目标和组织绩效成功，员工个人指标应分解为开关指标、组织指标、个人增量重点指标、部门指标和扣分制的防火墙指标。开关指标确保公司战略的实现，组织指标确保产出，个人增量重点指标体现增量和贡献的价值，部门指标主要表现为人员培养、体系建设和管理，防火墙指标作为基本要求，包括员工必须遵守企业文化、掌握必备知识和按时完成关键里程碑。五类指标统一支撑基于组织绩效成功之上的个人独特增量贡献的实现。

6. 员工的总收入包括年薪制的工资包、增量激励包、中长期激励和岗位津补贴等四类十种来源。企业应该采用年薪制吸引优秀人才，年薪制包括基本工资和绩效工资，绩效工资可以拆分为过程绩效工资和年度绩效工资；基本工资和过程绩效工资为月度发放，通常称为安全收入，安全收入是指能够满足员工工作所在地的生活基本要求的收入。企业应该保证90%的员工有安全收入，保证30%的核心员工通过年度绩效工资、增量激励和中长期激励获得归属收入（归属收入是指获得超出行业平均薪酬20%的收入）。

7. 企业应该对新产品的首单和战略新客户的首单建立追溯激励机制，以确保面向未来的创新和增量的正向鼓励；设立持续增长奖，鼓励持续的增量；设立虚拟股份制，让资本、企业家和增量核心员工共同分享企业成长的价值。

8. 为了让核心员工增加收入，应针对核心员工的增量活动设立增量活动工资，并针对该活动进行考核，确保增量落地，以实现提升组织绩效的同时，员工收入同步增长。

9. 针对战略控制节点和重大项目要设立KCP，KCP不仅包括研发项目、营销项目、交付项目，还包括管理改进项目。

10. PBC是针对项目过程管理的有效办法，PBC不超过5条，最重要的项目要有不低于50%的权重，以确保弱矩阵下资源聚焦，PBC考核周期最好是季度考核，可以进行月度预警及修订。

11. 任职资格管理体系建设要形成“先上学，再上架，再上位，再上岗，再上薪”的五上流程，先提升任职能力，再提升绩效，再获取个人收入与组织绩效的同步提升。

第一节
基于产出的增量薪酬结构

◆ 问题思考

1. 增量薪酬体系由哪些要素构成?
2. 为什么员工要采用年薪制?
3. 如何设计员工的安全收入?
4. 如何给员工设计增量活动激励?
5. 为什么员工工资以外的奖励要通过增量来计算?
6. 为什么特别激励要按项目评定?

◆ 传统的薪酬与绩效管理的误区及解决办法

为什么很多企业设计了KPI，甚至设计了OKR，但仍然不能持续增长，有的企业甚至出现过度管理?

是什么问题导致企业无法可持续发展?

传统的薪酬与绩效管理存在什么问题呢?

1. 很多企业简单地将KPI考核视为绩效管理，而不是综合考虑员工的能力和增量绩效，甚至追溯激励，员工的任职能力不够，强行进行绩效考核。没有建立组织KPI与个人IPI的关联，组织绩效没有分级，没有建立公司为一级KPI、产出线为二级KPI、产出线的节点为三级KPI，而是以部门为中心，导致产出遇到重重困难。

2. 个人绩效指标没有分类，没有建立基于战略和组织绩效之上的鼓励个人独特增量贡献的个人分类指标，个人绩效不与组织绩效挂钩，导致公司目标完不成，员工仍然有奖金。

3. 收入来源与发放不清晰，来源不与组织绩效挂钩，发放不与增量挂钩。

4. 收入结构没有采取工资包、增量激励包、补贴和长期激励相结合的方式，而且工资包没有采用年薪制，工资看上去低，但年终奖发放以后的实际薪酬并不低，导致引进员工的基本素质不高。

5. 年终奖发放不是按照增量确定，而是按照体量确定并且采用提成制，提成与销售收入挂钩而不是与毛利额挂钩，导致部分员工低价卖产品，个人收入提升，企业的利润却没有增长。

6. 盲目过大设立绩效工资，不考虑员工的安全收入，导致员工安全收入低，无法安心工作。

7. 区域补贴与薪酬不分离，导致员工从高消费区域转到低消费区域工资降低不了，从低消费区域转到高消费区域工资提高不了。

8. 不区分组织绩效与个人绩效和产出绩效，常常出现产出部门考核分数低而职能部门考核分数高。

9. 不设立过程考核机制，项目制成为空谈，项目经理只有责任，没有权限。

10. 不设立追溯激励机制，不设立KCP。

……

如何解决以上问题？企业应该建立增量薪酬结构体系，将员工收入分别与能力、过程绩效、组织绩效和增量绩效相结合。鼓励优秀员工先提升能力，有安全收入，再通过增量活动和增量激励获得更高的归属收入。企业同步进行客户细分与产品分类，建立“一客户一产品一策略一财务模型一队伍一增量激励”的精细盈利模式，确保组织绩效提升的同时，员工收入和能力匹配增长。增量绩效首要任务是解决分钱的机制问题，因此首先要定义基于增量的薪酬结构，明确薪酬来源与发放。

◆ 增量薪酬结构的定义

融智公司增量薪酬结构体系将员工的总收入分为三部分，四类十种来源，简称“融智公司员工十元增量薪酬结构”，又称“周辉员工十元增量薪酬结构”，如图6-1-1所示。

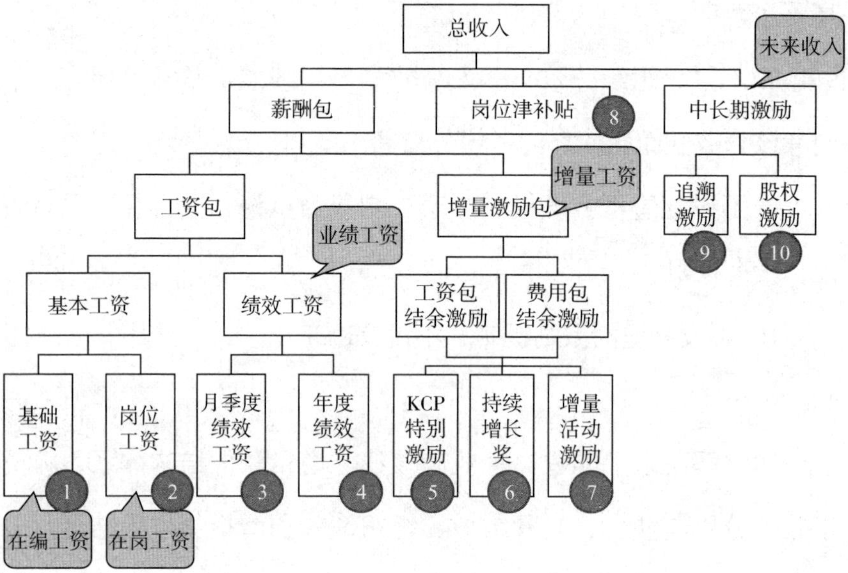

图6-1-1　周辉员工十元增量薪酬结构图

员工收入的三部分分别为薪酬包、岗位津补贴和中长期激励；其中薪酬包包括工资包和增量激励包，工资包又分为基本工资和绩效工资。增量激励包来源于按比例和增量公式计算出的费用与实际花费的费用相减得来的工资包结余和费用包结余，这个包是团队包，其发放到个人可按照KCP特别激励、持续增长奖和增量活动激励三种方式综合发放。

第一部分：薪酬包

薪酬包包括工资包和增量激励包，工资包与任职资格挂钩，增量激励包与实际完成的增量核算挂钩。

一、工资包

工资包通常用年薪制表示，包括四种发放形式。

1. 基础工资（1）和岗位工资（2）

基本工资是工资包中的固定部分，按月度发放，由所从事的岗位和个人能力与岗位匹配性评定综合确定，由考勤决定发放。基本工资又分为基础工资和岗位工资，其中基础工资不低于国家规定的最低工资标准，岗位工资按照员工是否在岗发放，如果因为员工能力不符合岗位要求，员工进行在岗学习或者脱岗学习，此部分不允许发放。

2. 月季度绩效工资（3）

月季度绩效工资是工资包中的变动部分，月季度绩效工资的发放与员工个人PBC考核结果挂钩，季节性波动的行业，营销人员和高管可以不设计此部分，统一按年度绩效计算，其他人可回归项目，由项目经理管理过程绩效。

3. 年度绩效工资（4）

年度绩效工资的发放来自分级的组织绩效（团队绩效），各类人员组织绩效的来源与组织的三级KPI分别挂钩，其发放与个人的IPI考核结果相关联。

通常，企业将以上（1）（2）（3）（4）四部分工资合并成年薪制，与任职资格挂钩。任职资格越高，年薪越高，绩效比例越高。例如，将基本工资设为X，绩效工资设为Y，月季度绩效工资设为a，年度绩效工资设为b，则工资包$=X+Y=X+a+b$，薪酬包越高，则Y值越大，在Y中通常越是高职位和高工资的人员b值越大，如图6-1-2所示。

例如，某员工工资包为年薪12万元，薪酬绩效比例为6∶2∶2（基本工资∶月季度绩效工资∶年度绩效工资），则该员工基本工资为6000元/月，月季度绩效为2000元/月，年度绩效为2.4万元/年。

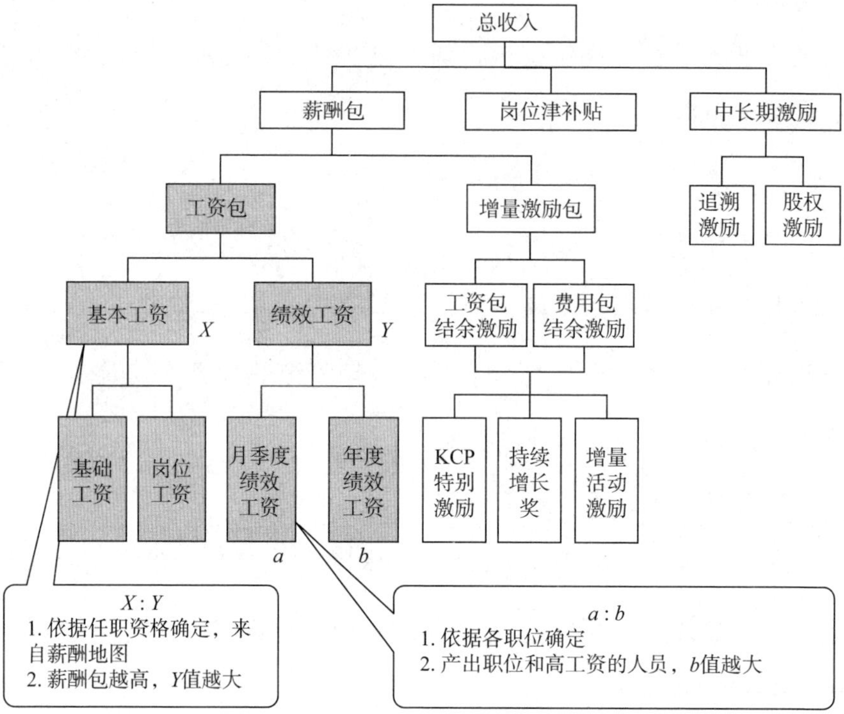

图6-1-2　增量绩效薪酬比例图

如果按绩效系数［绩效工资/（基本工资+绩效工资）］作为薪酬绩效比例设计工资包，则如表6-1-1所示。

表6-1-1　某公司工资范围与绩效比例示例

<table>
<tr><th colspan="2">任职资格级别</th><th>1</th><th>2</th><th>3</th><th>4</th></tr>
<tr><td colspan="2">工资包范围</td><td>8000元以下</td><td>8001-12000元</td><td>12001-16000元</td><td>……</td></tr>
<tr><td colspan="2">绩效系数Y/(X+Y)（工资越高，系数越大）</td><td>0.2</td><td>0.3</td><td>……</td><td>……</td></tr>
<tr><td colspan="2">基本工资 X</td><td>6400元</td><td>7000元</td><td>……</td><td>……</td></tr>
<tr><td rowspan="3">绩效工资Y</td><td>总额</td><td>1600元</td><td>3000元</td><td>……</td><td>……</td></tr>
<tr><td>月季度绩效 a（月季度PBC）</td><td>800元</td><td>1500元</td><td>……</td><td>……</td></tr>
<tr><td>年度绩效 b（年度组织KPI或个人IPI挂钩）</td><td>800×12=9600元</td><td>1500×12=18000元</td><td>……</td><td>……</td></tr>
</table>

二、增量激励包

增量激励包来自工资包和费用包的节余，工资包和费用包节余来自按实际完成情况根据比例和增量公式计算出可花费费用与实际花费费用的差额，增量越多，可花费费用越多。如果部门实际花费的费用越低，则节余越多，那么增量激励包就越大，核心员工可以获得的增量激励也相应越多（见表6-1-2）。

表6-1-2　增量激励包来源示例

	假设 1	假设 2
收入	10000元	12000元
毛利率	50%	50%
毛利	5000元	6000元

（续表）

	假设 1	假设 2
费用比例	40%	40%
可支配费用	2000元	2400元
减：实际支出费用	1800元	2100元
人力成本	900元	1100元
业务费用	720元	800元
管理分摊费用	180元	200元
工资包和费用包结余	200元	300元
增量激励包来源	200元	300元
增量激励发放给个人	按KCP、增量及个人IPI完成发放	

以增量激励为来源的发放包有三类，KCP特别激励（5）、持续增长奖（6）和增量活动激励（7），后续将持续说明。

第二部分：岗位津补贴（8）

岗位津补贴包括战略岗位津贴、管理岗位津贴、特殊岗位津贴和区域岗位津贴。

战略岗位津贴是针对超出薪酬带宽的特殊人才或在公司战略下进行人员调动所给予的专项补贴。

管理岗位津贴是指承担业务导师或委员会成员或评审专家等职务享受的专项补贴。

特殊岗位津贴是给予承担特殊岗位人员的补贴，如总裁秘书、总裁司机、技术文档管理员、税务和薪酬筹划人员等。

区域岗位津贴是针对艰苦区域或一线消费水平较高的区域设置的专项补贴。

第三部分：中长期激励

中长期激励包括两类，追溯激励（9）和股权激励（10）。

为什么要设计追溯激励呢？企业应针对一些中长期项目，当年看不到增量绩效，无法奖励，但未来能带来增量，为了鼓励获得未来增量，企业在一个周期内要设计追溯激励。

例如技术成果追溯激励，鼓励将预研成果快速转化为产品，形成销售收入。2014年，F公司针对三年之内预研成果转化为产品，而且形成销售收入达到××万元以上的预研人员，给予追溯激励，极大地增加了预研人员将技术成果产品化的积极性。

H公司一直设立战略客户追溯激励，针对战略客户，谁做的首单，两年内转化为公司大客户或价值客户，并累计达到××万元毛利以上的，给予追溯激励，极大地提高了新客户的开发力度。

股权激励来自净利润的一部分，可分为实际股权与虚拟股权。例如某公司将净利润增长的三分之一用于虚拟股权激励。

综上所述，员工的总收入有十种来源，其中基础工资、岗位工资和月季度绩效工资每月发放，年度绩效工资、KCP特别激励、持续增长奖和增量活动激励年底发放，岗位津补贴视实际情况发放，追溯激励和股权激励中长期发放。

◆ 为什么要设置安全收入与归属收入

按十元增量薪酬制，员工所有的收入有两种主要发放模式，其中基本工资和月季度绩效工资及部分岗位津补贴，我们称为“月度发放”，实际上可以理解为公司固定成本，员工越多，固定成本越高。年度绩效工资和增量激励及其他年底发放的相关待遇，我们称为“年度发放”，可以理解为公司变动成本，如果目标和任务没有完成，可只发放一部分。如图6-1-3所示。

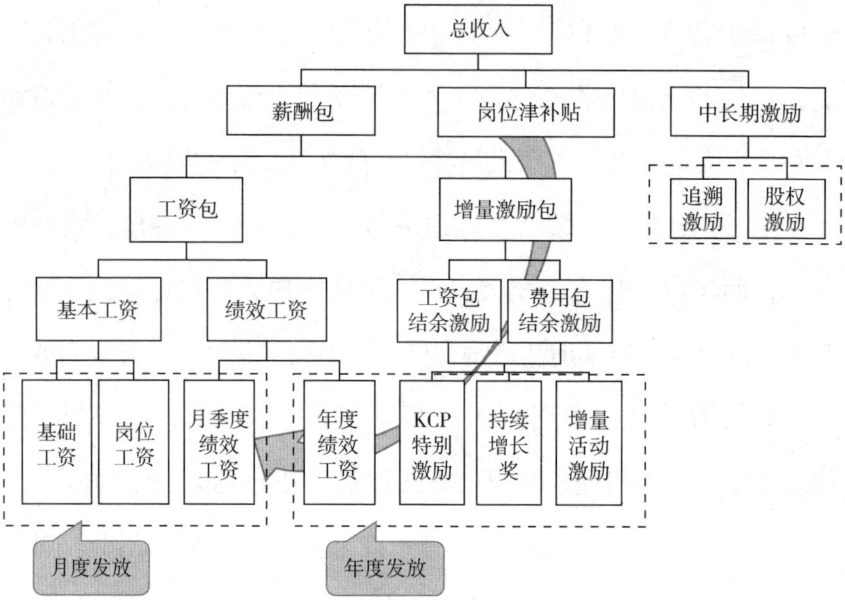

图6-1-3 十元增量薪酬结构下员工薪酬的月度发放与年度发放

月度发放来自年度预算中固定人力成本预算，年度发放来自不同任务完成率下组织绩效的达成带来的人力成本变动费用。

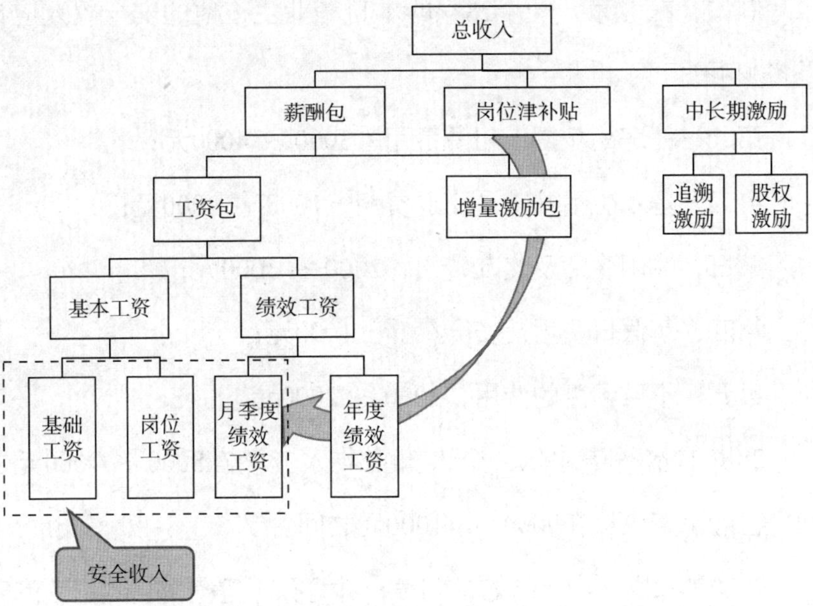

图6-1-4 员工月度安全收入

员工的月度安全收入主要指的是基础工资、岗位工资、月季度绩效工资部分和随月发放的津补贴（见图6-1-4）。员工的归属收入除了月度发放外，还包括年度绩效工资、增量激励包、中长期激励和岗位津补贴。

在设计工资时，首先要考虑员工有安全收入。安全收入指的是员工每月到手的个人收入可以满足个人在当地基本的生活需要，与行业没有关系，与员工所在地的消费水平、员工的年龄和家庭构成相关，可以用恩格尔系数（衣食住行/收入≤80%）作为参考标准。

例如，在北京，一个28岁的本科毕业生，他的安全收入应该是多少呢？

第一，住房的按揭或租赁费用，3000 ~ 4000元；

第二，基本生活开支及交通费用，1000 ~ 2000元；

第三，休闲生活及交友费用，2000 ~ 3000元；

第四，节假日费用及安全存储，1000元；

第五，不可预测的费用，1000 ~ 2000元。

28岁的本科毕业生，个人安全收入应该在8000 ~ 9000元之间，税前工资应该在9000 ~ 11000元之间。

28岁到32岁，由于结婚，购房，养育孩子等需求，其到手的安全收入应该在10000 ~ 12000元之间，税前工资应该在15000元左右。

32岁到36岁，考虑到孩子的教育费用和赡养父母的费用，其到手的安全收入应该在15000 ~ 18000元之间，税前工资应该在20000元左右，如下表所示。

年　龄	安全收入（元）	税前收入（元）
28岁	8000 ~ 9000	9000 ~ 11000
28岁-32岁	10000 ~ 12000	15000左右
32岁-36岁	15000 ~ 18000	20000左右

因此，企业要想接纳一个员工，首先要保证员工的安全收入，员工只有基本生活得到了保证，才能安心工作；尤其是28岁到36岁之间的员工，安全收入没有满足，不要设计更多的激励，哪怕年底奖金发得少，也要确保安全收入。

归属收入与行业的竞争对手开出的薪酬相关，行业领军企业的核心员工要比同行的薪酬高出20% ~ 30%左右，结合增量激励及任职资格管理，我们要针对不同年龄设计不同的固浮比，满足占比90%的员工有安全收入和占比30%的核心员工有归属收入的要求。

一定要注意，安全收入与行业无关，只与员工所在工作地消费水平相关，而归属收入则与行业相关，宁愿少招人，也要满足核心员工的归属收入，这也是企业一定要减人、增效、加薪的根源。

◆ 为什么工资包要设置年薪制

很多企业没有设置年薪制，通常是月度发放一部分工资，年底根据贡献发放一部分奖金，有很多员工都认为：

第一，年终奖不是工资收入，认为工资低，看不到自己的最终收入；

第二，年终奖的发放没有依据，没有安全感，不知是否能拿到。

例如，F公司高级研发工程师月工资1万元，年终发放20万元年终奖，但大家都认为自己的工资只有1万元乘以12个月，12万元，都觉得工资低，不把年终的20万元当作工资收入，后来经过融智公司的改革，高级研发工程师的工资为年薪30万元，但拆分为4：2：4的结构，如图6-1-5所示。

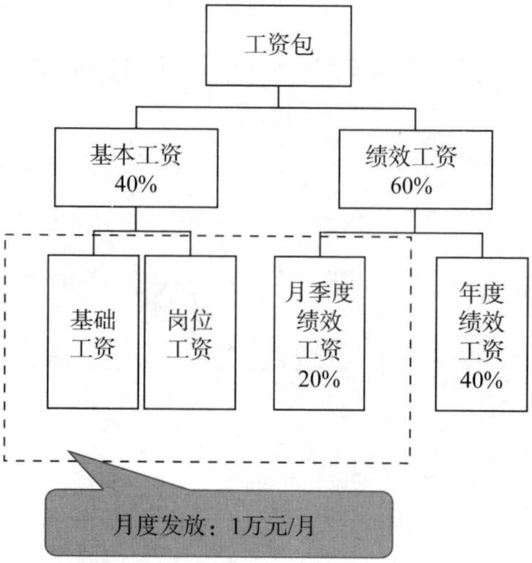

图6-1-5　F公司高级研发工程师薪酬结构及绩效比例

员工基本工资为每月1万元，月度绩效为5000元，年底发放为1万元乘以12个月，12万元，员工实际每月发放工资为1.5万元，但5000元必须与月季参考项目考核结合，无项目或项目完成不好，则无此部分或只发一定的比例；年终的12万元必须与年度组织绩效考核和个人绩效考核结合发放，也可能全无。

同样的原理，D公司2012年副总裁年薪设置为48万元，薪酬绩效比例为5：0：5，基本工资为每月2万元，不设月季度绩效工资，年底发放为2万元乘以12个月，24万元，员工实际每月到手的工资为2万元，年终的24万元必须与组织绩效和个人IPI考核结合

（见图6-1-6）。这样做的好处在于：

第一，副总裁的年薪达到了48万元；

第二，大家知道了年度绩效的组织KPI和个人IPI；

第三，大家知道了年度的考核指标与自己的收入如何关联。

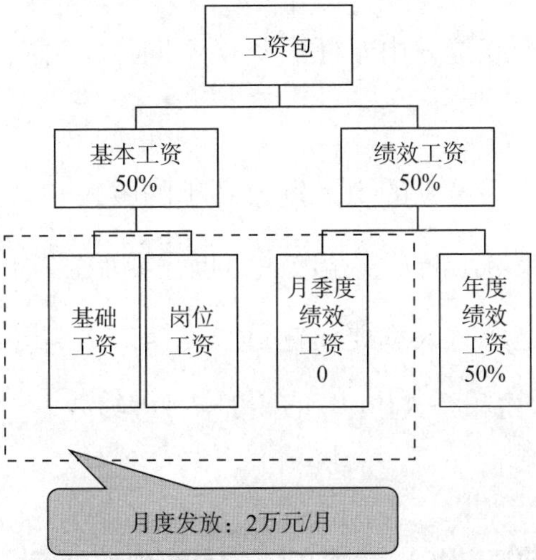

图6-1-6　D公司副总裁薪酬结构及绩效比例

通过以上案例，企业设置年薪制能带来以下好处：

第一，确定员工的总收入，能够吸引优秀的人才；

第二，年薪制将收入分解为固定部分和浮动部分，年度浮动部分与年度目标挂钩，月季度浮动与项目挂钩，员工清晰地知道固定部分即月度发放要确保安全收入，完成什么目标获得什么收入，可以有效保证组织绩效与员工的目标及收入的匹配；

第三，年薪制可以将同类职位对标竞争对手，根据任职资格等级设置宽带薪酬。

设置年薪制需要注意的是：

第一，不同类型的人的比例是不同的，工资越高的人浮动越高；

第二，同一职位，由于任职资格不同，年薪制可以实行宽带薪酬制；

第三，要确保员工的当月发放到手的收入和年度绩效的收入比例适当，确保员工能有安全收入，但需要加强项目绩效管理；

第四，不是所有人都要设置月季度绩效，高管或客户经理等职位设置组织KPI和个人IPI，可不设置过程绩效。

◆ 为什么要取消收入提成制而设置增量激励

很多公司实行提成制，而且按收入提成，低底薪、高提成，表面上看，节约了成本，但实际上，提成制没有考虑公司的战略和增量，有的甚至没考虑公司毛利。这种做法导致老员工围着老产品和老客户享受高提成，新产品和新客户无人做，无法带来新的增量，无法保证“六个一”精细盈利模式的实现，创新无法开展，资源无法聚焦到好产品和好市场，而对增量不大的市场，却又无法做减法和释放资源，战略目标与预算及绩效无法关联，在按收入提成的企业中，员工低价卖产品，甚至低于采购与制造成本，导致公司亏损，员工仍有提成，最终一定使企业业绩停滞不前。因此，建议企业取消提成制，设置增量激励，尤其是按收入或按体量的提成制必须取消。

取消提成制，即按实际完成的毛利根据比例和增量计算公式减去实际花费，得出工资包和费用包节余来发放激励。当员工获得工资包以后，并不是所有员工都有额外激励，要保证优秀的、有增量的部门和员工获取更高的收入，确保组织绩效增长的同时，优秀员工的收入和能力同步提升。因此，在工资包之外要设计增量激励，用增量带来的费用包节约来替代提成制。

由于采用开放式预算，所有预算实际上是按照比例和增量的计算公式得来的，如果在实际结算时，实际核算的虚拟收入与实际的花费相比有节余，则为增量激励的来源，这时用增量激励替代提成制。同时，追溯激励和年度绩效工资也可以替代提成的一部分，如图6-1-7所示。

增量激励的来源与增量和内部成本降低相关，因此，设计增量激励在保证大家获取增量的同时，更要确保成本降低，有效控制人员人数增加和不合理费用的开支。

例如，某公司销售费用包为毛利额的20%，假设某区域完成毛利1亿元时，该区域虚拟收入为1亿元×20%=0.2亿元，假设年底核算时，实际费用为0.18亿元，则200万元为虚拟利润，200万元可以作为增量激励，如表6-1-3所示。

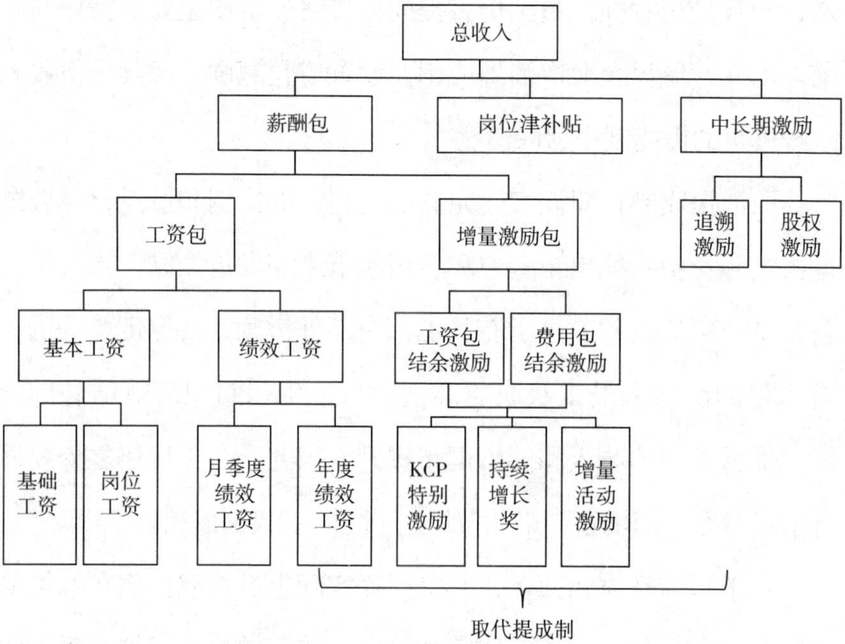

图6-1-7　十元增量薪酬结构下替代提成制的薪酬收入分类

表6-1-3

科目	示例 1
毛利	1亿元
可花费费用比例	20%
可花费费用	0.2亿元
实际花费费用	1800万元
虚拟利润	200万元
可用于增量激励的费用	200万元

团队的200万元增量激励进一步发放到员工个人，通常发放有三种形式，分别是KCP特别激励、持续增长奖和增量活动激励。

◆ 为什么要设置KCP

由于取消了提成制，每个作战分配单元会针对当前自身任务进行投入。如何确保公司战略目标的实现？如何确保"一客户一产品一策略一财务模型一队伍一增量激励"精细盈利模式的落地？如何确保公司文化和价值观清晰？如何鼓励基于公司组织目标完成的基础上再考虑产品线、部门、节点和个人的目标？这时就需要设立KCP（关键控制点项目）。

KCP通常分为两级：公司级和产品线级。

KCP通常包括两类：

一类是根据公司战略和价值导向设计的公司特别激励（可年初、年中和九月份分别设计）。如战略客户开拓奖、优秀业务案例奖、新产品开拓奖、人均毛利提升奖、优秀员工和管理改进奖等（见图6-1-8）。

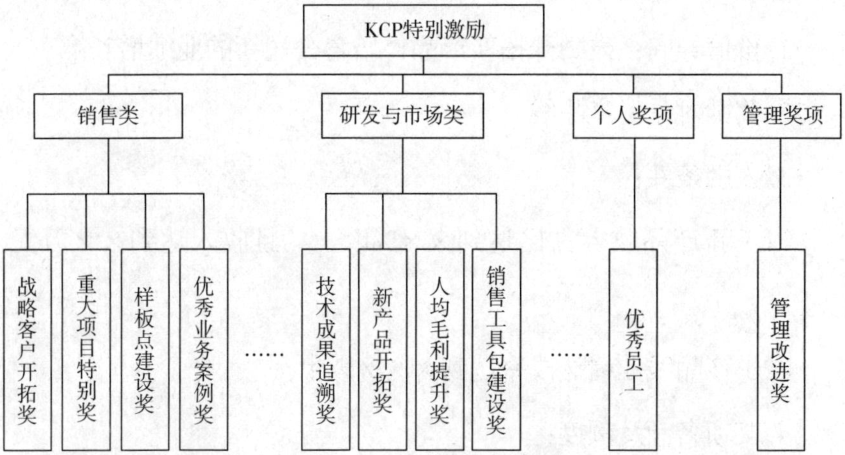

图6-1-8 某公司KCP特别激励

一类是针对某个战略控制中点项目设计的特别激励。例如，针对重大市场和客户需求的技术和产品突破，如F公司将2017年的5G项目设置为KCP项目。

KCP特别激励奖项的评价细则包括价值导向、奖励对象、入围条件、奖项名额及额度等方面。

例如，营销体系：战略客户开拓奖。

1. 价值导向：鼓励战略客户的开拓与积累。

2. 奖励对象：省办、行业。

3. 入围条件：

（1）与公司拟突破的战略客户形成合作框架协议；

（2）在当年产生订单（收入规模达到××万元以上）。

4. 奖项名额及额度：

取前××名，××万元。

例如，研发与市场体系：新产品开拓奖。

1. 价值导向：鼓励开拓新产品，培育公司新的业绩增长点。

2. 奖励对象：产品线。

3. 入围条件：

（1）新产品收入占比达到××%以上，且收入达到××万元以上；

（2）产品线业绩达成率达到××%以上。

4. 奖项名额及额度：

取前××名，××万元。

KCP是团队激励，如何发放到个人？

KCP特别激励的发放按照以下六要素分配到团队成员：

1. 是否在关键项目的关键路径上；

2. 是否是关键资源；

3. 有没有付出个人额外的努力；

4. 是否有独特增量贡献；

5. 是否要冒一定的风险；

6. 是否代表一定的价值导向。

设置增量特别激励可以有效避免大家吃大锅饭的现象，确保公司组织绩效增长，让给公司带来增量的优秀员工获取更大的激励。

例如，F公司在KCP团队奖项发放时，遵循“三三三一”原则：

1. 30%奖励给管理团队（团队第一负责人，20% ~ 25%）；

2. 30%奖励给绩效排名前20%的员工；

3. 30%奖励给绩效排名中间70%的员工，绩效排名最末10%的员工没有奖励；

4. 10%奖励给上级团队或者跨体系支撑团队。

◆ 为什么要设立持续增长奖

持续增长也是KCP的一种，增量绩效将其单列，以鼓励某一个产出单元或员工在某个岗位上持续增长，采取宽带薪酬制，在同一职位上由于业绩的提升，任职资格可以由预备级到正式级到职业级，甚至可以到副总裁级，工资包随任职资格提升的同时，可以再设立持续增长奖，以鼓励连续两年、三年、四年的增长。该员工如果连续多年保持增长，不建议将该员工调离，可以将该员工的职位不断提升等级，以实现“少将连长”机制。

同时，为了让增量市场和增量产品获得增长，可对市场潜力大，并且我们有优势或我们必须做好的产品与市场设立对赌机制，以鼓励核心员工到增长潜力大的岗位工作，对赌员工与企业至少应该建立一赔二的机制。

◆ 为什么要设立增量活动激励

为了鼓励员工在完成本职工作的基础上，能够积极主动的承担更多的责任，完成增量部分的任务，给有潜力的员工增加月度发放或年度发放，可以设立增量活动激励，解决年度增量激励不能提前发放的问题，正向的牵引和激励员工为公司创造更多的增量价值，实现公司与员工双赢。

对什么样的人可以设立增量活动呢？

1. 职能部门人员兼职做产出类工作。

2. 本身是产出类人员，同时又承担了战略控制节点的工作：

（1）本职工作以外还承担别的产出工作；

（2）本职工作内，经过公司批准，承担额外的增量和创新工作的战略控制节点的核心人员。

增量活动对应的薪酬额度由公司高层与增量活动执行人员在进行增量活动安排时，视增量活动的情况协商一致后确定。

增量活动考核时间以月或季度或年为单位，具体视增量活动情况确定。

例如，F公司某省办主任，负责该区域的运营商行业业务，其工资包为36万元。公司希望在该区域拓展另一个行业的业务，将这项工作叠加给省办主任，此时，可以设置一项增量活动激励，激励额度为6万元，明确增量活动的考核指标，任务完成后可核算发放（见图6-1-9）。

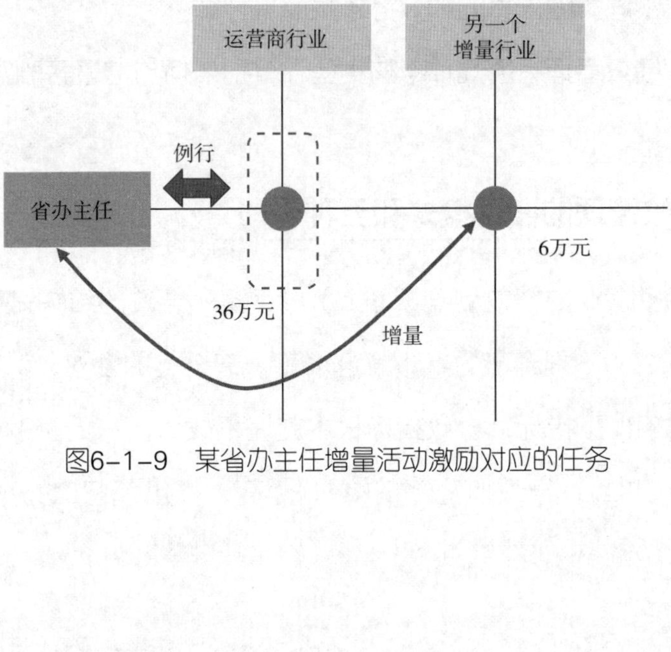

图6-1-9　某省办主任增量活动激励对应的任务

第二节
增量薪酬结构与绩效管理的关系

◆ 问题思考

1. 如何对员工的能力、员工的必备知识、员工必须完成的工作、员工的业绩目标和员工的增量进行不同类型的绩效管理？

2. 为什么先考核任职资格，再考核绩效？

3. 不同类型人员的绩效考核顺序是什么？

4. 绩效管理有哪几种考核类型？分别如何与增量薪酬对应？

◆ 绩效管理的四种模式和五种手段

很多企业的绩效管理只设计KPI考核，导致的结果是员工为KPI而KPI，不提升能力，不考虑增量。甚至有的企业，对没有能力的员工也下指标，导致指标根本就完不成。而有的企业不建立产出组织KPI，导致职能部门KPI分数高，产出部门KPI分数低，优秀员工流动到职能部门，导致产出部门无优秀员工和高手，企业无法增长。

我们应该设计不同的绩效管理模式，分别对应能力提升、过程绩效、年度目标和增量。核心思想是先提升能力，再保证过程的准确性，然后在完成年度目标的基础上确保增量。

融智公司设计的增量绩效管理包括四种模式和五种手段，绩效考核要综合考虑能力、过程和最终结果，同时还要让员工完成组织绩效和增量绩效。

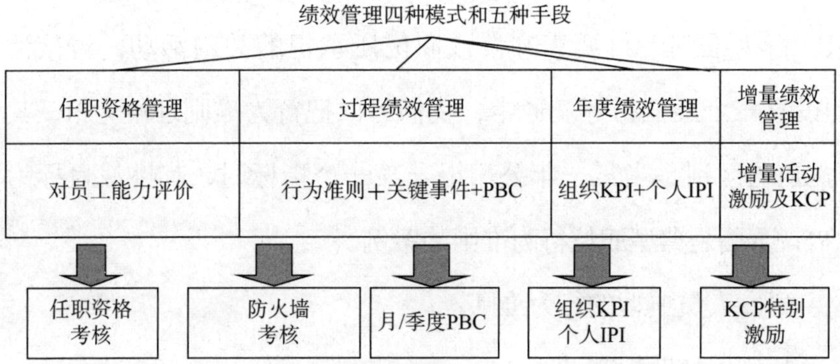

图6-2-1　周辉增量绩效四模式五手段

绩效管理的四种模式，包括任职资格管理、过程绩效管理、年度绩效管理和增量绩效管理，四种模式对应的五种手段为任职资格考核、防火墙考核、月/季度PBC、组织KPI/个人IPI和KCP特别激励（见图6-2-1）。

（一）任职资格考核

任职资格考核主要是对员工的任职能力进行评价，包括经历、技术能力、基本素质、关键业务活动和必备知识等要素。任职资格可以决定员工的基本工资，也可以先用任职资格决定工资包，再根据薪酬绩效比例拆分为基本工资和绩效工资。

（二）防火墙考核

防火墙考核是指每一个职位的基本行为准则，通常也可以理解为PI（Performance Indicator）。

行为准则是指每一个职位必做的相关工作和活动的基本要求，行为准则考核要素来自该职位所承担的关键活动，对该活动设立一个最低指标。通常，我们可以把行为准则理解为PI，其与KPI的区别是当某一年公司提升某一个指标时，其挑战目标为KPI，下面是典型职位行为准则的案例。

研发人员典型的行为准则：

1. 周报按时提交；
2. 一月内必须有文档输出；
3. 计划完成率必须高于70%；
4. 每周工作时间必须超过40小时；
5. 问题答复率达到95%；
6. 问题解决率达到70%；
7. 相同的问题不犯第二次错误。

某公司副总裁的行为准则：

1. 一年完成两个人员的培养；

2. 一年完成40学时的讲课；

3. 一年亲自完成一项流程的制定和优化；

4. 一年评审准确率达到80%；

5. 一年完成一个客户关系的突破；

6. 一年完成一个新产品的样板点建设。

产品经理典型的行为准则：

1. 价值/重要客户的前端需求响应时间少于3天，故障解决时间不超过2周；

2. 每月拜访/接待客户、出差至少1次，每年不少于18次；

3. 对客户（含内部客户）问题/咨询/求助等及时答复率大于95%；

4. 每月固定发布1篇产品月报，产品简报年累积不少于10篇；

……

行为准则需要注意以下三点：

1. 行为准则主要是指PI，公司的绩效指标主要是指KPI和IPI，很多公司将KPI和PI混为一谈，导致很多指标无法考核，KPI和IPI主要讲增量；

2. 行为准则没有达到标准不可以承担KPI和PBC指标；

3. 行为准则没有达到标准可以直接扣款或者考核直接降级。

（三）月/季度PBC

月/季度PBC主要是对员工的过程进行评价，来自年度和月季度计划，主要指当月必须完成的一些工作，强调过程和路径，PBC一般与月季度绩效工资挂钩。

PBC一般有5 ~ 7条，前三条要占70分以上，最重要的一条要超过50分，上个月没完成的工作要自动转成下个月的防火墙。如果防火墙没完成，本月不参与考核，直接扣掉绩效工资，如图6-2-2所示。

案例：某公司研发人员的月度PBC。

个人PBC——××部——某某某

指标类别	序号	活动类别	细分活动内容	计划完成时间	评分规则	权重	自评得分	评分	备注
部门工作	1	任职资格	学习行为准则						
	2	考试	完成软件人员的软件工程考试						
小计						0			
项目工作	1	需求分析	完成×××的需求分析的学习和分解	4月10日	评审通过	5			
	2	方案设计	××项目立项并完成开发	4月10日	立项完成10分 开发完成10分	50			
	3	编程	××改造的上线试运行	4月20日	具备上线试运行条件5分 上线试运行5分	20			
	4	测试	××系统的测试系统完成	4月25日	开发完成并部署10	10			
	5	验证	××系统PC客户端移植验证	4月20日	立项完成10分 设计文档10分	5			
	6	知识培训	离职补缺人员的招聘(招聘两人)	4月23日	入职一人5分	10			需人力资源部配合
小计						100			
防火墙	1	结项	×××项目、××××项目	4月15日		——			
	2					——			
合计						100			

图6-2-2　某公司研发人员的月度PBC

PBC特别适合对研发或职能部门进行过程控制。

PBC制定流程主要按PDCA循环进行，如图6-2-3所示。

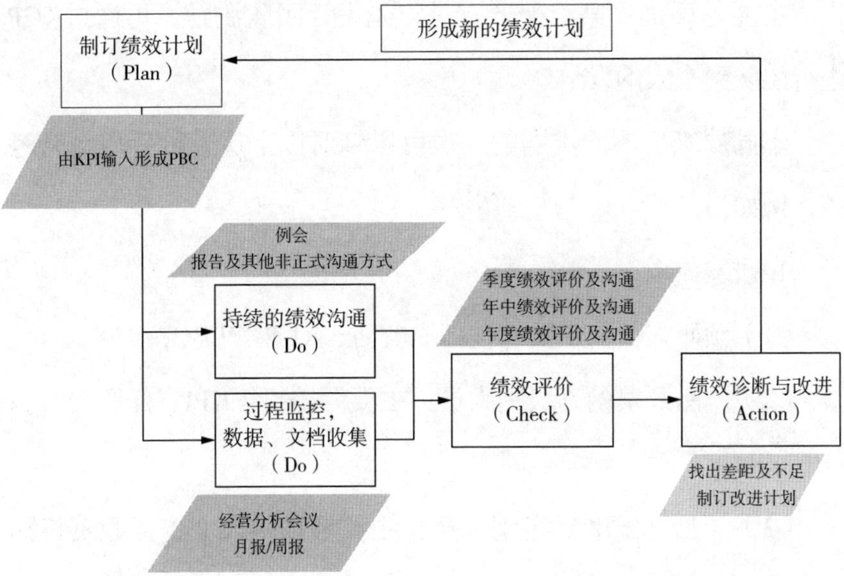

图6-2-3　PBC制定的PDCA循环流程

（四）年度绩效考核

年度绩效考核分为组织KPI考核和个人IPI考核。

组织KPI考核，通常是对组织进行考核，来自企业的发展战略、财务指标、市场指标和必须要解决的问题，更多的是强调组织绩效，强调实现战略目标的挑战性的指标。个人IPI考核通常分为开关指标、组织指标、个人增量重点指标、部门指标和防护墙指标考核。

（五）KCP特别激励

KCP特别激励，是针对有增量的部门或战略控制节点设计的增量特别激励。KCP发放有两种形式，一种形式是直接发放给个人，主要是评优；第二种形式是，先设计团队激励，再通过KCP进行团队到个人的发放。

不同层级、不同类别的人员可以针对以上这五种手段组合考核，例如：

1. 研发体系：

（1）预研人员：主要考核任职资格、KCP和PBC；

（2）产品开发的高级别人员：主要考核组织KPI、任职资格、PBC和KCP；

（3）产品开发的低级别人员：主要考核防火墙、任职资格和PBC。

2. 高层管理及职能部门：

（1）高层管理人员：主要考核组织KPI和个人IPI、KCP和任职资格，不设PBC；

（2）职能部门人员：主要考核其任职资格、防火墙、PBC、组织KPI和个人IPI。

3. 营销体系：

（1）客户经理：主要考核IPI、KCP和任职资格；

（2）市场经理：主要考核KCP、任职资格、组织KPI和个人IPI。

总体原则是，低级别的人员先考核任职资格和防火墙，高级别的人员不仅要考核KPI还要考核IPI和KCP，所有人都要考核任职资格。

◆ 增量薪酬结构与绩效管理四种模式和五种手段的对应关系

绩效管理必须与相对应的薪酬结构相结合，针对绩效管理的四种模式和五种手段，应该分别对应不同的薪酬结构。绩效管理的四种模式和五种手段与增量薪酬结构的对应关系如图6-2-4所示。

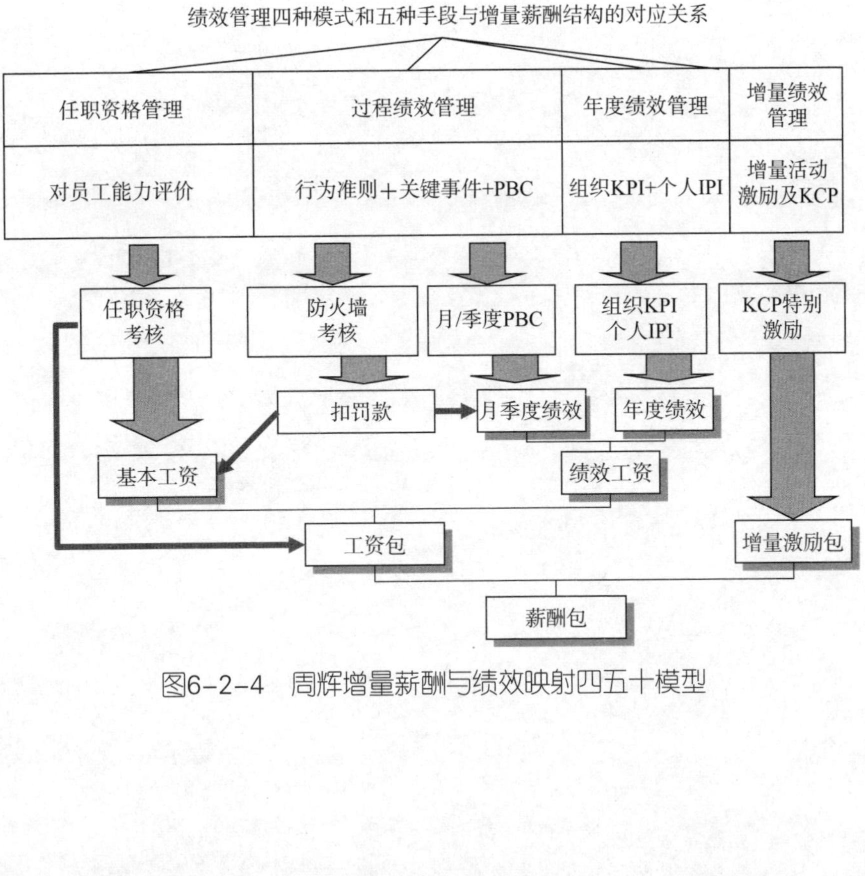

图6-2-4　周辉增量薪酬与绩效映射四五十模型

1. 任职资格可以决定员工的基本工资，也可以先用任职资格决定工资包，再根据薪酬绩效比例拆分为基本工资和绩效工资；

2. 防火墙考核作为罚款的依据，可以从基本工资中进行扣减，也可以从月季度绩效工资中进行扣减；

3. PBC确定过程奖励（月季度绩效工资）；

4. KPI和IPI确定年度奖励（年度绩效工资或年终奖）；

5. KCP确定增量及特别项目的贡献，但要有一定的比例限制。

第三节
如何进行组织KPI和个人IPI的管理

◆ 问题思考

1. 为什么要进行人员分类？

2. 组织KPI为什么要分级？

3. 个人IPI与组织KPI有什么关系？

4. 组织KPI与公司战略和增量有什么关系？

5. 如何建立基于组织KPI之上的个人IPI？

6. 如何确保公司战略目标和增量目标的实现？

◆ KPI的分级及KPI与IPI的关系

传统KPI将组织与个人混淆，而融智公司增量绩效管理明确KPI通常指组织KPI，分为三级。

1. 公司的KPI为第一级，通常包括八个指标。

四个财务指标：

（1）销售收入和毛利额及增长率：评估企业的发展规模（毛利额）；

（2）新业务在销售中所占的比例：评估企业的增量及创新能力；

（3）人均毛利及增长率：评估企业的人均效益和员工任职能力；

（4）非薪酬包费用占比降低率：评估企业的管理能力及运营能力。

四个关于核心竞争力的结构性指标：

（1）核心产品收入占比：评估产品收入结构合理性，评估公司产品是否聚焦；

（2）优质客户收入占比：评估客户收入结构合理性，评估客户是否聚焦，评估客户是否可持续增长；

（3）重点区域和战略区域的收入占比：评估区域收入结构合理性，评估区域是否聚焦；

（4）员工结构和任职资格能力的合理性：评估企业的员工结构及核心员工的能力是否与薪酬匹配。

2. 产出线的KPI为第二级，通常是将八大指标分解为产品和客户群指标，其中的收入指标分解和新业务收入占比指标分解，如图6-3-1和图6-3-2所示。

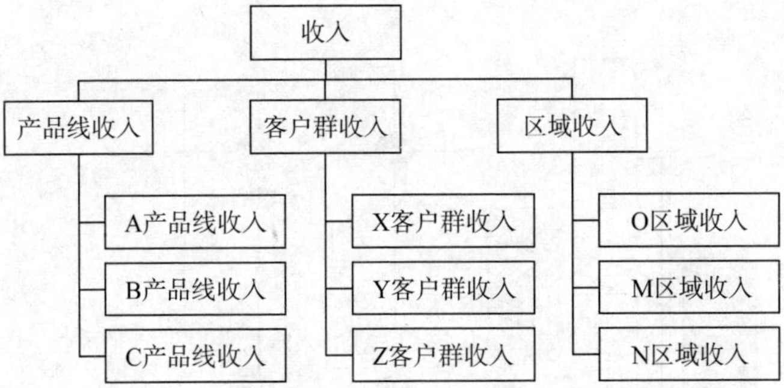

图6-3-1 收入指标分解

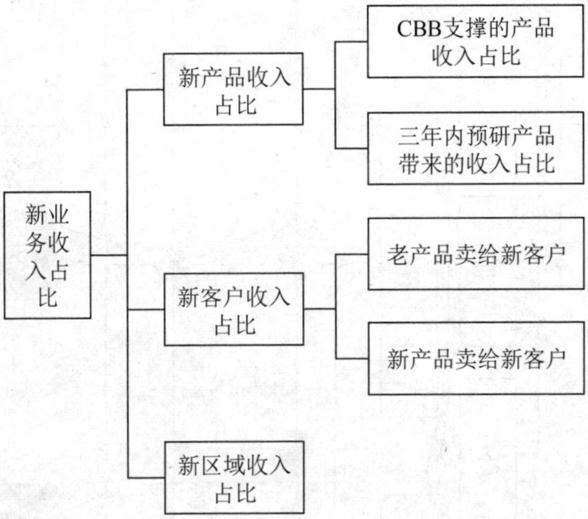

图6-3-2 融智公司新业务收入占比指标分解

3. 节点的KPI为第三级，主要是各产品线分解到参与该产品线的研发、市场、采购、制造及相关职能部门的节点的指标，强调的是支撑产品线所必须要完成的细化的指标，通常直接到具体的个人和项目组。

各类指标的逻辑关系和责任主体如图6-3-3所示。

组织KPI与个人IPI关系如图6-3-4所示。

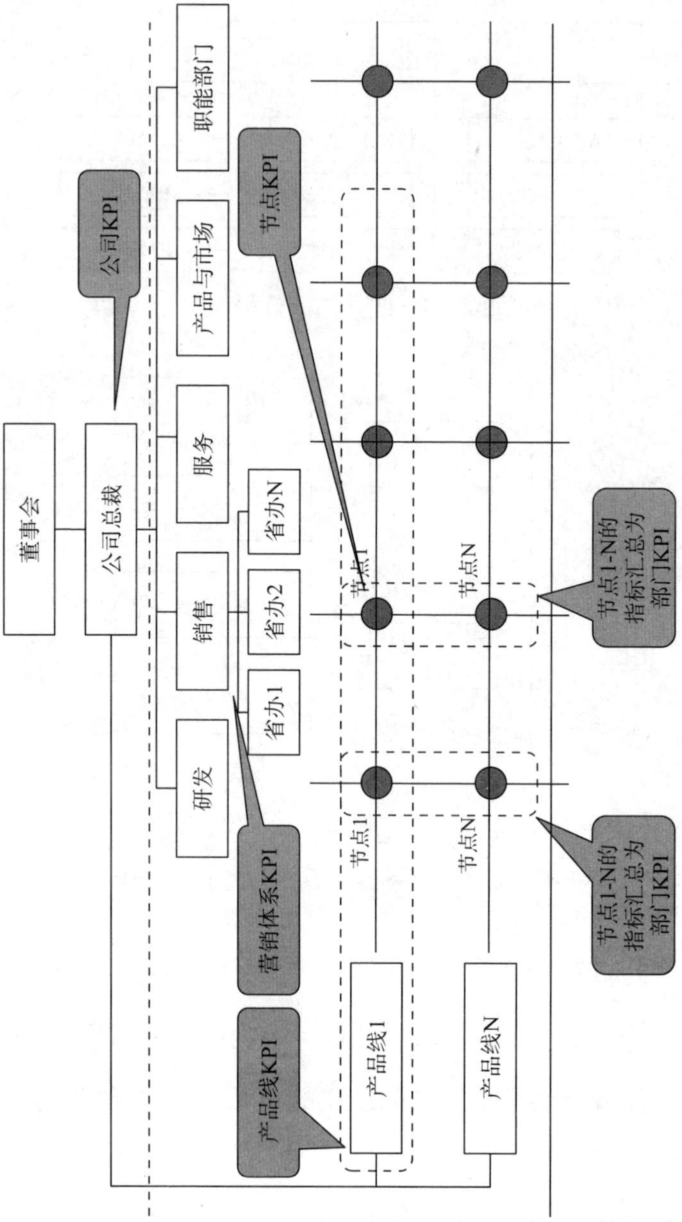

图6-3-3 周辉公司KPI层级图

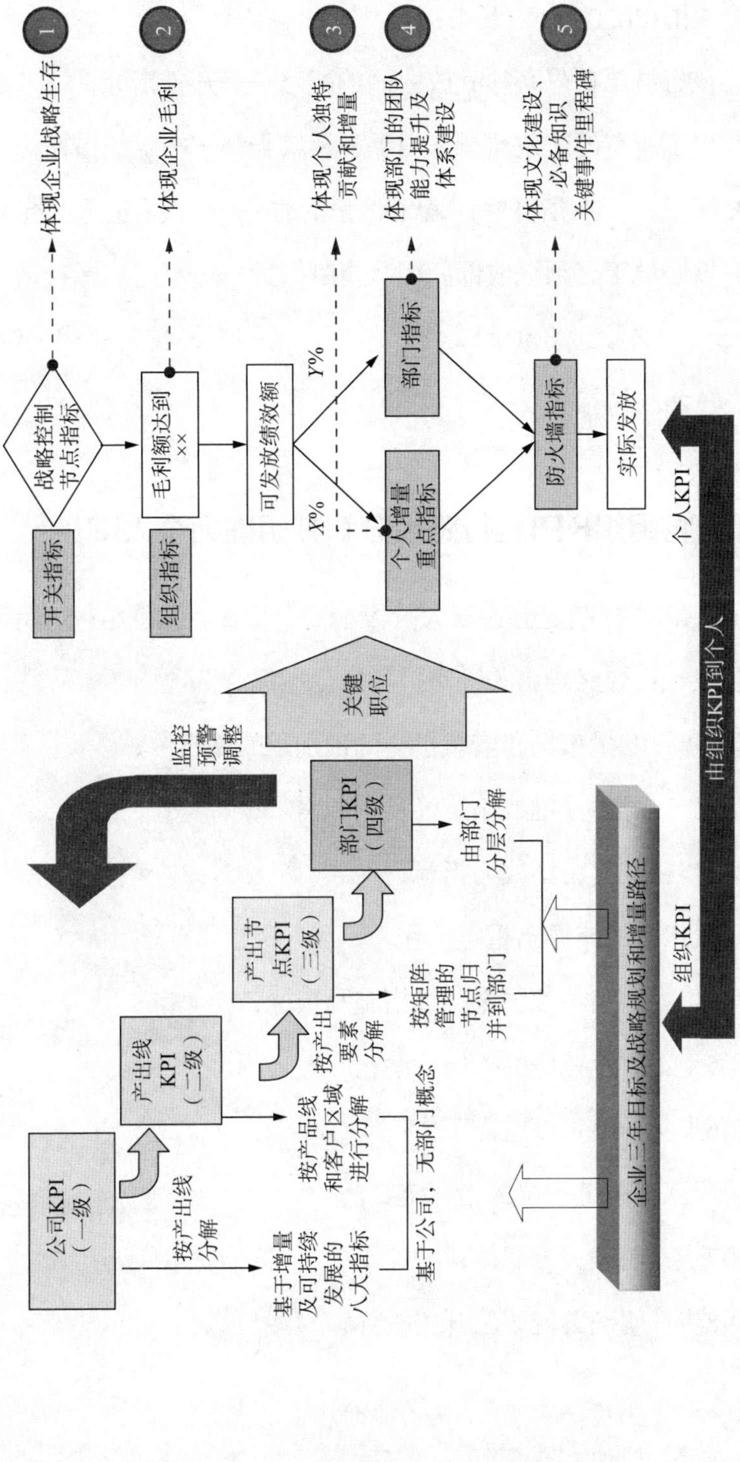

图6-3-4 周辉增量绩效模型

个人的IPI通常分为五类：

1. 核心员工首先必须完成公司的战略——开关指标；

2. 员工所有的绩效薪酬来自毛利及增长率——组织指标；

3. 核心员工必须有独特贡献和增量活动——个人增量重点指标；

4. 核心员工必须完成部门团队贡献指标——部门指标；

5. 员工必须遵守企业文化、掌握必备知识，按时完成关键里程碑——防火墙指标。

◆ 如何将组织KPI进行路径分解并明确到个人IPI

个人IPI指标制定分为三大阶段十二个步骤，如图6-3-5所示。

阶段一：战略导出关键举措和衡量指标。

第1步：增量市场和增量机会的识别及战略定位；

第2步：导出关键战略路径及资源需求；

第3步：导出公司战略指标；

阶段二：战略导出重点工作。

第4步：导出年度关键路径措施及指标；

第5步：年度业务的指标分解；

第6步：导出年度重点工作；

阶段三：关键职位的指标定义。

第7步：明确关键职位；

第8步：明确关键职位开关指标；

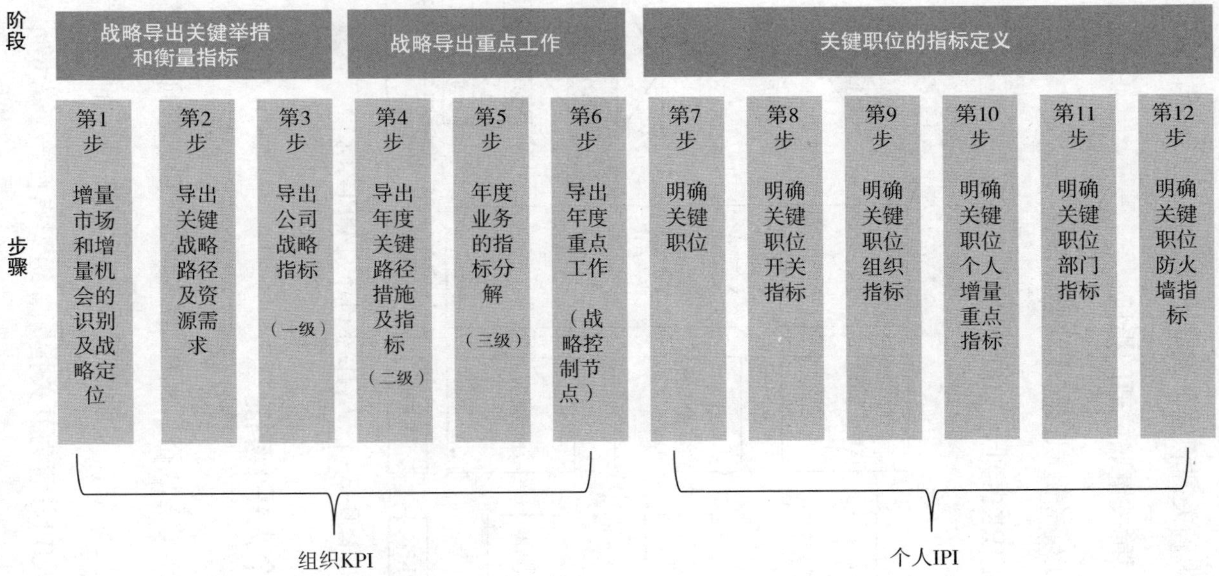

图6-3-5　从组织KPI到个人IPI指标制定的三大阶段十二个步骤——融智IPI制定的十二个步骤

第9步：明确关键职位组织指标；

第10步：明确关键职位个人增量重点指标；

第11步：明确关键职位部门指标；

第12步：明确关键职位防火墙指标。

案例：从组织KPI到个人IPI（见图6-3-6）。

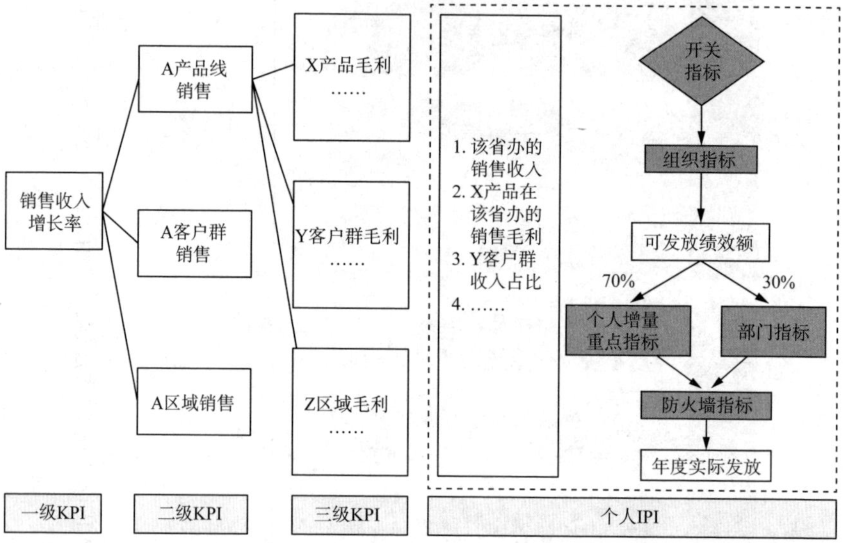

图6-3-6　从组织KPI到个人IPI案例

◆ 如何进行个人IPI考核

为了确保公司的战略目标和组织绩效成功，实现基于组织绩效基础上的个人绩效，鼓励优秀个人承担挑战性的独特增量贡献，我们将个人IPI分解为开关指标、组织指标、个人增量重点指标和部门指标及扣分制的防火墙指标五类。

（一）开关指标

开关指标决定绩效工资的有无，一般选取人均毛利、新产品、新业务占比等指标，开关指标没有完成，不进行绩效考核，年度绩效工资为零。

（二）组织指标

组织指标决定绩效工资的多少（相当于蓄水池），通常基于组织发展的要求选取最重要的一个指标，以确保公司发展目标得以实现。组织指标分为公司级和部门级，通常选取毛利额作为组织指标，需要注意的是，公司所有职能部门也都要承担相应的组织指标。

（三）个人增量重点指标

个人增量重点指标考核该职位个人的独特增量贡献，通常个人增量重点指标有3 ~ 5个，最多不超过5个，占部门绩效权重不低于50%。

个人增量重点指标强调高手的独特贡献，充分体现个人独特增量贡献或亲自主抓的创新业务和增量业务。

由于每个人有五类活动：组织、参与、监控、独立执行、评审与规划。个人增量重点指标一定是独立执行和组织执行的，这样可以防止团队负责人把下面员工的指标加和等于自己的指标。

个人增量重点指标设置可以保证压力的有效传递，避免员工要么是甩手掌柜，透明传输，要么是任务分解不出去，自己背指标。

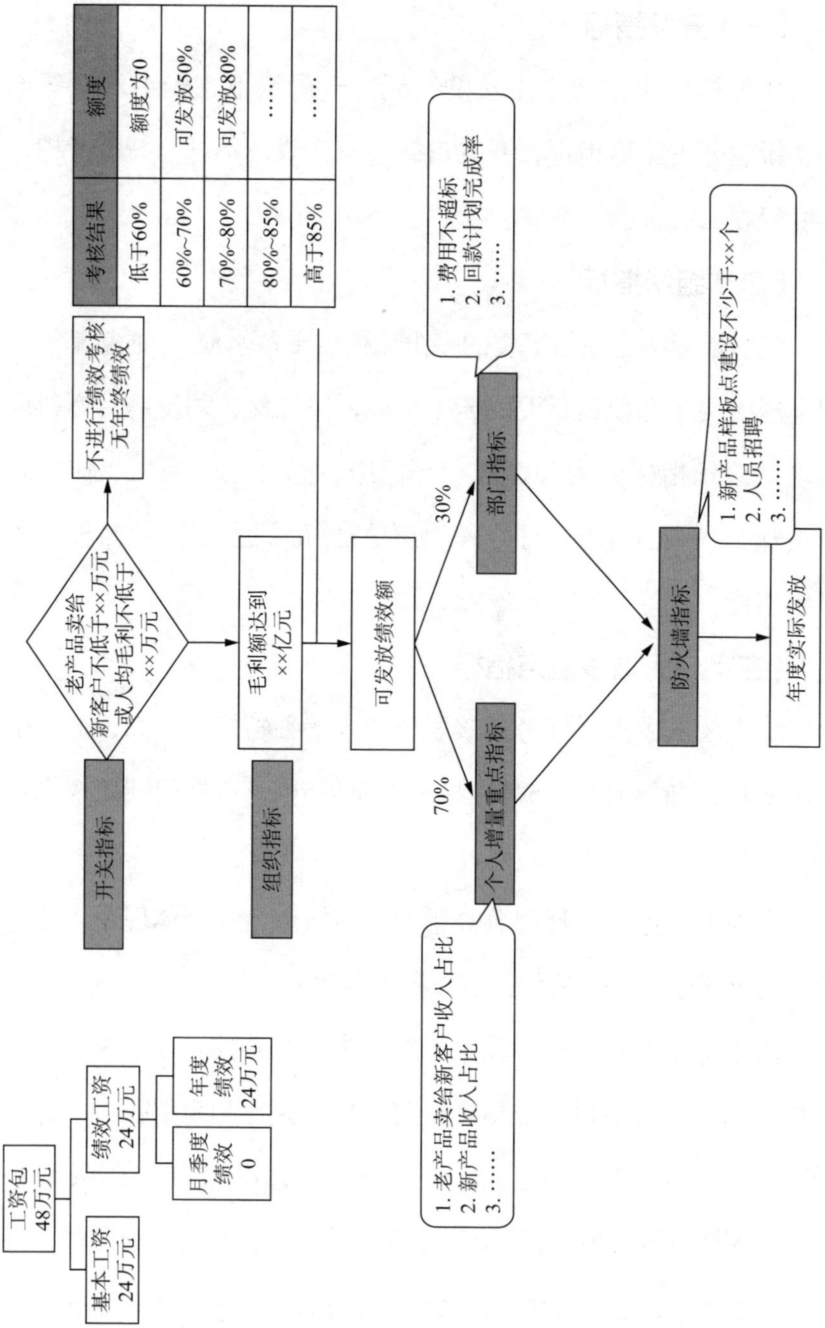

图6-3-7 融智省办主任年度绩效考核及发放流程模型

（四）部门指标

部门指标由部门拟制，直接上级进行审核，通常会根据部门发展目标从部门KPI指标库中选择若干项指标构成，占部门绩效权重不高于50%。

（五）防火墙指标

防火墙指标是指规定必须完成的基本行为准则，如果没有完成，就从发放的绩效工资里面按比例扣除或者乘以一定的折扣系数，可设月度、季度、年度防火墙指标。

例如，某公司省办主任年度绩效考核及发放流程，如图6-3-7所示。

其考核流程如下：

第一步，进行开关指标考核，开关指标未完成，不进行年度绩效考核，年终绩效奖金为零；在开关指标完成的前提下，继续进行组织指标的考核；

第二步，进行组织指标考核，组织指标考核毛利额，根据毛利额完成情况，不同的完成区间对应相应的可发放绩效额度；

第三步，进行个人增量重点指标和部门指标的考核，根据实际完成情况，按照权重进行核算；

第四步，进行防火墙指标的考核，防火墙指标中如果某一项未完成，就扣减一定的绩效额；

第五步，通过以上五类指标的考核，最终核算出年度绩效的实际发放值。

第四节
如何进行任职资格管理

◆ 问题思考

1. 任职资格是如何构成的？
2. 任职资格与薪酬有什么关系？
3. 任职资格的认证流程是怎样的？
4. 任职资格的作用是什么？

◆ 任职资格的定义

员工管理包括三个要素，分别是任职资格、绩效、企业文化及价值观，任职资格是指员工承担某一职务或岗位工作需要具备的个人素质与能力。

任职资格标准从胜任工作的角度出发，建立以结果为导向的技能和行为标准，它强调企业的价值导向，强调员工能做什么，会做什么，而不是知道什么，更强调员工要对照标准提升能力和经过岗位轮换积累经历。

任职资格建设的核心是五个字“知、会、用、效、讲”。“知”是了解和知道，“会”是通过必备知识考试，“用”是在实际工作中用理论来指导实践，“效”是做出业绩和达到效果，“讲”是总结案例和分享经验，具备讲解问题和点评他人的能力。

任职资格标准体系主要包括三个方面、八个要素，如图6-4-1所示。

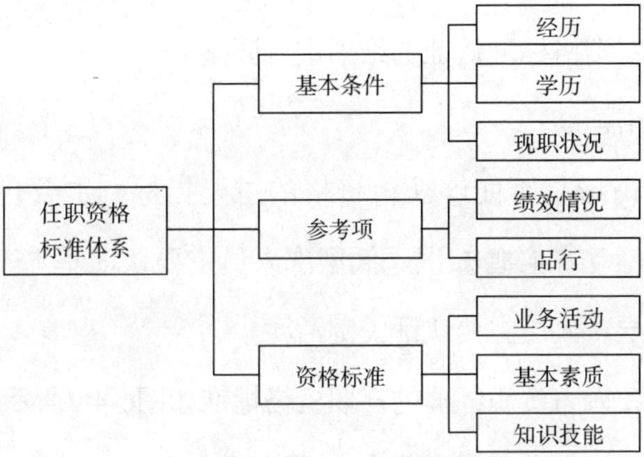

图6-4-1　任职资格标准体系

1. 基本条件：

用于初步判断员工是否具有申请某个级别的资格，主要根据经历判断，低层次员工看学历和实践经历，高层次员工主要看跨部门的工作经验，管理干部主要看管理经验。例如，某公司的研发人员分成六级：

（1）一级人员没有测试的经历不能升二级；

（2）二级人员没有技术支持和售后服务的经历不能升三级；

（3）三级人员没有市场的经历不能升四级；

（4）四级人员没有从原型设计到工程设计，再到小批量设计和产品转产的经历不能升五级；

（5）五级人员没有一个完整的系统方案设计和需求分析的经历不能升六级。

2. 参考项：

用于对资格标准认证的结果进行调整。

3. 资格标准：

用于衡量是否能够获得资格的主要指标，主要包括基本素质、关键活动和必备知识。低层次人员主要认证基本素质和必备知识，高层次人员主要认证关键活动。

例如，人力资源经理的任职资格标准如图6-4-2所示：

在任职资格与职位匹配的过程中会出现三种情况：高配、平配和低配。

“高配”指的是任职资格低于职位要求，“平配”指的是任职资格基本符合职位要求，“低配”指的是任职资格高于职位要求。

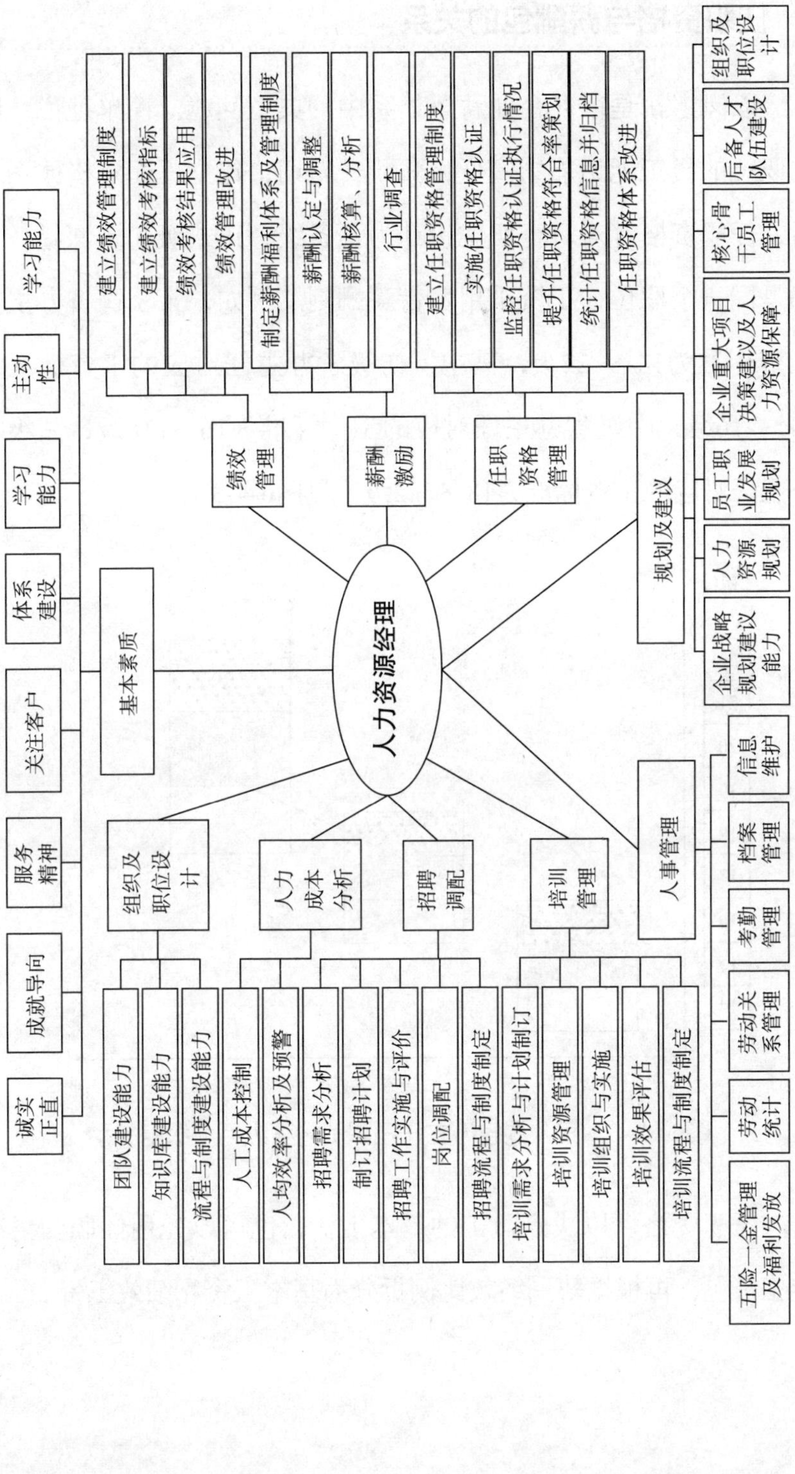

图6-4-2 融智公司人力资源经理的任职资格标准模型

◆ 任职资格与薪酬包的关系

以岗定薪是很多企业薪酬体系中的典型问题。简单地说，同一职位的员工无论能力高低，薪酬一刀切；建立任职资格体系之后，任职资格针对每个职位设计为预备级、正式级和资深级，虽然是同一个职位，工资采用宽带薪酬制。例如，某公司省办主任工资标准为14 ~ 22级，其中，初级省办主任对应的工资标准为14 ~ 16级，中级省办主任对应的工作标准为16 ~ 18级，高级省办主任对应的工资标准为18 ~ 22级（见图6-4-3）。

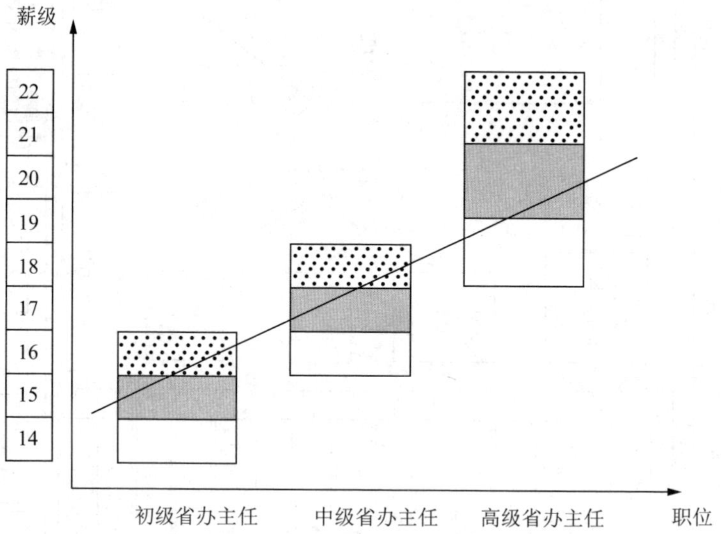

图6-4-3　某公司省办主任任职资格等级与薪级的关系

任职资格可以决定员工的基本工资，也可以先用任职资格决定工资包，再根据薪酬绩效比例拆分为基本工资和绩效工资。

◆ 任职资格的认证流程

任职资格等级晋升，遵循“上学”“上架”“上位”“上岗”“上薪”的五上流程，现有人员可先“上位”，在一段时间内补“上学”和“上架”，再进一步“上岗”和“上薪”(见图6-4-4)。

1. 上学：先学习，补充必备知识；

2. 上架：通过考试后，进入后备干部资源池；

3. 上位：给空缺职位让员工试工作；

4. 上岗：有成功的经历，做出业绩，通过任职资格认证，正式上岗；

5. 上薪：调整工资。

通过“上学”完成知识考试，进入后备干部资源池，实现“上架”，再从资源池选人“上位”，最后通过实际考核实现“上岗”和“上薪”。

很多公司都有“上岗”和“上薪”，但是没有“上学”和“上架”的过程，对于新上岗的员工应该按照这上面的五个步骤，对已经上岗的老员工规定时间内要求补知识、补经历，补上学和上架的过程。

任职资格认证与薪酬调整，通常要遵循以下操作原则：

1. 在任职资格评估之后，并不是所有的人都能与职位相匹配，公司为鼓励员工成长，允许高配（任职资格低于职位的要求）的情况出现；

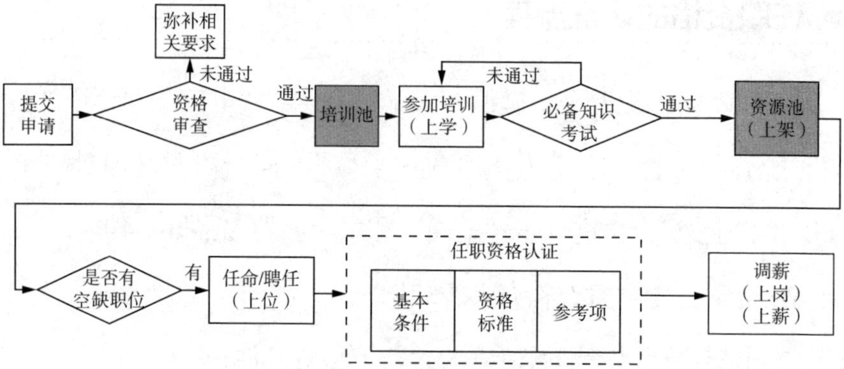

图6-4-4 任职资格晋升的五上流程

2. 高配人员需要三到六个月的时间通过必备知识考试。如六个月后未通过必备知识考试，其工资将不再升级；

3. 在员工完成任职资格认证后有“员工试上位”的过程，需要经过一段时间，并完成几个成功项目或职位业绩要求后才能达到任职情况与职位标准真正相匹配，此时员工“正式上位”，成为合格的任职者；

4. “员工试上位”的过程不予调整工资，待“正式上位”后再进行匹配。

◆ 任职资格的主要应用

对于公司来说，建立任职资格管理体系主要起到以下作用：

1. 完善员工职业发展通道（见图6-4-5）；

通过任职资格管理体系建设，将不同类别不同级别的员工发展与企业发展相结合，完善员工的职业发展通道，建立良性的流动和轮岗机制，促进员工发展，实现组织成功。

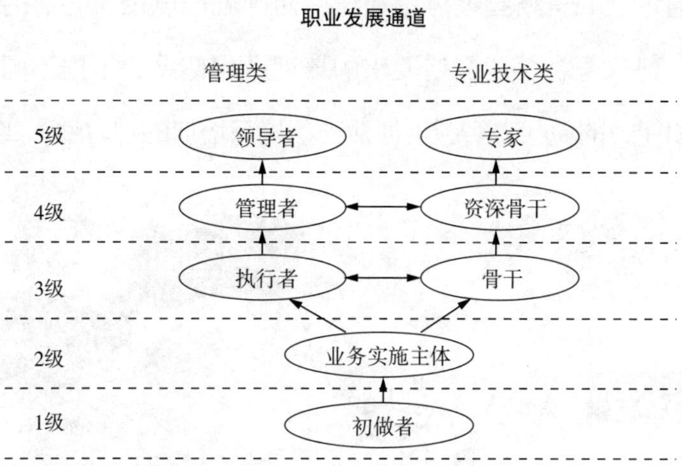

图6-4-5　员工的职业发展通道

2. 为招聘/竞聘提供依据；

根据空缺岗位的任职条件，明确任职资格要求，开展人才选拔和人才引进，通过内外部招聘、内部竞聘、调配等方式提高人才引进的效率和质量。

3. 优化薪酬体系；

按照任职资格认证结果，将任职能力纳入薪酬分配要素，进一步完善薪酬体系。

4. 开展绩效沟通；

以任职资格要求作为绩效考核依据，制定员工绩效考核方案，发现员工履职中存在的问题，并提出改进方案，提高考核的针对性和实效性。

5. 促进员工培训发展体系建设（见图6-4-6）。

通过任职资格管理体系建设，明确胜任职位所必需的知识和技能，建立符合任职资格要求的培训课程体系，根据不同员工的知识和能力的现状，实施培训活动，提高培训的针对性和实效性。

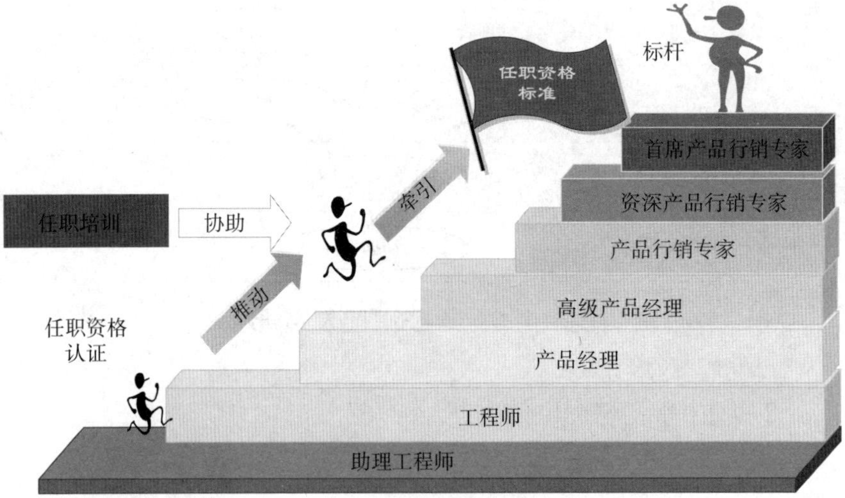

图6-4-6　任职资格牵引员工培训发展

对员工来说，建立任职资格可以起到如下作用：

1. 照镜子、找差距：通过任职资格明确自身与现职岗位要求的匹配度，明确存在的不足；

2. 学知识、补经历：基于不足，根据任职资格标准的各项要求参加培训，并补充相应的工作经历；

3. 找通道、求发展：根据专业序列的职业发展通道定位自身的岗位，明确未来的职业晋升方向。

本章英文缩写与释义

缩　写	全　拼	释　义
KPI	Key Performance Indicator	关键绩效指标
IPI	Individual Performance Indicator	个人绩效指标
CEO	Chief Executive Officer	首席执行官
KCP	Key Control Point	关键控制点
PBC	Personal Business Commitment	个人绩效承诺
OKR	Objectives and Key Results	目标与关键成果法
PI	Performance Indicator	绩效指标
PDCA	Plan/Do/Check/Action	计划/执行/检查/调整

第 7 章

Chapter 7

经营分析和预警

经营分析和预警要求按开放式预算和增量核算公式的比例，在过程中根据实际完成的毛利额确认各产出单元的虚拟利润，进而算出各产出单元和个人的预期可获得收入。同时通过经营分析和预警及时发现新的增量，及时配置资源，加大投入，对市场出现萎缩变化的业务控制资源投入，对发现的问题寻找路径，共同解决并及时纠偏，以确保增量绩效的落地。

本章精华

1. 企业的目标和预算要根据经营的目标及时调整，通常至少每季度必须进行一次经营分析和预警。

2. 经营分析和预警的目的不是简单汇报，而是根据增量核算定位问题、找路径、调整目标和资源配置。

3. 经营目标不仅要与年度目标比，还要与历史同期比，更要与行业发展速度比，与主要竞争对手比。即使自己的目标完成，但跟不上行业发展速度，或者被竞争对手拉大了差距，也要进行预警。

4. 经营分析和预警分成三层和五个维度，三层为：公司层、产品线层和节点层；五个维度为：财务、可持续发展、客户、内部运作和员工能力提升。

5. 经营分析要从财务指标追溯分解到非财务指标，甚至分解到技术指标，并用5W2H和SMART方法定位问题和落实解决路径。

6. 经营分析和预警不仅要分析净利润，还要分析产品线、营销和业务节点，以及各部门根据开放式预算和增量计算公式结合实际的收入是否有虚拟净利润，以便算出增量，进而算出每个人的个人收入，实现组织绩效与个人绩效的同步联动。

7. 经营分析和预警还要预警核心员工是否有归属收入，如果没有，则必须调目标、找路径。

8. 经营分析的问题要用寻找路径的方式，打破部门的界限，直到问题定位到最小的作战单元或个人。

9. 经营分析和预警要分层级，必要时，对于预警程度高的要及时处理。

10. 当过了第一季度，产出单元连续三个月出现费用超标，必须进行预警并采取措施。

第一节
经营分析和预警的定义与内涵

◆ 问题思考

1. 为什么要做经营分析和预警?

2. 经营分析和预警的常见问题是什么?

3. 经营分析和预警的流程是什么?

4. 经营分析为什么还要分析核心员工的个人薪酬与组织收入是否匹配，是否有归属收入?

◆ 为什么要做经营分析和预警

由于采用开放式预算和增量式核算，企业和产品线按费用比例分别进行预算，实际上预算是来自收入乘以费用比例并按增量公式计算。由于市场和企业内部产品结构的变化，导致年终的目标和预算随着时间推移有偏差和变化；原来预计收入多而预算多、资源配置多，可能会有偏差，而原来预计不好的单元会有更多机会；这时，按增量核算调整必须提前到季度甚至月度。因此，为强化资源配置，优化战略控制节点，进而分析组织收入与个人收入的差距，同步发现新的增量机会，剔除不增长的资源冗余配置，企业和产品线必须进行经营分析和预警（见图7-1-1）。

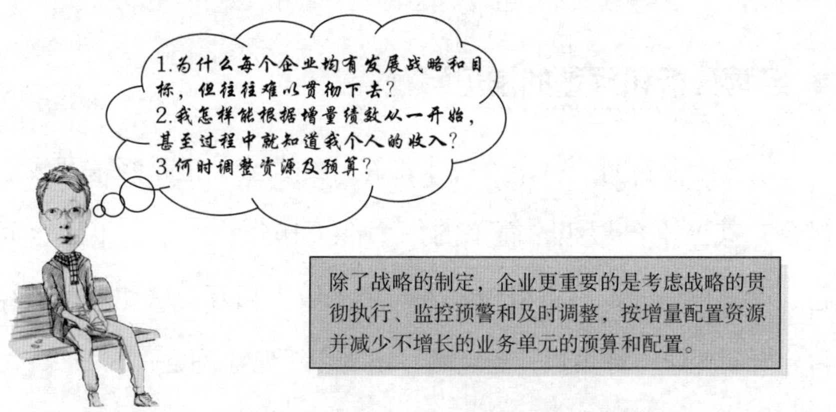

图7-1-1　为什么要做经营分析和预警

经营分析和预警的原理与核心思想是：

1. 根据实际完成情况，按照开放式预算和增量计算公式，得出虚拟收入，与实际收入相比较，确定是否有虚拟净利润；

2. 根据实际完成的收入，按照费用比例及增量计算公式，明确组织产出单元和个人的收入，预警核心员工的薪酬是否与组织收入匹配，是否有归属收入；

3. 分析获得虚拟净利润的路径，明确增量机会加大投入，减少不增长的产出单元的预算和资源配置；

4. 以财务指标为源头，通过组织KPI关联的方式打破部门的界限，定位并分析问题；

5. 通过预设经验数据及时发现问题并预警，通过关联路径来分析和解决问题；

6. 通过个人IPI的分析得出个人能力需要提升的任职资格建议。

◆ 经营分析和预警的常见问题

很多企业每月、每季、每年都召开经营会，但是经常开成汇报会，甚至不分层级，简单的每个部门10分钟汇报，不定位问题，不分析路径，不将组织收入与个人收入相互关联和匹配，经营分析会变成一种负担，走过场，出现以下常见问题：

1. 不根据增量核算出组织收入和个人收入，不分析组织收入与个人收入的差距，尤其不分析核心员工是否有归属收入；

2. 经营会多是数据的简单罗列，很少有透彻的分析，变成汇报会；

3. 缺乏数据的关联分析，大多从自身部门出发，不是站在公司和产出经营层面考虑问题；

4. 不分层开会，产品线、营销和职能部门轮流讲解，无主次，无重点；

5. 头痛医头，流于数据的本身，而非挖掘数据背后的深层原因，不寻找路径；

6. 不针对重要的问题进行专题分析，或者只分析原因，不提出解决措施、路径和资源需求；

7. 会议前不做好功课（包括管理者在内），在会上讨论细节，很难形成有效决议，往往不了了之；

8. 不针对事先明确的客户策略和产品策略，对标竞争对手并量化分析；

9. 很少对行业发展速度和竞争对手发展速度进行同比分析，只关注自己，闭门造车；

10. 缺乏经验数据，不注重积累经验数据。

如何开展一项定位问题、聚焦资源、面向增量的经营分析呢？

如何让每个业务单元、每个节点、每个人都知道个人收入与组织收入的差距呢？

如何实现“一客户一产品一策略一财务模型一队伍一增量激励”精细盈利模式呢？

◆ 经营分析的方法和流程

有效的经营分析会议，是战略的纠偏，是预算和资源的优化配置，是组织收入与个人收入差距的分析，更是费用结构的分析。

例如，某公司经营分析和预警的要求如下：

1. 重点分析而不是简单汇报；

2. 重点研讨解决问题的路径方法而不是简单算账；

3. 要从财务指标追溯到非财务指标，并重点研讨产品与客户策略的匹配；

4. 经营分析数据重在分析趋势并进行预警，不需要追求数据过分精确；

5. 经营分析更重要的是要分析市场计划，对标竞争对手，即使按照预算完成任务也要问：我还能做得更好吗？再给我预算我还能带来增量吗？

6. 重点关注问题是否解决的闭环管理而不是每次重复提同一个问题；

7. 要关注组织收入和核心员工最终收入是否有竞争力。

经营分析通常分为五个阶段，如图7-1-2所示。

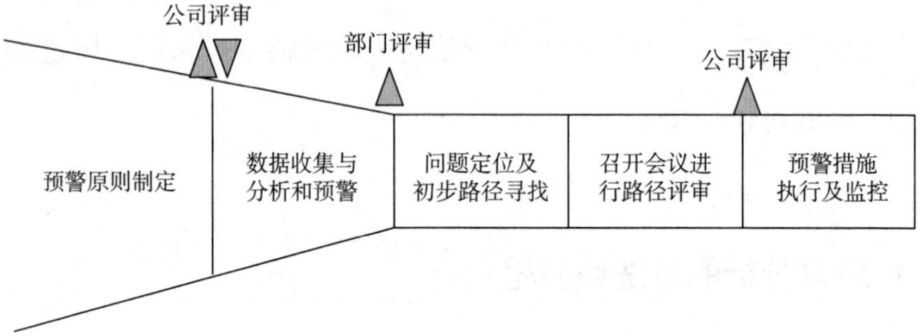

图7-1-2　经营分析的五个阶段

详细步骤如下：

第一阶段：预警原则制定

第一步：确定公司管理层要关注的公司级KPI和重大战略问

题，尤其是“六个一”精细盈利模式的落地；

第二步：对公司级KPI进行路径分解和预设预警原则，包括人均毛利和核心员工收入预期；

第三步：对重大战略问题明确关键控制节点；

第二阶段：数据收集与分析和预警

第四步：进行公司级经营分析和预警；

第五步：按照开放式预算和增量计算公式核算各单元的虚拟净利润；

第六步：各产品线同步进行经营分析和预警；

第七步：各节点按部门尤其是营销区域进行经营分析和预警；

第八步：对预警的问题用5W2H方法分析；

第三阶段：问题定位及初步路径寻找

第九步：寻找解决问题的路径，并用SMART方法细化；

第十步：针对SMART方法细化的路径重新配置资源；

第四阶段：召开会议进行路径评审

第十一步：召开经营分析和预警会议，评审问题和路径，进行资源配置；

第五阶段：预警措施执行及监控

第十二步：优化问题解决路径，制订计划；

第十三步：监控并进入下一个周期。

经营分析和预警会议的流程，如图7-1-3所示。

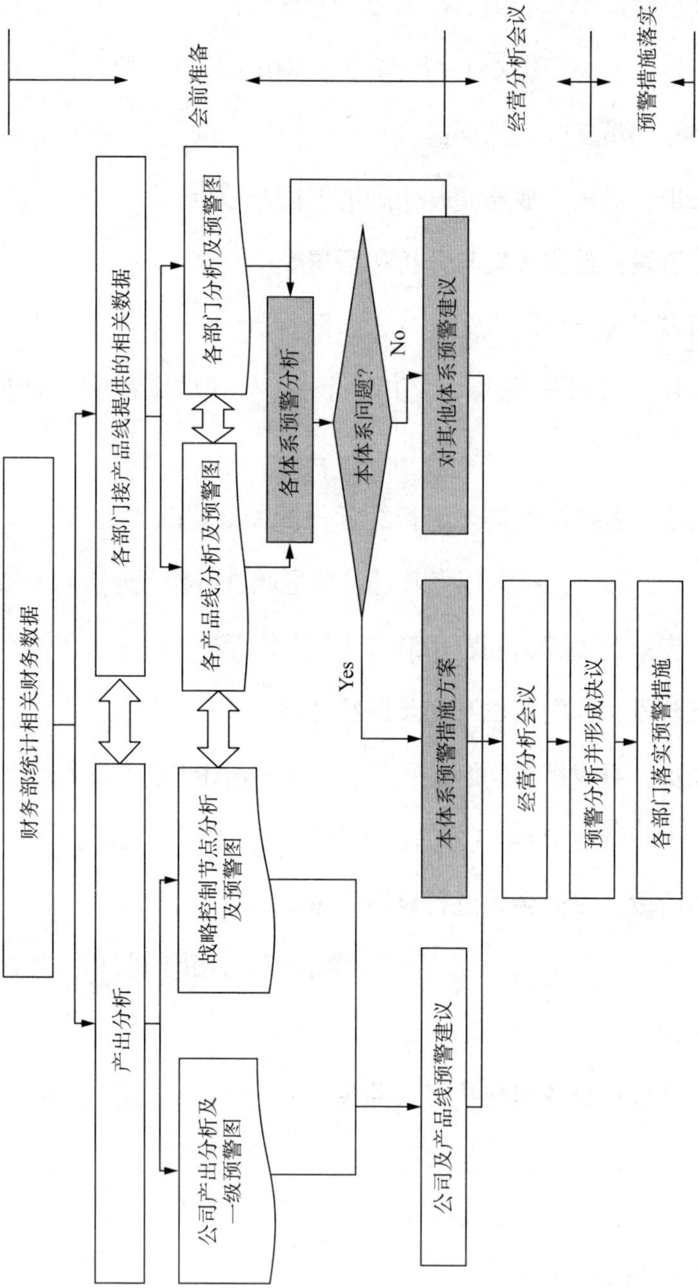

图7-1-3 融智公司经营分析和预警会议流程图

经营分析尤其是要针对组织收入与个人收入的匹配进行分析，要明确每个人的预期收入，尤其是核心员工的预期收入；通过预期收入倒推需要完成的任务量和比例，如果比例达不到要及时调整资源，甚至是调整人，确保核心资源不流失。

第二节
如何进行经营分析和预警

◆ 问题思考

1. 预警原则如何建立?
2. 怎样分解路径?
3. 如何定位问题?
4. 如何进行预警措施处理?
5. 如何进行问题监控?

◆ 如何建立预警原则

经营预警指标对比不仅要与历史比较，也要与目标比较，与平均值比较，还要与同业比较（见图7-2-1和图7-2-2）。不但要计算虚拟收入，还要计算我是否当月打平？我是否累计打平？我是否有增量和虚拟净利润？

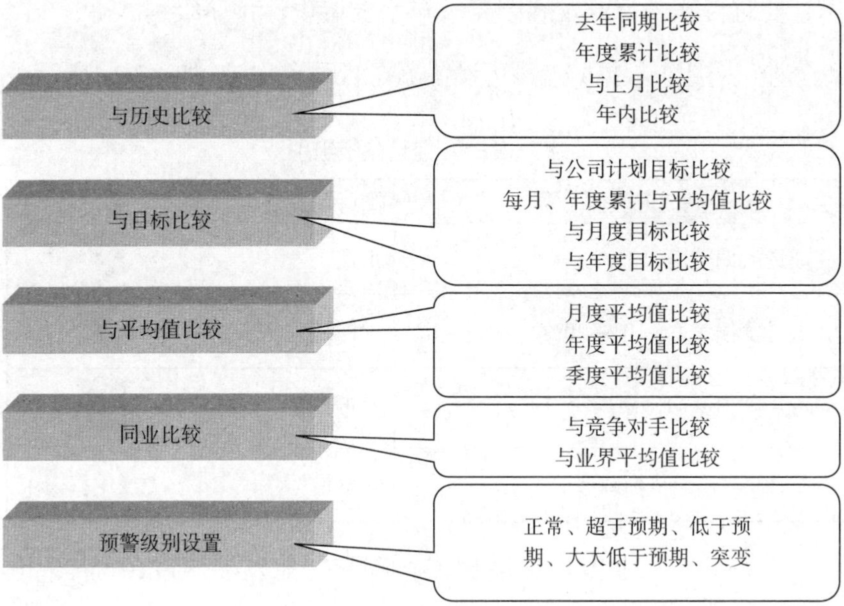

图7-2-1　经营预警指标对比

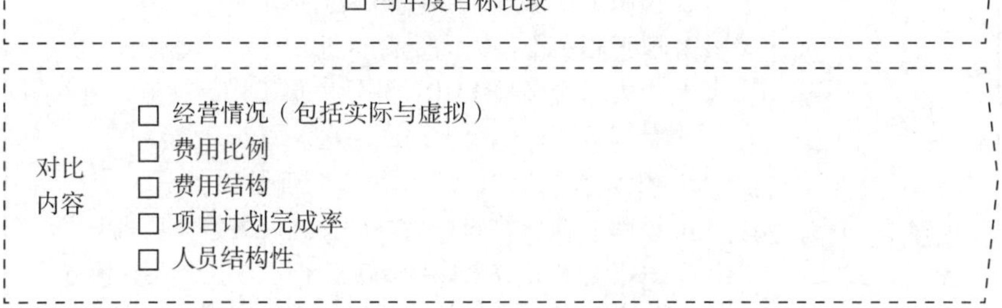

图7-2-2　经营预警指标对比

要对目标、行业发展和竞争对手发展设计预警级别。

通过对比，根据偏差度可设置不同的预警级别，如表7-2-1所示。

表7-2-1 经营预警级别

完成进度偏差率	预警级别	预警符号
完成进度偏差率<10%	正常	✔
完成进度偏差率（10%–20%）	预警	!
完成进度偏差率>20%	严重预警	✘
有统计值，但无目标或参照标准	观察指标	?

当我们与行业发展速度相比，低于行业发展速度10%时，也要进行预警。

我们可以采取的经营预警措施有哪些呢？如表7-2-2所示。

表7-2-2 经营预警措施

预警级别	级别定义（示例）	预警措施（在会议决议中形成）
预警	例：目标偏离>10%	1. 说明原因（以报告形式或会议现场说明），并提出改进措施（增加收入和提高费效比）
严重预警	例：目标偏离>20%	2. 控制费用额度，控制非产出活动 3. 取消相关部门人力资源审批权 4. 人力资源经理（HR）与骨干员工进行交流，进行组织氛围调查 5. HR要参与监控该部门绩效管理过程 6. 该部门领导要向总裁办公会述职并接受质询 7. 费用达不到收入比例，超标部分采取个人借款方式 8. 加大部门领导和部门员工的绩效工资比例 9. 取消正常假期，甚至封闭办公 10. 骨干领导脱产培训等

◆ 如何进行关联分析

杜邦分析表格解决了财务的关联分析问题，但有些组织KPI要由财务指标追溯到市场、追溯到客户、追溯到技术、追溯到职能部门管理，公司内部要进行指标的关联分析。

采用五纵四横的关联分析图方式，从财务指标追溯到非财务指标。

五纵以财务指标为源头，关联到企业价值链的各个环节（财务体系、营销及服务体系、研发和市场体系、供应链体系），再关联到人力资源体系。四横是按照规模指标、效率指标、发展指标和生存指标进行归集（见图7-2-3）。

人均毛利的关联分析，如图7-2-4和图7-2-5所示。

经营预警指标关联的类型有以下三种。

第一种关联：可计算型。

- 可以直接用数学公式表达的关联；
- 比如，收入指标按产品分解，总收入为各产品收入的总和，利润为收入减去成本等。

第二种关联：强相关型。

- 指标与指标之间很明显有关联，但是难以用直接的数量关系来衡量；
- 比如，衡量某个产品的竞争力，可以从价格、服务、质量和

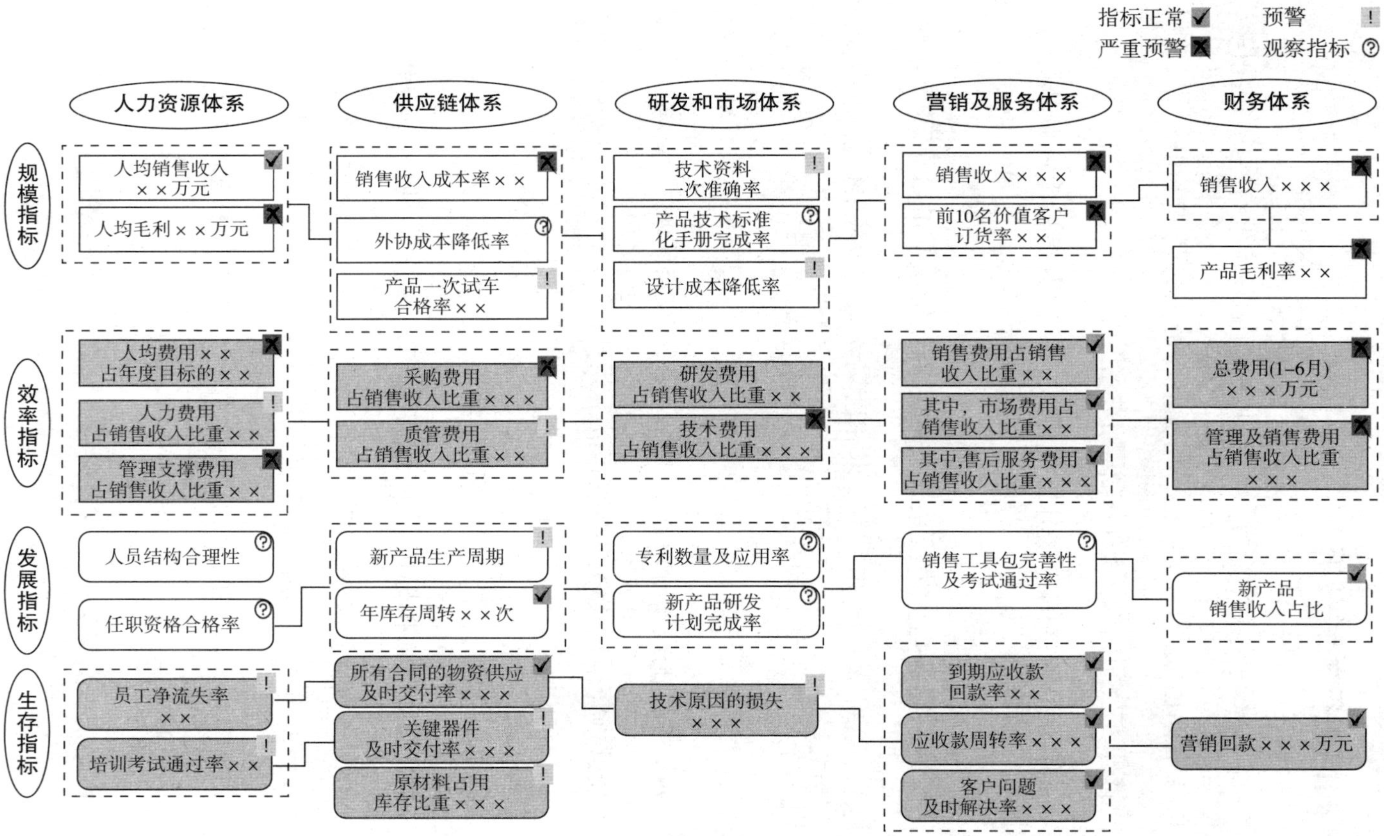

图7–2–3　融智公司经营预警五纵四横的关联分析图

易用性等多个指标来共同评估，每个指标可以设置权重，建立它们之间的关联。

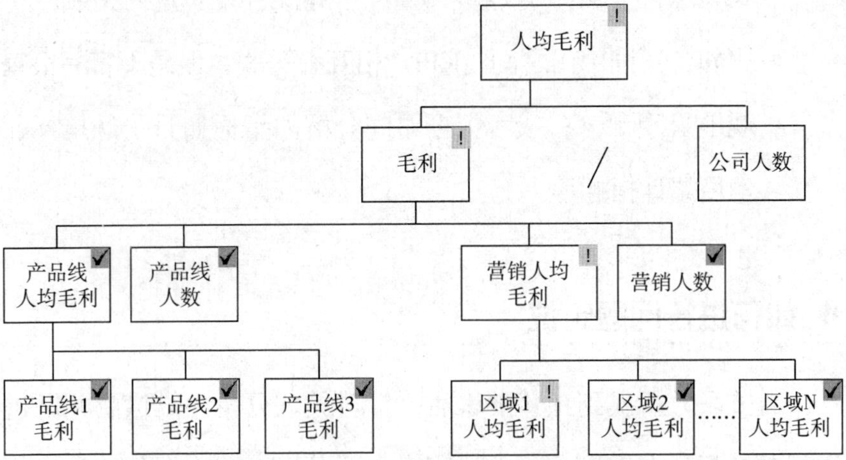

图7-2-4　人均毛利的关联分析图

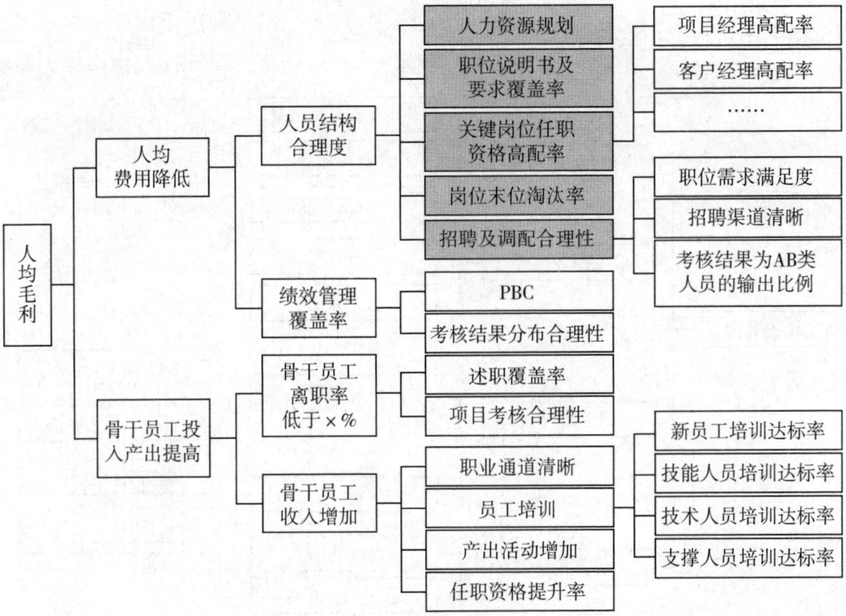

图7-2-5　人均毛利的关联分析图

第三种关联：经验相关型。

- 指标之间的关联不是非常明显或明确，不能直接用数学公式表示，也难以用权重来衡量，但是又存在一定的关系；
- 比如，不同部门之间的KPI，相互有关联，但是不容易很直观地显现出来；或者根据时间分解的指标如月平均指标、年度累计指标等。

◆ 如何进行问题定位

当关联分析找到预警要素后，针对关联分析中纵横的问题进行问题分析。在问题分析的过程中，要预设一些内置的路径，例如，提高净利润的路径设计（见图7-2-6），降低研制周期提高交付的路径设计（见图7-2-7）。

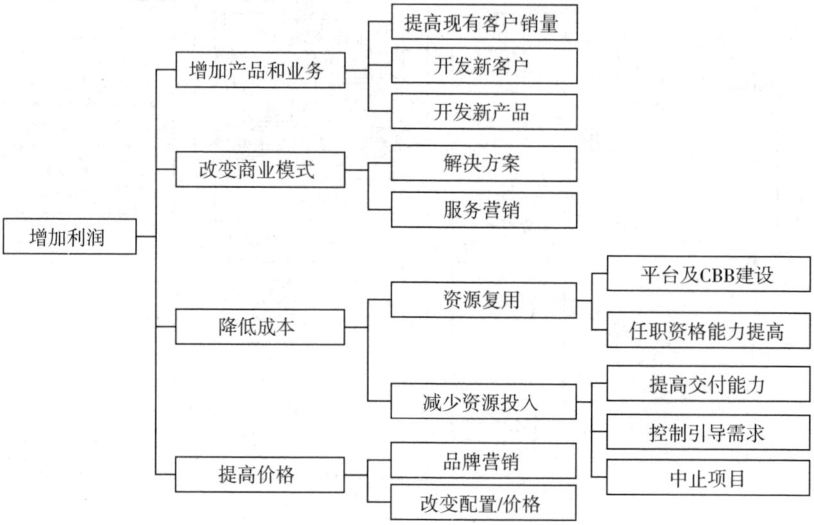

图7-2-6　提高净利润的路径设计

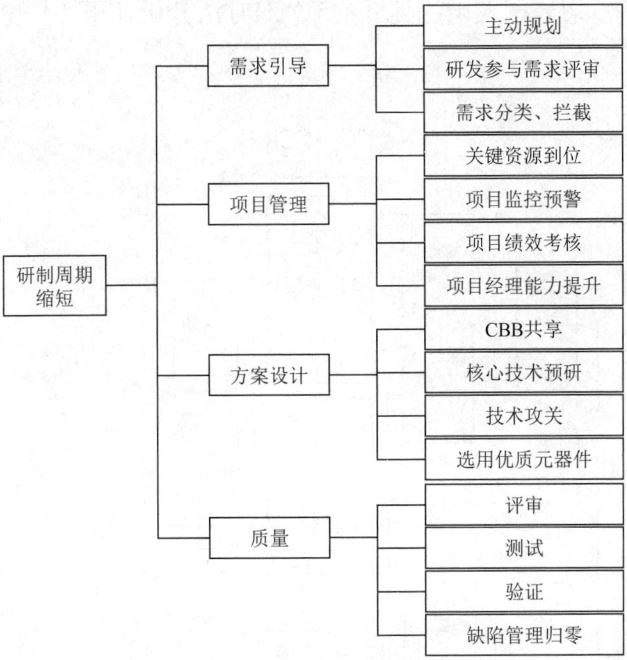

图7-2-7 降低研制周期提高交付的路径设计

当路径设计完成后，出现具体问题时，并不是所有路径都出现了问题，也不是一个巨大的问题，我们要将问题进行细分，直到将问题落实到各个部门，我们采用5W2H的方法（见图7-2-8）。

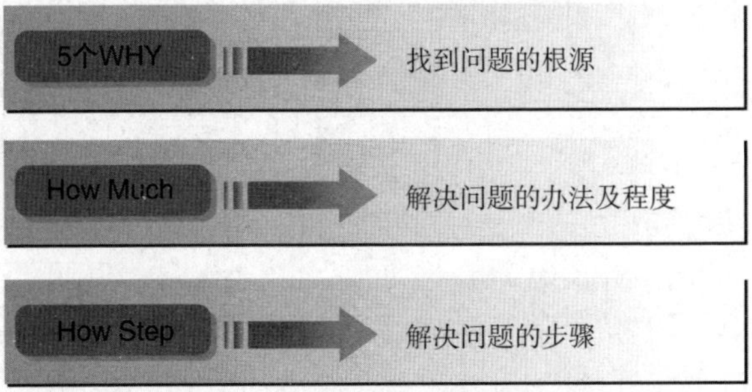

图7-2-8 5W2H分析方法

例如，某公司人均毛利低的5W2H方法分析如下（见图7-2-9）：

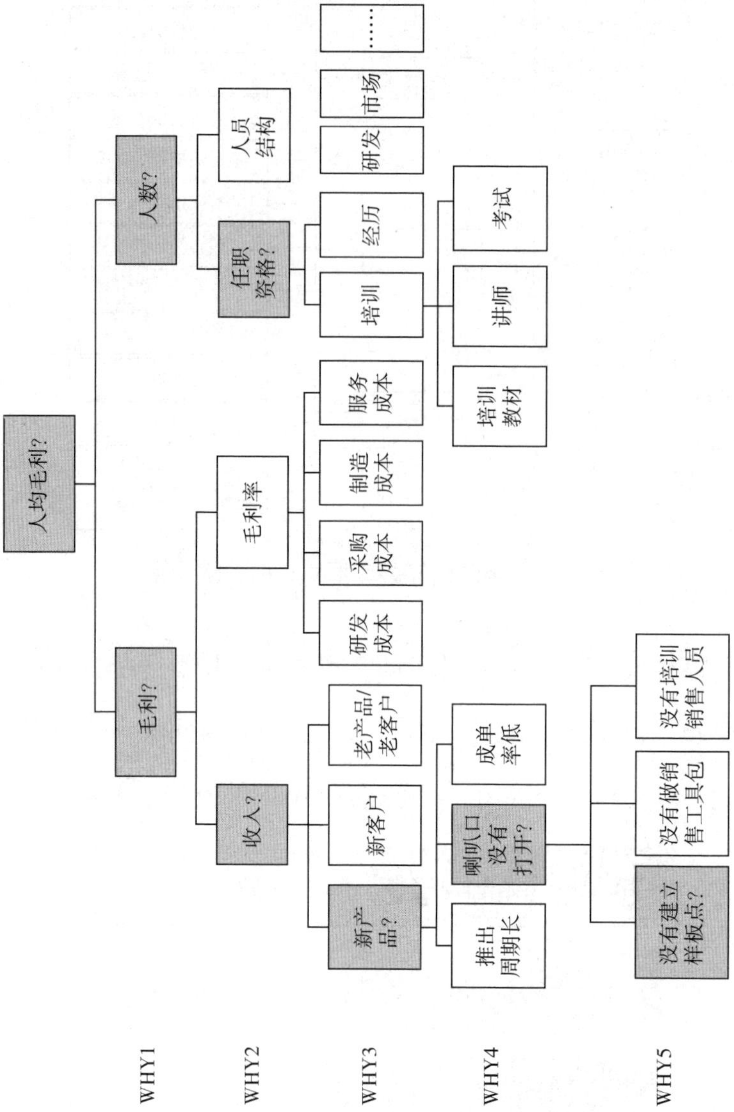

图7-2-9 人均毛利低的5W2H分析

WHY1：某公司的人均毛利低，是什么原因导致的呢？根据毛利的计算公式（毛利=销售收入×毛利率÷人数），我们来分层分析；

WHY2：为什么人均毛利低？人数没有增长，毛利率没有降低，那么可能是销售收入出现了问题；

WHY3：为什么销售收入低？分析销售收入，老产品、老客户的销售收入没有降低，新客户的市场容量相对固定，收入比较稳定，而新产品的收入远远低于预期；

WHY4：为什么新产品收入低？由于新产品的推出周期长，喇叭口没有打开，成单率低；

WHY5：为什么喇叭口没有打开？通过分析来看，是由于没有建立样板点，没有做销售工具包，没有对销售人员进行培训。

针对以上分析我们得出：要想提高人均毛利，必须提高收入；要想提高收入，必须提高新产品的收入；而提升新产品的收入则必须打开喇叭口，完成新产品的前期策划、建立样板点、做好销售工具包和培训销售人员。

因此，通过以上分析，我们找到了造成人均毛利低的关键原因和问题，针对这些问题，我们要使用5W2H方法中的“How much”“How step”提出相应的改进措施。

第一，在三个月之内，要完成客户定位，分析客户的问题，识别客户的痛点，设计产品的卖点；

第二，完成新产品的样板点和销售工具包建设；

第三，对销售人员进行销售工具包的培训和考试。

当问题树列出来以后，公司要明确需要解决的问题，该问题要用SMART方法解决。什么是SMART方法？ SMART方法要求我们提出解决问题的办法必须具备以下特征：

1. 具体的：Specific；

2. 可衡量的：Measurable；

3. 可达到的：Attainable；

4. 相关的：Relevant；

5. 基于时间的：Time-based。

SMART的标准格式为：

由××××××××负责；

由××××，××××，××××参与；

通过×××××××，×××××××，×××××××路径；

在××××××××时间内；

由××××××××达到××××××××；

解决××××××××××××××××××问题。

上述案例中定位出的问题，其SMART方法的解决措施如下：

由产品线市场部负责；

由公司营销体系，研发和财务部参与；

通过高层拜访，需求验证，战略客户补贴三条路径；

在三个月时间内；

完成样板点建设，由没有一个样板点到建立两个样板点；

解决样板点缺失，销售无法找到客户导致新产品销售收入过低的问题。

我们在定位出问题后，可通过以下表格对问题进行跟踪和闭环管理（见表7-2-3）。

表7-2-3　经营分析问题的跟踪和闭环管理

问题	提出部门	负责解决部门	参与解决部门	预计完成时间	实际完成时间	计划完成率	是否关闭
问题1							
问题2							
问题3							

经营分析和预警要求每个季度做一次，经营分析的重点在于分析问题，提出解决问题的路径。经营分析会议可以分层召开，同步解决问题，进行纠偏和闭环管理。经营分析会不能只汇报，要通过经营分析对增量绩效管理的五条路径进行重新回顾，进而对新的战略进行控制。

本章英文缩写与释义

缩　写	全　拼	释　义
SMART	Specific/Measurable/Attainable/Relevant/Time － based	具体的/可度量的/可实现的/相关性的/时限性的
KPI	Key Performance Indicator	关键绩效指标
IPI	Individual Performance Indicator	个人绩效指标

尾言及鸣谢

2018年4月，烽火发布年报，2017年营收达到210亿元，从2011年的50亿元，经过2个阶段，6年改革，翻了两番。同月，恰逢习主席视察烽火，烽火与大唐合并成中国信息通信科技集团，以烽火为中心，总部分设在武汉和北京。随后，国资委提出央企工资包与收入增长可以相匹配，央企改革拉开序幕。

烽火的成功证明建立三六三体系，细分客户，建立产品线，构建增量绩效和开放式预算及任职资格管理体系，IPD才会更快地落地和产生效益。

在此，我首先要感谢烽火与融智咨询改革项目组的所有成员，尤其是何书平总裁对增量绩效管理体系的支持，对管理改革项目的亲自参与。也一并感谢中电29所、启明星辰、广联达、东阿阿胶等数十家公司的项目组成员，让我们通过实践来设计和验证了三六三模型及“一客户一产品一策略一财务模型一队伍一增量激励”精细盈利模式的实用性，更进一步增加了融智为各细分领域培养优秀企业做系统咨询的信心和对赌的资本，尤其是对国企和央企的改革。

现今，几乎所有的企业都在学习华为，但华为大规模的员工持股和大手笔的花钱几乎让很多企业望而却步。其实企业是一个演进的生命体，在不同的阶段有不同的问题，也存在不同的发展模式。企业学习华为不应该盲目照搬，而应该回归到产品经营，先建立三六三系统管理架构，在经营中不断解决管理问题并完善体系，不断地寻找增量市场，构建增量产品，创新核心技术，通过开放式预算和增量绩效管理及任职资格管理体系建设，实现组织绩效和个人薪酬及能力的同步提升。如果能做到这些，企业即使不学习华为也能基业长青。

本书在正式出版前正逢美国制裁中兴，更进一步证明了企业不能单纯看规模，更应该看毛利，提高毛利最基础的要素是必须有核心技术支撑核心产品，并解决客户的痛点。下阶段我将继续按照我在《产品研发管理》尾言的承诺，加快完成《核心技术管理和研发体系建设》《基于组织绩效和增量产出的任职资格管理体系建设》《如何成为好的产品经理》等系列丛书。

本书主要面向董事长、CEO和产品线总经理，以及懂经营的人力资源经理和财务经理。因此本书比较概要，后续将分别编辑案例集，并进一步推广到在线教育，进行更详细地阐述和交流。

衷心地希望所有学习此书的企业能有收获，为实现融智“在每个细分领域培养一个走向世界的华为”的愿景目标而共同奋斗。

周辉

zhouhui@rdmu.com.cn

2018年8月20日

英文缩写与释义

缩　写	全　拼	释　义
CBB	Common Building Block	公共构建模块
C-C	Consumer To Consumer	消费者到消费者
CDM	Customer Distinction Management	客户细分管理
CEO	Chief Executive Officer	首席执行官
COO	Chief Operating Officer	首席运营官
CPI	Consumer Price Index	居民消费价格指数
CTM	Central Technology Management	核心技术管理
GDP	Gross Domestic Product	国内生产总值
IPC	Incremental Performance Culture	增量产出文化
IPD	Integrated Product Development	集成产品开发
IPI	Individual Performance Indicator	个人绩效指标
IPM	Incremental Performance Management	增量绩效管理
ISC	Integrated Supply Chain	集成化供应链
ITR	Issues To Resolution	问题到解决方案
KCP	Key Control Point	关键控制点
KPI	Key Performance Indicator	关键绩效指标
LMT	Lifetime Management Team	全生命周期管理团队
LTC	Leads To Cash	从线索到现金
M2	Broad Money	广义货币
MM	Marketing Management	市场营销管理
MS三次方	Market Size/Market Share/Margin on sales	市场规模/市场份额/销售毛利率

（续表）

缩　写	全　拼	释　义
MS四次方	Market Size/Market Share/Margin on sales/Margin on Service	市场规模/市场份额/销售毛利率/服务毛利率
M版本	Modification	客户定制版本
NVQ	National Vocational Qualification	任职资格管理
ODM	Original Design Manufacture	原始设计商
OEM	Original Equipment Manufacturer	代工生产
OKR	Objectives and Key Results	目标与关键成果法
OTC	Order To Cash	从订单到现金
PBC	Personal Business Commitment	个人绩效承诺
PDCA	Plan/Do/Check/Action	计划/执行/检查/调整
PDT	Product Development Team	产品开发团队
PI	Performance Indicator	绩效指标
PPT	Product Planning Team	产品规划团队
PQA	Process Quality Assurance	全过程质量保证
R版本	Release	细分客户群版本
SMART	Specific/Measurable/Attainable/Relevant/Time — based	具体的/可度量的/可实现的/相关性的/时限性的
SPAN	Strategic Positioning Analysis	战略定位分析
STE	Strategy To Execution	从战略到执行
TPBC	Technology/Product/Business/Customer service	技术/产品/解决方案/客户服务
V版本	Version	产品大版本

参考文献

[1]（美）麦格拉思:《培思的力量：产品及周期优化法在产品开发中的应用》, 上海科学技术出版社，2005年5月

[2] 吴建国 冀勇庆:《华为的世界》中信出版社，2006年11月

[3]（美）琳达·哥乔斯:《产品经理的第一本书》, 中国财政经济出版社，2004年1月

[4] 周辉:《产品研发管理——构建世界一流的产品研发管理体系》, 电子工业出版社，2012年1月

[5] 黄卫伟:《任正非：以客户为中心》, 中信出版社，2016年7月

[6] 周锡冰:《任正非谈华为创新管理》, 海天出版社，2018年5月

附录　与融智对赌，做增量绩效

融智的竞争力

1. 不仅仅是IPD，更是通过三六三模型，让IPD落地。

2. 不仅仅是咨询，更有产品线管理特训营IPD&IPM。

3. 不仅仅是管理，更强调经营。

4. 不仅仅是人才的培养，更着重强调业绩增长和对赌。

5. 不仅仅强调方案的落地，更强调与行业数据的对标。

融智的奋斗目标

1. 至少有十家企业通过三期每期三年的合作，业绩翻四番。

2. 上百家企业通过IPD和增量绩效管理，实现业绩三年翻番。

3. 80%的客户保持3年以上的合作，50%的客户保持5年以上的合作。

4. 在每个细分领域，培养一个“华为”。

融智选择客户的要素

1. 企业主营业务和核心产品突出。

2. 企业领导人富有责任感和使命感，立志将企业做到行业前三名。

3. 有核心技术或正在构建核心技术。

4. 中高级干部有忧患意识和开放的学习心态。

融智的合作模式

1. 咨询：模块项目式咨询、系统顾问式咨询、业绩对赌咨询。

2. 培训：IPD&IPM特训营、培训式咨询、内训。

3. 对赌投资：咨询费转投资、对赌费转股权。

经典线下课程IPD&IPM

RDMU

产品管理（IPD）及增量绩效（IPM）实战研修班

为了更进一步推广增量绩效管理及IPD建设，为企业培养更多的产品线人才和中小企业高管，周辉先生亲自设立和主讲IPD&IPM特训营。

1. 按照产品线管理的模型，涵盖六大模块（见下图）：

2. 每年4 ~ 9月开班，每月2天（周五、周六），一个模块一套模板一个作业。

3. 企业最好是团队参加，带实际产品，现场随课程进度全流程的实战演练、交流。

4. 每个细分行业只选择一个客户。

5. 详见融智微信公众平台：

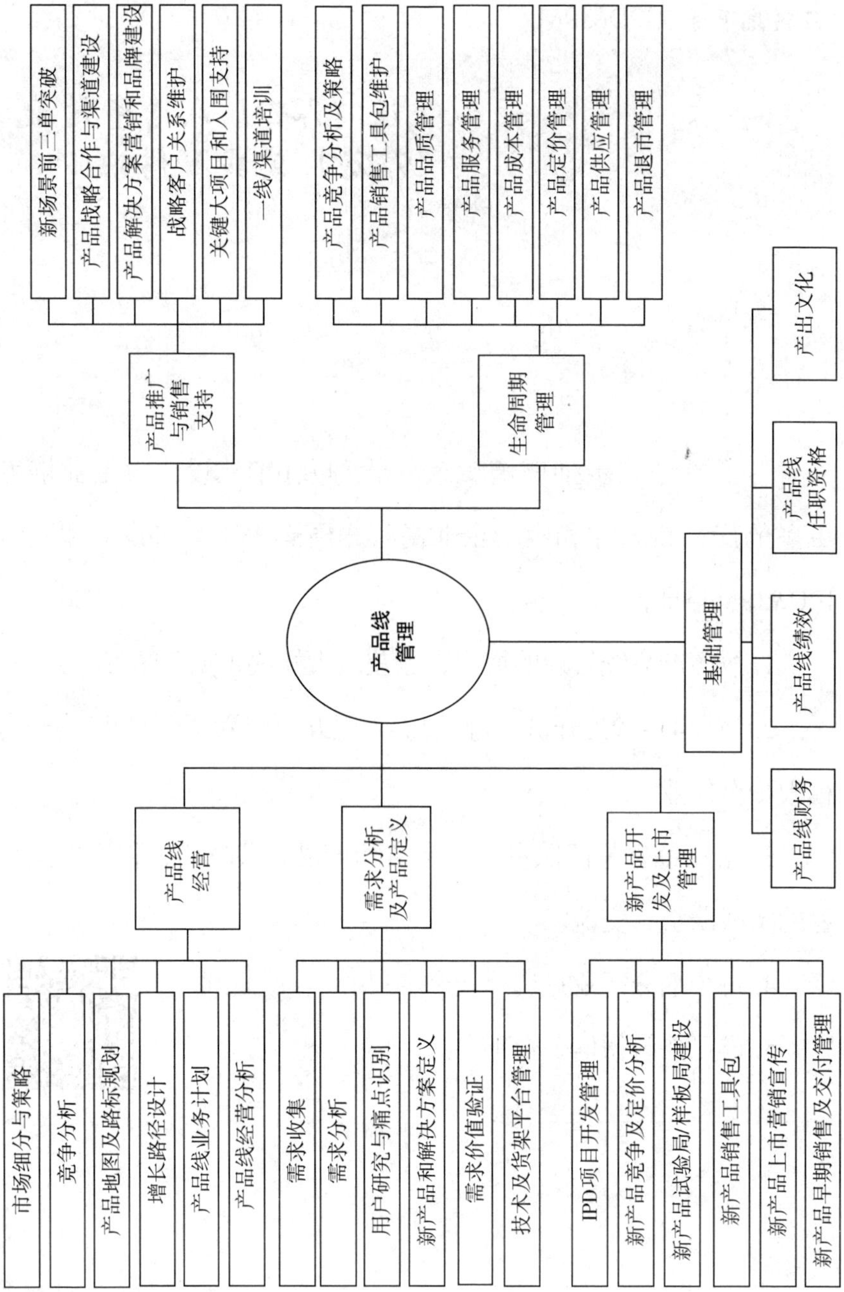
产品线管理
产品推广与销售支持
新场景前三单突破
产品战略合作与渠道建设
产品解决方案营销和品牌建设
战略客户关系维护
关键大项目和人围支持
一线/渠道培训
生命周期管理
产品竞争分析及策略
产品销售工具包维护
产品品质管理
产品服务管理
产品成本管理
产品定价管理
产品供应管理
产品退市管理
基础管理
产出文化
产品线任职资格
产品线绩效
产品线财务
产品线经营
市场细分与策略
竞争分析
产品地图及路标规划
增长路径设计
产品线业务计划
产品线经营分析
需求分析及产品定义
需求收集
需求分析
用户研究与痛点识别
新产品和解决方案定义
需求价值验证
技术及货架平台管理
新产品开发及上市管理
IPD项目开发管理
新产品竞争及定价分析
新产品试验局/样板局建设
新产品销售工具包
新产品上市营销宣传
新产品早期销售及交付管理

合作共赢

RDMU

融智IPD及增量绩效管理创新欢迎您

融智IPD&IPM创新联盟欢迎您

为了更好地推行IPD&IPM，欢迎您和融智携手共同打造融智IPD&IPM联盟，共同为企业进行IPD落地及推行IPM，建立数据库，共同拓展，为培养细分行业的“华为”：

1. 共享行业数据。
2. 参与标杆企业的管理经验分享。
3. 组织当地企业交流。
4. 讲解融智授权课程。
5. 参与融智公开课。
6. 参与投资，打造行业生态圈。
7. 推荐、评审和辅导IPD&IPM成员。

欢迎加入：

电话：4009109910